入門
国際経済学

第2版

大川良文 著

JN080308

INTERNATIONAL
ECONOMICS

中央経済社

第2版　はしがき

　この本の初版が出版されたのは2019年10月でした。その3か月後，新型コロナウイルスの感染拡大が発生し，およそ3年にわたり，我々は行動を制限された生活を余儀なくされました。コロナショックを乗り越えつつあった2022年には，ロシアのウクライナ侵攻が起こり，その影響で資源価格や食料価格が高騰し，世界中にインフレ（物価上昇）が拡大しました。さらに2023年末にはパレスチナ自治区ガザで武装組織ハマスとイスラエルの紛争も勃発し，国際社会では不穏な状況が続いています。

　これらの戦争・紛争は，一度起こってしまった争いを収めることがいかに難しいかを改めて私たちに教えてくれます。この本の初版を執筆していた時は，米国のトランプ前大統領が米国第一主義を掲げて鉄鋼・アルミニウムの輸入関税を引き上げ，中国との貿易戦争を始めた頃でした。米国で起こった反自由貿易の動きは，貿易自由化に対する米国の製造業で働く労働者の不満から生じたものでした。トランプ氏は自らをタリフマン（関税大好き人間）と名乗り，保護貿易による雇用創出に自信を示していました。しかし，2018年に米国が関税を引き上げ始めてから5年たった今でも，これらの関税引き上げが米国に恩恵をもたらしたという話を聞くことはありません。労働者の期待に応えられなかったトランプ氏は2020年の大統領選挙で敗れ，バイデン大統領が就任しましたが，一度引き上げてしまった関税を元に戻すことはできていません。それどころか，中国との経済的対立は先端技術に関する輸出や国際投資への規制にまで発展し，米国が同盟国にまで対中規制の追従を求める事態になっています。このように一度始まってしまった米中対立は，当初の目的を達成しなかったにもかかわらず収束の兆しが見られません。

　2016年の国民投票でEU離脱を決めた英国は，2020年1月に正式にEUから離脱しました。本書でも述べたように，EU離脱が支持された理由の1つに東欧のEU加盟国からの移民の流入を制限することが挙げられました。新型コロナウイルスの感染拡大の影響もあり，当初の目的通りに英国は東欧からの移民

を減少させました。しかし，東欧からの労働者が減少したことにより，英国内で人手不足が発生しており，EU離脱の国民投票から7年経過した今でも英国民はEU離脱の恩恵を実感することはなく，世論調査ではEU離脱を後悔すると回答する人の割合が増加し続けています。しかし，どれだけ後悔しても英国のEUへの復帰は当面実現しないでしょう。

このように，貿易や国際労働移動の自由化に対する不満を，それらを制限することによって解決しようとした米国や英国の試みは，思惑通りの結果を得られず成功というにはほど遠い状況です。それでもSNSなどでは，国内問題を解決するために保護貿易や外国人労働者の受け入れの制限を主張する声が今でも見られます。このような状況の中で，国際経済学を学ぶ意味はますます重要になっていると思われます。

この第2版では，統計データの更新を含む初版の出版以後に起こった世界経済の出来事を考察できるように努めました。世界経済の状況は日々変動していますが，本書の内容は国際経済問題を理解する上で基本となる事柄について焦点を当てているので，今後世界経済にどのような変化が起ころうとも必ず役立つものだと思います。本書を手にしたことをきっかけに，読者の国際経済理論や世界経済の動向への関心が高まれば，筆者にとって非常に光栄です。

第2版の出版にあたり，初版に引き続き中央経済社の酒井隆氏に大変お世話になりました。この場を借りて深く感謝いたします。

2024年2月

大川良文

はしがき

　本書は，大学生および初学者向けの国際経済学に関する教科書です。米中貿易戦争や英国の EU 離脱など，世界の経済情勢が不安定化する中で，国際経済学の必要性はますます高まっています。しかし，国際経済学はミクロ経済理論とマクロ経済理論を応用したものであることから，大学生たちにとってはハードルが高い講義のようであり，授業後のアンケートなどでは受講生から「内容が難しすぎる」との指摘を受けることも多くあります。そのため，今回の教科書作成に当たっては，国際経済学の教科書を作るというより，国際経済学が伝えようとするメッセージを読み手にわかってもらえるための本を作成しようということを心掛けました。

　国際経済学は，ミクロ経済学を基礎として貿易や国際労働移動などを取り扱う国際貿易論と，主にマクロ経済学を基礎として国際投資や国際金融制度を取り扱う国際金融論の 2 つに大きく分かれます。国際貿易論のモデルは，その分析によって導かれる結論は「貿易自由化を行うと経済全体の利益が増加する」というように，シンプルなものが多いのですが，使用する分析手法である余剰分析や一般均衡分析を理解していることを前提として話が展開されているために，それらの分析手法が理解できず，その結果最終的に導かれる結論の内容も頭の中に入ってこないという学生を多く見かけてきました。このため，国際貿易と国際労働移動について取り上げた本教科書の第 3 章〜第 6 章では，従来の教科書と比べて，余剰分析や一般均衡分析そのものの説明と，そのモデルから読み取れる経済的事象について，くどいほど詳しく解説することを心掛けました。

　一方，国際金融論について取り上げた第 2 章と第 7 章・第 8 章では，国内外の資金の動きを示す国際収支と，すべての経済取引に関連し世界経済の動向に大きな影響を与える為替レートの仕組みについて，集中的に取り上げました。金融のグローバリゼーションが進んだ現在では，国際収支の動向や為替レートの変動が世界経済に与える影響は非常に大きなものとなっています。本教科書

では，世界の経済情勢に関するニュースが理解しやすくなることを目的に，実際の世界経済の動向と関連付けながら，国際収支と為替レートの仕組みに関する基本的な考え方を伝えることを心掛けました。

　基礎的な概念ほど説明に手間をかけたので，本教科書で取り上げた内容は，従来の国際経済学の教科書よりも狭い分野に限定されることになりました。国際経済学は，日々進化しており，次々と新しい理論や概念が生まれています。そのような最新理論も含む幅広い項目について取り上げた国際経済学の教科書も多く出版されています。しかし，取り扱う範囲は狭くても，基本的な理論について，くどいほど多くのページを割いた教科書も一冊ぐらいあってもいいのではないかと考えて，本教科書を作成しました。本書が読者の国際経済学に対する学びの第一歩としてお役に立てれば幸いです。

　この教科書は，これまで大学で行った国際経済学の講義での経験をもとに作成いたしました。前任の滋賀大学，そして現在所属している京都産業大学で私の講義を受講してくれた多くの学生に感謝します。京都産業大学の学生である松本麻依さんと山崎紗代さんには，本書の草稿を丁寧に読んでいただき，学生の視点からのアドバイスをいただきました。中央経済社の酒井隆氏には，教科書初執筆の私に様々なアドバイスをしていただきました。これらの方々に心より感謝申し上げます。しかしながら，あり得べき誤謬はすべて筆者の責任であることは言うまでもありません。

　最後に，筆者の研究生活を常に支えてくれている妻の順子，そして研究者となるまでの長い間，最大限の支援をしてきてくれた母・妙子，そして本書の完成直前に永眠した父・征一郎に心より深く感謝いたします。

2019年9月

大川　良文

目　　次

第1章

国際経済学の世界

<本章のねらい>

●国際経済学が取り扱う国際貿易，国際投資，国際労働移動について理解する。

　国際経済学は，国境を越えて行われる経済取引についての学問です。グローバル化が進んでいる現代の世界では，多くのモノ，カネ，ヒトが国境を越えて動いています。国境を越えたモノ（物品）やサービスの取引を**国際貿易**，国境を越えたカネ（資金）の動きを**国際投資**，国境を越えたヒト（労働者）の動きを**国際労働移動**といいます。こうした国境を越えたモノ，カネ，ヒトの動きは，各国の経済に大きな影響を与えています。そのため，これらの動きを拡大もしくは制限する政策は，その是非を巡って国内で大きな政治的論争が起こったり，国家間の激しい利害対立を生み出す原因となることがあります。

　本章では，国際貿易，国際投資，国際労働移動がどのように拡大してきたのか，そして，これらの事柄について，本書でどのようなことを学ぼうとしているのかについて説明します。

1-1　国際貿易の拡大

　国際貿易とは，外国との間でモノやサービスを売買することです。外国にモノやサービスを販売することを**輸出**，外国からモノやサービスを購入すること

1

表1-1 ■世界貿易の構成

(a) 品目別構成比

	1980年	2020年
農産品	12.7%	8.4%
燃料・鉱物資源	23.9%	10.9%
工業製品	46.5%	56.6%
鉄鋼製品	3.3%	1.7%
化学製品	6.0%	10.3%
機械・輸送用機器	22.3%	28.7%
繊維・衣類	4.1%	3.6%
サービス	16.9%	24.1%
合計	100.0%	100.0%

(b) 国・地域別構成比

	1980年	2020年
北米	15.9%	15.4%
欧州	46.4%	36.7%
アジア	16.4%	35.9%
日本	6.6%	3.6%
中国	0.9%	13.1%
ASEAN	3.3%	7.5%
中近東	7.6%	4.2%
中南米	4.8%	3.0%
アフリカ	5.3%	2.5%
世界	100.0%	100.0%

（注）（b）における各国・地域の貿易額は，サービスを除く貿易の輸入額と輸出額を足し合わせたもの。
（出所）WTO（世界貿易機関）“WTO STATS”より筆者作成

を**輸入**といいます。モノとは，経済学では“財”と表現されます。貿易によって取引される財には，農産品，燃料・鉱物資源，工業製品など様々なものがあります。農産品（コメ，小麦，乳製品，魚，肉，綿など）や燃料・鉱物資源（原油，天然ガス，鉄，銅など）は一次産品ともいいます。工業製品には，衣服や家具などの日常品から家電製品や自動車など様々な製品があります。サービスには，運輸，金融，建設，企業向けサービス（情報通信（IT）関連サービス，ビジネス支援など）や観光などがあります。

　表1-1は，1980年と2020年の世界貿易の取引品目と国・地域別の構成比を比較したものです。この40年の間に，一次産品（農産品と燃料・鉱物資源）のシェアが低下した一方で，機械・輸送用機器を中心とした工業製品やサービスのシェアが増加したことがわかります（表1-1（a））。国・地域別では，北米と欧州のシェアが低下した一方で，アジアのシェアが大きく拡大しました（表1-1（b））。アジアの中では，日本のシェアは下がったものの，中国やASEAN（東南アジア諸国連合：Association of Southeast Asian Nations）の

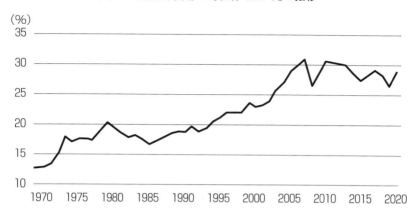

図 1-1 ■世界貿易の対世界 GDP 比の推移

(注) 世界貿易の対 GDP 比は,（すべての国の財・サービス輸出額の合計）／（世界全体の GDP）
×100（％）で計算されている。
(出所) World Bank（世界銀行）"World Bank Open Data" より筆者作成

シェアが大幅に拡大しました[1]。

　図 1-1 は，世界貿易の対世界 GDP（国内総生産）比の推移を示しています。
世界貿易の対 GDP 比は1970年には12.8％ でしたが，2000年代に入ると30％ 近
くまで上昇しています。これは世界経済の拡大を上回るペースで貿易が拡大し
たことを意味しています。2008年のリーマン・ショック以降，貿易の対 GDP
比は緩やかに減少に転じていますが，経済活動における貿易の重要性がこの半
世紀の間に大きく増したことがわかります[2]。

　このように世界貿易が拡大したのは，輸送技術や情報通信（IT）技術の発
達に加えて，貿易自由化を進める国が増えていったからです。その原動力と
なったのは，1947年に成立した **GATT**（**関税と貿易に関する一般協定**：General
Agreement on Tariffs and Trade）です。GATT 体制の下で行われた多国間貿
易自由化交渉の結果，多くの国で輸入関税をはじめとする貿易障壁の引き下げ
が実施されていきました。GATT は1995年に正式な国際機関 **WTO**（**世界貿易
機関**：World Trade Organization）となり，現在164の国・地域が加盟してい
ます（2022年末時点）。加えて，90年代以降，２国もしくは複数国間による
FTA（**自由貿易協定**：Free Trade Agreement）が増加したことも世界貿易の

拡大に大きく貢献しました。

1-2　国際投資の拡大

　自国の経済主体（政府，企業，金融機関，個人など）が外国の企業，金融商品，不動産などに投資することを国際投資といいます。国際投資は，投資主体や投資目的，投資対象などに応じて，直接投資，証券投資などに分類されています。**直接投資**は，外国での工場建設や外国企業の買収など，企業の経営活動に関連する投資です。**証券投資**は，外国の金融市場で株式や債券（国債，社債など）などの証券を購入することです。その他には，外国の銀行への預金や外国の取引先への銀行融資（貸付）などもあります。

　自国の経済主体が外国に投資することを**対外投資**といいます。一方，外国の経済主体が自国に投資することを**対内投資**といいます。対内投資は，自国の経済主体が外国から資金を調達することも意味し，**対外借入**ともよばれます。国際投資に伴う国境を越えた資金の移動のことを**国際資本移動**といいます。

　対外投資によって自国が保有している外国資産のことを**対外資産**（または対

図 1-2 ■国際投資の対世界 GDP 比の推移

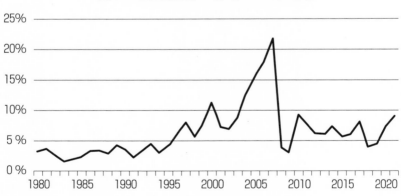

（注）　国際投資の規模は，各国の金融収支の負債に関する直接投資，証券投資，その他投資の合計。
（出所）　IMF（国際通貨基金）"World Economic Outlook Database" および "Balance of Payments and International Investment Position Statistics" より筆者作成

図 1 - 3 ■対外負債の対世界 GDP 比の推移

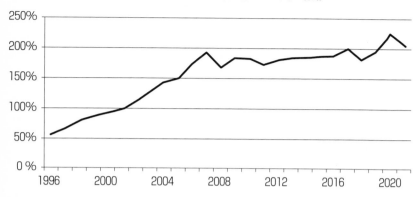

（注）　対外負債の規模は，各国の国際投資ポジションにおける直接投資，証券投資，その他
　　　投資における負債の合計。
（出所）　IMF（国際通貨基金）"World Economic Outlook Database" および "Balance of Payments
　　　and International Investment Position Statistics" より筆者作成

外債権）といいます。一方，対内投資の受け入れによって外国の経済主体が自
国に保有する資産や，対外借入によって外国の経済主体に負っている負債のこ
とを**対外負債**（または**対外債務**）といいます。

　第 2 次世界大戦後には多くの国が国際資本移動を厳しく規制していましたが，
先進国では80年代から，途上国でも90年代以降に国際資本移動の自由化が進め
られました。図 1 - 2 は，国際投資の対世界 GDP 比の推移を示しています。
90年代後半から2000年代にかけて，国際投資の対 GDP 比が急上昇したことが
わかります。その背景には，世界的な国際資本移動の自由化の動きに加え，情
報通信（IT）技術の発達によって国境を越えた金融取引が容易になり，世界
中の金融市場のつながりが強まったことがあります。しかし，2008年のリーマ
ン・ショックから始まった世界金融危機の影響で，国際投資の規模は大きく縮
小し，対 GDP 比は90年代後半ごろの水準へと戻りました。

　ただし，国際投資の規模が縮小したことは，世界の金融市場のつながりが弱
まったことを意味しているわけではありません。図 1 - 3 は，対外負債の対世
界 GDP 比の推移を示したものです。国際投資の急速な拡大に伴い，対外負債
の対 GDP 比は大幅に上昇しました。その後，世界金融危機後に国際投資の規

表1-2 ■ G20諸国の対外資産・負債（2021年）

（単位：兆ドル　カッコ内は対GDP比）

国名	対外資産	対外負債	対外純資産	国名	対外資産	対外負債	対外純資産
米国	35.1 (152%)	53.2 (231%)	−18.1 (−79%)	ロシア	1.7 (93%)	1.2 (66%)	0.5 (27%)
英国	17.5 (548%)	17.9 (563%)	−0.5 (−15%)	ブラジル	1.0 (61%)	1.6 (98%)	−0.6 (−38%)
ドイツ	12.9 (304%)	10.1 (236%)	2.9 (68%)	インド	0.9 (29%)	1.3 (41%)	−0.4 (−12%)
フランス	9.7 (329%)	10.6 (359%)	−0.9 (−31%)	メキシコ	0.8 (58%)	1.3 (100%)	−0.5 (−42%)
日本	10.9 (222%)	7.3 (149%)	3.6 (73%)	サウジアラビア	1.2 (150%)	0.6 (76%)	0.6 (74%)
中国	9.3 (53%)	7.3 (41%)	2.0 (11%)	インドネシア	0.4 (36%)	0.7 (60%)	−0.3 (−23%)
カナダ	5.9 (296%)	4.9 (245%)	1.0 (51%)	南アフリカ	0.6 (133%)	0.5 (108%)	0.1 (24%)
イタリア	3.9 (184%)	3.7 (176%)	0.2 (8%)	トルコ	0.3 (35%)	0.5 (67%)	−0.3 (−31%)
オーストラリア	2.5 (150%)	3.0 (185%)	−0.6 (−34%)	アルゼンチン	0.4 (86%)	0.3 (61%)	0.1 (25%)
韓国	2.2 (120%)	1.5 (84%)	0.7 (36%)				

（出所）　IMF（国際通貨基金）"World Economic Outlook Database" および "Balance of Payments and International Investment Position Statistics" より筆者作成

模が縮小しても対外負債の対GDP比は高い水準を維持しており，金融市場の国際化が引き続き高水準で進行していることを示しています。

　表1-2は，G20諸国の対外資産と対外負債の規模，および対GDP比を，対外資産・負債の合計額の大きい順に示しています[3]。米国の対外資産と負債の規模は他の国に比べて著しく大きく，英国がそれに続いています。この表から，米国と英国が国際金融の中心であることがわかります。また，ドイツ，フランス，日本などの先進国も対外資産・負債の規模がGDPの規模を上回っており，

金融市場の国際化が進んでいることがわかります。途上国の中では中国の対外資産・負債の規模が特に目立ちますが，中国は GDP の規模も大きいため，対 GDP 比で見ると金融市場の国際化がそれほど進んでいるわけではありません。

　対外資産と対外負債の差額を**対外 純 資産**（対外純債権）といいます。対外純資産が正の値となる国を**債権国**といいます。反対に，対外純資産が負の値となる国を**債務国**といい，その場合の対外純資産の絶対値を**対外純負債**（対外純債務）といいます。表 1 - 2 から，世界最大の債権国が日本であり，債務国が米国であることがわかります。

1-3　国際労働移動の拡大

　図 1 - 4 （a）は，世界全体の移民人口の推移を示しています。ここでいう「移民」とは，生まれた国が居住国とは異なる人を指します。このため，受入国での永住を目的に移ってきた外国人だけでなく，一時的に滞在して働くことを目的とした外国人労働者や，戦争や政情不安によって外国から逃れてきた難民なども含まれます[4]。図より，国境を越えて外国へと渡る移民の数が着実に増加していることがわかります。また，この図より，移民の半分以上が高所得国へと向かっていることがわかります。図 1 - 4 （b）は，移民が総人口に占

図 1 - 4 ■移民人口の推移と総人口に占める比率

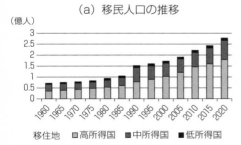

（a）移民人口の推移　　　　（b）移民が総人口に占める比率

	1990	2005	2020
高所得国	7.4%	7.5%	14.7%
中所得国	1.7%	1.3%	1.5%
低所得国	3.0%	1.6%	1.8%
世界全体	2.9%	2.9%	3.6%

（注）　高所得国，低所得国，中所得国の分類は世界銀行のものに従った。
（出所）　World Bank（世界銀行）"World Bank Open Data" と United Nations（国際連合）"International Migrant Stock 2020" より筆者作成

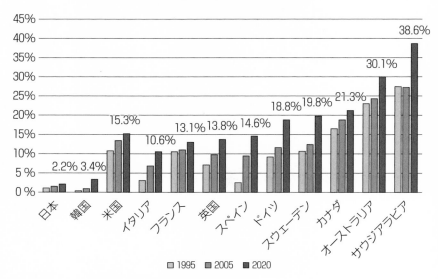

図1−5 ■移民人口比率の国際比較

（注）　グラフ内の数値は2020年時の移民人口比率。
（出所）　United Nations（国際連合）"International Migrant Stock 2020" より筆者作成

める比率を示したものです。世界人口の中での移民の割合はこの30年間でわず
かに2.9％から3.6％に上昇したに過ぎませんが，高所得国では移民の割合は
7.4％から14.7％と大幅に上昇しています。
　図1−5は，主要国における総人口に対する移民の比率を比較したものです。
どの国でも，移民の人口比率が高くなっていることがわかります。サウジアラ
ビアは，建設現場の仕事や家事代行などのサービス業の仕事を，インドをはじ
めとする周辺国からの労働力に依存しています。オーストラリアではほぼ３人
に１人は移民という状況です。欧米諸国では，人口の10〜20％が移民で占めら
れています。EU では加盟国間の国境を越えた労働者の移動の自由が保障され
ているため，EU 域外だけでなく，EU 域内国からの移民も多く流入していま
す。これらの国々と比べると，日本や韓国の移民人口比率の低さ（2020年時点
で，日本が2.2％，韓国が3.4％）が目立ちます。
　入国する移民が出国する移民よりも多い国を移民の**（純）受入国**，その反対

表 1 - 3 ■移民（純）受入国および（純）流出国の上位10ヵ国（2011-21年平均）

（純）受入国 （　）の数字は人口千人当たりの数		（純）送出国 （　）の数字は人口千人当たりの数	
米国	116.9万人　（3.6）	パキスタン	146.1万人　（6.9）
ドイツ	36.2万人　（4.4）	ベネズエラ	43.6万人　（14.6）
ロシア	32.7万人　（2.3）	シリア	41.4万人　（18.8）
カナダ	27.5万人　（7.6）	インド	28.1万人　（0.2）
英国	24.4万人　（3.7）	バングラデシュ	22.0万人　（1.4）
オーストラリア	20.3万人　（8.5）	南スーダン	18.0万人　（15.9）
ヨルダン	19.2万人　（23.2）	中国	17.5万人　（0.1）
韓国	17.0万人　（3.4）	ネパール	12.3万人　（4.6）
日本	14.2万人　（1.1）	スリランカ	8.9万人　（4.1）
コロンビア	14.1万人　（2.8）	ミャンマー	8.1万人　（1.6）

（出所）　United Nations（国際連合）"World Population Prospects" より筆者作成

を**（純）送出国**といいます。表 1 - 3 は，2011年から2021年の間で移民の受入れと送出の年平均数が最も多かった上位10ヵ国を示しています。世界最大の移民受入国は米国です。その他，英国，カナダ，オーストラリアなど，英語圏の国も移民の受入れが多くなっています。欧州では，ドイツが最も多くの移民を受入れています。日本と韓国は，図 1 - 5 が示すようにまだ移民人口比率は低いものの，少子高齢化による労働者不足の影響で外国人労働者の受入れを増やしており，現在では世界有数の移民受入国になっています。

　移民の送出国を見ると，経済危機に陥っているベネズエラや内戦や政情不安に陥っているシリア，南スーダンなどからは多くの難民が流出しています[5]。また，インド，パキスタン，バングラデシュ，スリランカといった南アジアの国からは多くの労働者が近隣の中東や東南アジアの国々に出稼ぎに出ています。

1-4　本書の内容

　これまで見てきたように，国際貿易，国際投資，国際労働移動の規模は，戦後着実に拡大してきました。国際経済学は，これらの国境を越えた経済取引

の拡大，およびそれらに関する政策が経済にもたらす影響について学ぶ学問です。次章からの本書の構成は以下の通りです。

　まず，第2章では，国境を越えた経済取引に伴うカネの動きを示す統計指標である国際収支について学びます。国際収支は，貿易や国際投資に伴うカネの動きや国際資本移動の動向を知る上で重要な統計指標です。各国の国際収支の動向を見ることによって，その国がどのような経済構造になっているのか，そして時間の経過とともにどのように変化しているのかを理解することができるようになります。

　第3章から第5章までは，国際貿易について学びます。第3章では，ミクロ経済学の基本的な分析手法である部分均衡分析を用いて，貿易が国民にもたらす経済的利益や，政府が貿易に介入する貿易政策が経済に与える影響について学びます。第4章では，一般均衡分析と呼ばれる手法を使って，貿易を通じて外国と財やサービスを交換することから生まれる経済的利益について学びます。

　第5章では，国際分業の代表的な理論モデルであるリカード・モデルとヘクシャー＝オリーン・モデルについて学びます。リカード・モデルは，比較優位に基づく貿易によって，貿易に参加するすべての国が経済的利益を得ることができることを示しています。さらに，生産性の違いが国家間の賃金格差の原因であることも示されています。ヘクシャー＝オリーン・モデルは，先進国と途上国の貿易構造についての理解を提供してくれます。

　第6章では，国際労働移動が労働受入国と送出国の経済に及ぼす影響や外国人労働者の受入れ政策について学びます。

　第3章から第6章で説明する国際貿易と国際労働移動がもたらす経済的影響に共通していることは，「**貿易や国際労働移動の自由化は，国の経済全体で見ると利益をもたらす一方で，国内の個々の経済主体について見ると，利益を得る経済主体もいれば，損失を被る経済主体もいる**」ということです。貿易自由化や国際労働移動の自由化によって国内で利益を得る者と損失を被る者が生み出されることを，所得分配効果といいます。この所得分配効果の存在が，なぜ貿易や国際労働移動の自由化に対して，一部の国民から強い反発が起こるのかを説明する要因となります。

　第7章と第8章では，為替レートについて学びます。日本の円，米国のドル，

中国の人民元というように，多くの国は自国の独自の通貨を用いています（欧州諸国が使用する共通通貨ユーロは数少ない例外です）。為替レートは通貨同士の交換比率を指し，自国と外国との経済取引全般に関連しています。そのため，為替レートの変動は，経済の非常に広い範囲に影響を与えます。特に，為替レートの急激な変動は経済に深刻な悪影響を及ぼすことがあります。第7章では，為替レートの変動が経済に与える影響と，為替レートを変動させる経済的要因について学びます。最後，第8章では，為替レートに関する制度である為替相場制度と国際資本移動が世界経済に及ぼす影響について学びます。

（注）

1　ASEAN は東南アジア10ヵ国（インドネシア，カンボジア，シンガポール，タイ，フィリピン，ブルネイ，ベトナム，マレーシア，ミャンマー，ラオス）からなる国家連合です。

2　リーマン・ショックとは，2008年9月15日に米国の投資銀行リーマン・ブラザーズが経営破たんしたことをきっかけに起こった世界的な金融危機のことです。

3　G20は，2008年のリーマン・ショックをきっかけに作られた主要先進国と新興国の計20ヵ国からなるグループです。表1-2で示した19ヵ国に EU（欧州連合）を加えた20ヵ国および地域が，そのメンバーとなっています。これらの国々で，世界の GDP の90%，貿易総額の80%，総人口の3分の2ほどを占めています。

4　正式な法的手続きによらず滞在している外国人は不法移民と呼ばれます。不法移民は統計上移民には含まれないため，実際の移民人口は，統計に示されているものよりも多いと考えられます。

5　ヨルダンやコロンビアの移民の受入れが多い理由は，それぞれ隣国のシリアとベネズエラからの難民が大量に流入しているからです。

第 2 章

国際収支

<本章のねらい>
- 国際収支を構成する各項目の取引内容と国際投資ポジションについて理解することで，国際収支の黒字・赤字を決定する要因と，それに伴う国際投資ポジションの変化について理解する。
  - ☞ポイント：経常収支＝金融収支＝対外純資産の変化
- 経常収支と貯蓄投資バランスとの関係について理解する。
  - ☞ポイント：経常収支＝民間純貯蓄＋財政収支（政府貯蓄）
- 経済発展に伴う国際収支の黒字・赤字項目と国際投資ポジションの変化について理解する（国際収支発展段階説）。

　国際収支統計とは，ある国が特定の期間内に外国と行ったあらゆる経済取引（財・サービスの取引，株式・債券などの金融取引など）に伴う資金の受取と支払を記録した統計です。本章では，国際収支統計を読み解くことによって，一国の経済構造をどのように把握することができるのかについて説明します。
　国際収支は様々な項目で構成されていますが，最も重要な項目に経常収支と金融収支があります。経常収支は，経済成長率や物価上昇率などと並び，国のファンダメンタルズ（経済の基礎的条件）を示す重要な経済指標の1つです。本章では，経常収支の黒字や赤字が，国内の貯蓄と投資の大小関係を示す貯蓄＝投資バランスに関連していることを明らかにします。さらに，国の経済発展に伴い，経常収支や金融収支の黒字項目や赤字項目の構成が変化するという国際収支発展段階説についても説明します。

2－1　国際収支統計と国際投資ポジション

　表2－1は，2021年の日本の国際収支統計を示しています。各収支項目は，プラスもしくはマイナスの数値で表記されていて，プラスの値の場合は**黒字**，マイナスの値の場合は**赤字**を意味します。

　国際収支統計は，経常収支，金融収支，資本移転等収支，そして誤差脱漏の4つの項目に分類されます。**経常収支**は，貿易などの経常取引に伴う資金の受取と支払を計上したものであり，**金融収支**は，対外金融資産・負債の増減に関連する取引を計上したものです。**資本移転等収支**は，対価の発生しない資本の国際的な移転などを計上しており，**誤差脱漏**は統計上の誤差や漏れを示すものです。以下，それぞれの項目について説明をしていきます。

2－1－1　経常収支

　経常収支は，貿易・サービス収支と第一次所得収支，そして第二次所得収支に分類されます。**各収支項目の黒字や赤字は，対象となる取引における資金の受取と支払の差額によって決まります。受取額が支払額を上回れば黒字となり，反対に支払額が受取額を上回れば赤字となります。**

表2－1■日本の国際収支統計（2021年）

（単位：億円）

経常収支			215,363	金融収支		168,376
	貿易・サービス収支		−24,834		直接投資	192,428
		貿易収支	17,623		証券投資	−219,175
		サービス収支	−42,457		金融派生商品	21,685
	第一次所得収支		263,788		その他投資	104,539
	第二次所得収支		−23,591		外貨準備増減	68,899
資本移転等収支			−4,232			
誤差脱漏			−42,755			

（出所）　日本銀行「日本銀行時系列統計データ検索サイト」より筆者作成

　貿易・サービス収支は，国境を越えた財やサービスの輸出や輸入における受取と支払を計上したものです。自国が輸出する場合，外国からその代金を受け取りますが，輸入する場合は，外国にその代金を支払います。このため，輸出額（受取）が輸入額（支払）を上回る場合，貿易・サービス収支は黒字となり，逆の場合は赤字となります。

　2021年の日本の貿易・サービス収支は約2兆5,000億円の赤字でした（表2-1）。工業製品や一次産品といったモノの貿易収支は約1兆8,000億円の黒字でしたが，それに対してサービス収支は約4兆2,000億円の赤字となっていました。

　第一次所得収支は，主に対外資産や対外負債に関連する利子や配当に関する受取と支払を計上したものです[1]。資産の保有者は，その資産から収益を得ることができます。例えば，国債や社債といった債券の保有者は利子（金利）を，株式の保有者は配当を得ることができます。外国に工場を設立した企業は，その工場の利益の一部を送金によって受け取ることができます。このため，自国の経済主体が対外資産を所有している場合，外国から利子や配当を受け取ります。反対に，外国の経済主体が国内に保有している資産である対外負債については，自国の経済主体から利子や配当が外国に支払われることになります。このため，対外資産からの利子や配当の受取が対外負債に対する利子や配当の支払を上回る場合は，第一次所得収支は黒字となり，その反対の場合は赤字となります。

　2021年の日本の第一次所得収支は，約26兆円の黒字でした（表2-1）。これは貿易収支黒字の約15倍に相当し，日本が対外資産から得る収益がいかに大きいのかがわかります。

　第二次所得収支は，対価を伴わない一方的な資金の提供に関連する受取と支払を計上したものです。そのような資金の提供については，食糧・医療などの無償資金援助や国際機関への分担金の支払，そして個人間の送金や贈与などがあります。外国で働く自国の労働者からの送金の受取や，国内で働く外国人労働者が本国に送金する支払も，個人間の送金に含まれます。これらの資金の動きについて，自国の受取が支払を上回る場合，第二次所得収支は黒字となり，その反対の場合は赤字となります。

表2-2 ■経常収支を構成する各収支における受取項目と支払項目

	受取項目	支払項目
貿易収支	財（農産品・工業製品・天然資源など）の輸出	財（農産品・工業製品・天然資源など）の輸入
サービス収支	サービス（運輸，金融，建設，観光，教育サービスなど）の輸出	サービス（運輸，金融，建設，観光，教育サービスなど）の輸入
第一次所得収支	対外資産からの利子や配当などの受取	対外負債に対する利子や配当などの支払
第二次所得収支	外国からの無償援助・贈与や外国で働く自国民労働者からの送金受取	外国への無償援助・贈与や国内で働く外国人労働者の本国への送金支払

　2021年の日本の第二次所得収支は約2兆4,000億円の赤字となっていました（表2-1）。これは，日本が多くの国に国際援助を行っていたり，国際機関への分担金を負担したりしているためです。また，日本国内で働いている外国人労働者による本国への送金も第二次所得収支赤字の要因となっています。

　最後に，これまで説明してきた経常収支を構成する各収支の扱う取引内容と受取・支払項目を表2-2にまとめます。

2-1-2　金融収支

　金融収支は自国と外国との金融資産の取引に関連する収支です。金融収支の黒字と赤字は，対外投資（対外資産の増加）と対内投資（対外負債の増加）の差額によって決まります。**対外投資の金額が対内投資の金額を上回る場合，金融収支は黒字となり，その反対の場合は赤字となります。**対外投資を行うときには，自国の経済主体が外国に投資を行うため，投資資金は自国から外国へと出ていきます。反対に，外国の経済主体による対内投資を受け入れたり，自国の経済主体が外国から資金を借り入れたりする場合は，投資資金が外国から自国に入ってきます。このため，自国から出ていく（流出する）資金の額が，入ってくる（流入する）資金の額を上回る場合に，金融収支は黒字となります。

　対外投資により自国の対外資産が増加する一方で，対内投資（対外借入）を

受け入れることで対外負債が増加します。対外純資産は，対外資産と対外負債の差額を示しており，**金融収支が黒字の場合に対外純資産が増加し，赤字の場合には対外純資産が減少（対外純負債が増加）する**ことがわかります。

　経常収支と違い，金融収支を構成する対外投資（対内投資）は"負"の値となる可能性があるので注意が必要です。自国の経済主体は外国資産の購入によって対外資産を増加させますが，時には対外資産を売却して資金を自国に引き揚げることもあります。そのため，対外投資＝対外資産の購入額−対外資産の売却額であり，対外資産の売却額が購入額を上回る場合，対外資産は減少し，対外投資は負の値となります。同様に，対内投資＝対外負債の増加額−対外負債の減少額となります。そのため，外国の経済主体による自国からの資金の引き揚げや自国の経済主体が対外負債を返済することによる対外負債の減少額が大きい場合，対外負債は減少し，対内投資が負の値になります。

　金融収支は，民間経済主体が行う国際投資に関する項目と，政府や中央銀行などの通貨当局が保有する外貨資産の変化を示す項目とに分けられます。民間経済主体が行う国際投資に関する項目は，さらに直接投資，証券投資，金融派生商品，その他投資の4つに分類されます。直接投資は，企業による生産設備への投資や経営参加を目的とした株式投資（子会社の設立，M&A（合併・買収）など），不動産投資などを指しています。証券投資は，直接投資に分類されない株式投資や債券（国債・社債など）への投資を指します。金融派生商品は，株式や債券，外国為替を組み合わせた高度な金融技術を用いた先物取引，オプション取引，スワップ取引などの金融商品を指しています。最後，その他投資は，銀行などの金融機関による企業への貸付（融資），金融機関への預金，保険や貿易信用などの取引を指しています。

　通貨当局（中央銀行や政府）が保有している外貨資産は**外貨準備**と呼ばれ，自国通貨の為替レートを安定させるための外国為替市場への介入手段を確保するために保有されています。外貨準備の保有形態としては，米国債などの外国債券が最も一般的であり，金（ゴールド）や外貨預金などもあります。政府が外貨資産を購入すること（外貨準備の積み増し）は金融収支の黒字要因となり，反対に外貨資産を売却すること（外貨準備の取り崩し）は金融収支の赤字要因となります。

表2-3■日本の金融収支の詳細（2021年）

（単位：億円）

	対外投資 （対外資産の増加）	対内投資 （対外負債の増加）	収支
金融収支	399,660	231,284	168,376
直接投資	230,167	37,739	192,428
証券投資	−6,086	213,089	−219,175
金融派生商品（純）	21,685	−	21,685
その他投資	84,995	−19,544	104,539
外貨準備増減	68,899	−	68,899

（注）　金融派生商品については，取得額と売却額の差額を対外投資の項目として記載した。
（出所）　日本銀行「日本銀行時系列統計データ検索サイト」より筆者作成

　2021年の日本の金融収支は約17兆円の黒字となっています（表2-1）。これは，日本の対外投資が対内投資を約17兆円上回っていたことを意味しています。

　表2-3は，金融収支の各項目について対外投資と対内投資の内訳を示しています。対外投資約40兆円の半分を超える約23兆円を直接投資が占めており，日本企業が積極的に事業活動を外国に拡大していったことを示しています。一方，外国企業による日本への投資（直接投資の対内投資）は約4兆円と少なく，これが直接投資に関する収支の大幅な黒字につながっています。証券投資に関する収支は約22兆円の大幅な赤字となっています。これは，日本の債券市場や株式市場に外国から多額の資金が流入していたことを示しています。さらに，対外投資の項目が約6,000億円の負の値となっており，外国の債券や株式に投資されていた資金が日本に戻ってきていることもわかります。金融派生商品は約2兆円の黒字，その他投資については約10兆円の黒字となっており，合計して約12兆円の投資資金が外国に流出したことがわかります。最後に，外貨準備については，政府が外貨準備を約7兆円積み増したことがわかります。外貨準備は政府が保有する外貨資産であるため，対内投資の項目は存在しません。

2-1-3　資本移転等収支

　資本移転等収支は，対価の伴わない固定資産の所有権の移転，債権者による

債務免除，知的財産権などの非生産・非金融資産の取得や処分に関する受取と支払を計上したものです。これらの取引における自国の受取が外国への支払を上回る場合，資本移転等収支は黒字となり，逆の場合は赤字となります。

2-1-4　複式計上方式と誤差脱漏

国際収支統計では，すべての経済取引について，同じ金額を「貸方」と「借方」に同時に記載するという**複式計上方式**が採用されています。このため，理論的には，経常収支と資本移転等収支の合計と金融収支は等しくなります[2]。

しかし，国際収支統計は実際に起こっている膨大な経済取引をすべて漏れなく記録できるわけではありません。そのため，実際の統計では経常収支と資本移転等収支の合計と金融収支は等しくなりません。この差は，本来記録されるべき取引が統計から漏れたために生じたものと考えられます。この誤差を調整するために加えられた収支項目が，**誤差脱漏**です。

このため，国際収支統計の各収支項目については，次のような等式が必ず成立します。

$$\text{経常収支＋資本移転等収支－金融収支＋誤差脱漏＝0} \tag{2.1}$$

すべての経済取引が漏れなく国際収支統計に記載された場合，経常収支と資本移転等収支の合計と金融収支は等しくなるため，誤差脱漏がゼロで (2.1) 式は成立します。しかし，実際には統計の漏れがあるため，その修正のために，誤差脱漏の値が (2.1) 式が成立するように定められます。

2-1-5　国際投資ポジション

国際収支統計は，一定期間内に生じた経済取引に伴う資金の動きを示す「フロー」の統計といわれます。これに対して，**国際投資ポジション**は，特定時点における一国が保有する対外資産と対外負債の「ストック」の大きさを示す統計です[3]。

表 2-4 は，2021年末時点での日本の国際投資ポジションを示しています。前章で述べたように，日本は世界最大の対外純資産保有国ですが，その他投資以外の項目で対外資産が対外負債を上回っており対外純資産を保有しているこ

表 2 - 4 ■日本の国際投資ポジション（2021年末時点）

（単位：兆円）

	対外資産残高	対外負債残高	対外純資産
直接投資	228.8	40.5	188.3
証券投資	578.3	471.0	107.3
金融派生商品	35.8	35.1	0.7
その他投資	245.2	292.1	−46.8
外貨準備	161.8	—	161.7
総額	1,249.9	838.7	411.2

（出所）　財務省「本邦対外資産負債残高」より筆者作成

とがわかります。特に直接投資では対外資産が対外負債を大きく上回っています。これは過去に多くの日本企業が海外進出を果たした一方，日本に進出する外国企業がまだ少ないことを示しています。証券投資では，対外資産と対外負債の両方が大きく，全体の50％ほどを占めています。これは日本の金融市場が外国の金融市場と深く結びついていることを示しています。

2 - 2　経常収支に関する国際比較

　表 2 - 5 は，G20諸国の経常収支の金額と対 GDP 比を，経常収支黒字の金額の大きい国から順に並べたものです。経常収支黒字が最も大きい国は中国であり，ドイツと日本がそれに続きます。一方で，経常収支赤字が最も大きい国は米国であり，英国など他の赤字国と比べても，その赤字額は極めて大きなものです。

　表 2 - 6 は，G20諸国うち 8 ヵ国の経常収支の内訳と対外純資産の規模を比較したものです。一般的に，経常収支黒字の国では貿易収支の黒字が主要な要因となっています。中国やドイツは工業製品の輸出競争力が高く，サウジアラビアは原油の輸出が貿易収支黒字の要因となっています。

　同様に，経常収支赤字の国では貿易収支の赤字が主要な要因となっています。ただし，インドや英国，米国は，貿易収支は赤字ですが，サービス収支は黒字となっています。米国のサービス収支が黒字となるのは，金融やビジネスに関

表 2 - 5 ■ G20諸国の経常収支（2021年）

（単位：億ドル　ただし，カッコ内は対 GDP 比）

国名	経常収支	国名	経常収支	国名	経常収支	国名	経常収支
中国	3,173.0 (1.8%)	イタリア	647.2 (3.1%)	アルゼンチン	67.1 (1.4%)	インド	−334.2 (−1.1%)
ドイツ	3137.5 (7.4%)	オーストラリア	508.4 (3.1%)	インドネシア	35.1 (0.3%)	ブラジル	−463.6 (−2.9%)
日本	1,976.4 (4.0%)	サウジアラビア	443.2 (5.3%)	メキシコ	−48.4 (−0.4%)	英国	−470.5 (−1.5%)
ロシア	1,222.7 (6.9%)	南アフリカ	155.7 (3.7%)	カナダ	−54.5 (−0.3%)	米国	−8,463.5 (−3.7%)
韓国	883.0 (4.9%)	フランス	99.5 (0.3%)	トルコ	−72.3 (−0.9%)		

（出所）　IMF "World Economic Outlook Database および "Balance of Payments and International Investment Position Statistics" より筆者作成

表 2 - 6 ■ G20内 8 ヵ国の経常収支の内訳と対外純資産（2021年）

（単位：億ドル）

	経常収支	貿易・サービス収支	貿易収支	サービス収支	第一次所得収支	第二次所得収支	対外純資産
中国	3,173.0	4,628.1	5,627.2	−999.2	−1,620.3	165.2	19,833.1
ドイツ	3,137.5	2,285.7	2,279.0	6.7	1,491.0	−639.2	28,828.0
日本	1,976.4	−225.1	158.8	−383.9	2,423.5	−221.9	36,001.3
サウジアラビア	443.2	734.9	1,364.6	−629.8	152.1	−443.7	6,184.4
インド	−334.2	−740.4	−1,767.2	1,026.8	−376.2	782.4	−3,770.4
ブラジル	−463.6	94.1	363.6	−269.6	−589.7	32.1	−6,056.2
英国	−470.5	−385.6	−2,325.5	1,939.8	161.2	−246.1	−4,657.8
米国	−8,463.5	−8,450.5	−10,903.0	2,452.5	1,395.0	−1,408.0	−181,242.9

（出所）　IMF "Balance of Payments and International Investment Position statistics" より筆者作成

する専門業務サービスなど，幅広いサービス業で高い輸出競争力を持っているためです。さらに，米国はハイテク技術に関する特許や音楽・映画の著作権などを豊富に保有しており，巨額の特許や著作権の使用料収入が外国からもたらされることも，サービス収支の黒字に大きく貢献しています。英国は金融サービスで，インドはIT（情報通信）サービスやソフトウェアなどの分野で強い輸出競争力を発揮しています。一方，中国のサービス収支が赤字となっているのは，中国人観光客による海外旅行先での支出が大きく増加しているためです。日本のサービス収支が赤字となっている原因は，日本のIT関連サービスや企業への業務支援サービスの国際競争力が低いためです。

　日本は，貿易・サービス収支が赤字であるにもかかわらず，それを上回る第一次所得収支の黒字が存在するために経常収支全体が黒字となっています。反対に，ブラジルは貿易・サービス収支が黒字であるにもかかわらず，第一次所得収支の赤字が原因で経常収支全体が赤字となっています。第一次所得収支は，対外資産からの収益の受取から対外負債への収益の支払を差し引いたものです。そのため，債権国では対外資産の保有額が対外負債を上回るため第一次所得収支は黒字となり，債務国では逆に赤字となる傾向にあります。日本は，前章の表1-2でも示したように世界最大の債権国であるため，第一次所得収支の黒字も大きくなっています。一方，ブラジルは対外純負債（負の対外純資産）の規模が大きいため，第一次所得収支の赤字も大きくなっています。

　ただし，債権国・債務国と第一次所得収支の黒字・赤字との関係については，通常とは異なるケースも見られます。例えば，巨額の対外純負債を負っている米国や英国の第一次所得収支は黒字となっていますが，一方で巨額の対外純資産を保有している中国では第一次所得収支が赤字になっています。このような違いは，対外資産と対外負債の構成の違いによって生じるのですが，その詳細については2-5節で詳しく説明します。

　第二次所得収支については，海外援助や国際機関の運営費用を負担する先進国では赤字となる傾向にあります。一方で，インドの第二次所得収支は他国に比べて大きな黒字となっています。これは，前章の表1-3で示したように，インドが多くの移民を世界中に送り出しており，彼らからの送金が大きな規模になっているためです[4]。また，サウジアラビアでは建設やサービス業などの

労働を外国からの出稼ぎ労働者に依存しており，彼らからの出身国への送金が大きいため，第二次所得収支は大きな赤字となっています。同様に，米国・英国・ドイツなど多くの移民を受け入れている国でも，移民の本国への送金が第二次所得収支赤字の原因の１つとなっています。

このように，経常収支の黒字や赤字の構成は国によって異なっており，それを分析することで各国の経済構造を理解することができます。

2-3　経常収支と貯蓄投資バランス

表2-5が示すように，世界には経常収支が赤字の国もあれば，黒字の国もあります。本節では，経常収支が黒字の国と赤字の国との経済構造の違いについて説明します。(2.1) 式より，資本移転等収支と誤差脱漏をゼロと仮定すると，経常収支と金融収支の大きさは常に等しくなることがわかります（**経常収支＝金融収支**）。したがって，経常収支が黒字であるときは金融収支も黒字となるというように，これらの収支は連動していると考えられます。さらに，金融収支が対外純資産の増加や減少と連動していること（表2-3）を考えると，経常収支，金融収支，対外純資産の増減の間には以下のような関係が成立することがわかります。

経常収支黒字＝金融収支黒字＝対外純資産増加（対外純負債減少）

経常収支赤字＝金融収支赤字＝対外純資産減少（対外純負債増加）

このように経常収支が金融収支と連動しているのは，経常収支がその国の**貯蓄投資バランス**と関連しているからです。本節では，経常収支と貯蓄投資バランスの関連性について詳しく説明していきます。

2-3-1　貯蓄投資バランスの基本

経済の成長と発展には，国内で財やサービスの生産能力を増強する必要があります。生産能力を増強させるためには，工場やインフラなどの物的資本への投資が必要です[5]。投資を実行するためには資金が必要です。多くの場合，投資は銀行からの融資や株式・債券の発行など，金融市場からの資金調達に

図2−1■金融市場を通じた貯蓄と投資の関係

よって実施されます。金融市場から資金を調達する際，資金調達者は投資から得た収益の一部を利子や配当という形で資金提供者に支払う必要があります。

　一方，金融市場への資金供給源は，各経済主体（家計や企業，政府）の貯蓄です。各経済主体は貯蓄を金融市場で運用することによって，投資から生じる収益の一部を利子や配当という形で得ることができます。このように，貯蓄と投資は金融市場を通じてつながっています（図2−1）。

　貯蓄された資金は金融市場を通じて投資のための資金として投入されるため，理論的には貯蓄額と投資額は等しくなります。この貯蓄と投資の関係は，マクロ経済学の基本原則である**三面等価の原則**を用いて説明することができます。三面等価の原則とは，「一国のマクロ経済の状況を記録する国民経済計算では，国内総生産（総供給）と国内総所得，そして国内総支出（総需要）は常に等しくなる」というものです（図2−2（a））。

　この三面等価の原則を使って，貯蓄投資バランスを数式で表現してみましょう。話を単純にするために，政府や外国との取引は存在せず，民間部門（家計と企業）のみが存在している世界から考えます。**国内総生産（総供給）**をYという変数で表現します。三面等価の原則より，国内総生産Yは国内総所得に等しくなります。国民は，所得の一部を食料や日常品の購入などの**消費**に使い，残りは将来の消費や資産運用のために**貯蓄**します。このため，消費をC，貯蓄をSとすると，次のような式が成立します。

$$Y = C + S \tag{2.2}$$

　一方，政府や外国との取引が存在しないとき，生産物への支出（**総需要**）は，**消費需要**と**投資需要**のいずれかとなります[6]。三面等価の原則より，総供給Y

図2-2 ■ 三面等価の原則と貯蓄投資バランス

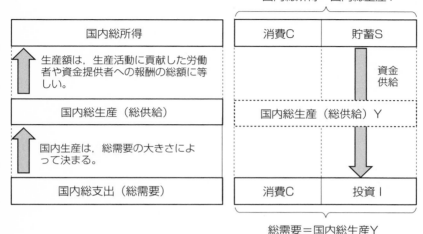

（a）三面等価の原則

（b）貯蓄投資バランス
（政府，外国が存在しないケース）

は，消費需要と投資需要を合わせた総需要と等しくなります。このため，投資をIとすると，次のような式が成立します。

$$Y = C + I \tag{2.3}$$

(2.3) 式の左辺は総供給，右辺は総需要の大きさを示しています。

　(2.2) 式と (2.3) 式の左辺は共にYであるため，両式の右辺も等しくなります。さらに，両式の右辺には共に消費Cが入っていることを考えると，両辺の右辺が等しくなるときには，次のような式が成立することがわかります。

S＝I（民間貯蓄＝民間投資） $\tag{2.4}$

(2.4) 式は，政府や外国との取引が存在していないときの貯蓄投資バランスを表しています。民間部門における貯蓄額と投資額が常に等しくなっているという意味で，貯蓄と投資のバランスが取れているというわけです。

　この関係を図示したものが図2-2 (b) です。縦に並んだ長方形の内，中

央の長方形の長さは国内総生産（総供給）Y の大きさを示しています。一番上の長方形の長さは国内総所得，一番下の長方形の長さは総需要の大きさを示しています。三面等価の原則より，３つの長方形の長さはすべて等しくなります。

　一番上の長方形は（2.2）式を表しています。この長方形の全体の長さは総所得 Y の大きさであり，その使い道が消費 C と貯蓄 S に分かれることが示されています。一方，一番下の長方形は（2.3）式を表しており，その全体の長さが総需要 Y であり，消費 C と投資 I の合計と等しくなっていることが示されています。一番上と一番下の長方形の長さが等しいことと，両方の長方形の中に消費 C が共通して存在することから，貯蓄 S と投資 I の大きさが等しくなることがわかります。

　このように貯蓄と投資が等しくなることから，政府や外国との取引が存在していない場合，家計や企業が貯蓄した資金が，金融市場を経由して投資を実施するための資金源となっていることがわかります。

２−３−２　貯蓄投資バランス（政府部門が存在している場合）

　次に，政府部門の存在を加えます。政府は，教育，警察，防衛などの公共サービスの提供や，交通網や学校など社会インフラへの公共投資を行います。これらの公共サービスの提供や公共投資のための支出が政府支出であり，総需要の一部となります。政府支出の財源は，民間部門（家計や企業）から徴収した税金と，金融市場から調達される借入資金（国債や地方債）によって賄われます。

　税金と政府支出の差額を財政収支といいます。

**　財政収支＝税金−政府支出**　　　　　　　　　　　　　　　　　　　　　（2.5）

　財政収支が黒字となる（財政収支の値が正の値となる）場合，政府は政府支出に使われずに残った未使用の税金を貯蓄や債務の返済へと回します。この場合，財政収支は政府貯蓄と等しくなります。反対に，財政収支が赤字となる（財政収支の値が負の値になる）場合，政府は資金を金融市場から借り入れる必要があり，その結果として政府債務が増加します。

　政府部門が存在する場合，国民総所得の一部は税金として政府に徴収され，

残った所得が民間部門の消費または貯蓄に使われることになります。このため，徴収される税金の額を T とすると，(2.2) 式は次のように変わります。

$$Y = C + S + T \tag{2.6}$$

一方，総需要は消費と投資に政府支出が加わるため，政府支出を G とすると，(2.3) 式は次のように変わります。

$$Y = C + I + G \tag{2.7}$$

(2.6) 式と (2.7) 式より，政府部門が存在するときの貯蓄投資バランスは，次のような式となります。

$$\textbf{S} - \textbf{I} = -(\textbf{T} - \textbf{G}) \quad \textbf{(民間純貯蓄＝財政赤字)} \tag{2.8}$$

(2.8) 式の左辺は，民間部門における貯蓄と投資の差額を表しており，**民間純貯蓄**といいます。貯蓄が投資を上回る（貯蓄超過が発生する）場合，民間純貯蓄は正の値となります。反対に，投資が貯蓄を上回る（投資超過が発生する）場合，民間純貯蓄は負の値となります。(2.8) 式の右辺は，財政収支にマイナスを掛け合わせたものであり，**財政赤字**の規模と等しくなります。

(2.8) 式は，民間純貯蓄と財政赤字の規模が常に等しくなることを示しています。つまり，民間部門で貯蓄超過が生じているときには，政府部門でそれと同額の財政赤字（投資超過）が生じており，政府部門で財政黒字（貯蓄超過）が生じているときには，民間部門でそれと同額の投資超過が起こることを示しています。

この関係を図示したものが図2-3 (a) と (b) です。それぞれの図で，上部の長方形は (2.6) 式，下部の長方形は (2.7) 式を表しています。図2-3 (a) は，政府が税収を上回る政府支出を行おうとする（財政赤字を実現しようとする）場合，政府は足りない資金を金融市場で国債を発行することによって調達しますが，その財源は民間部門の貯蓄超過（余剰資金）から供給されていることを示しています。一方，図2-3 (b) は，財政黒字が実現して政府部門に余剰資金が生じる場合，その余剰資金が金融市場を通じて民間投資へと供給されることによって，民間部門で投資超過が実現することを示しています。

図2-3 ■貯蓄投資バランス（政府部門が存在するケース）

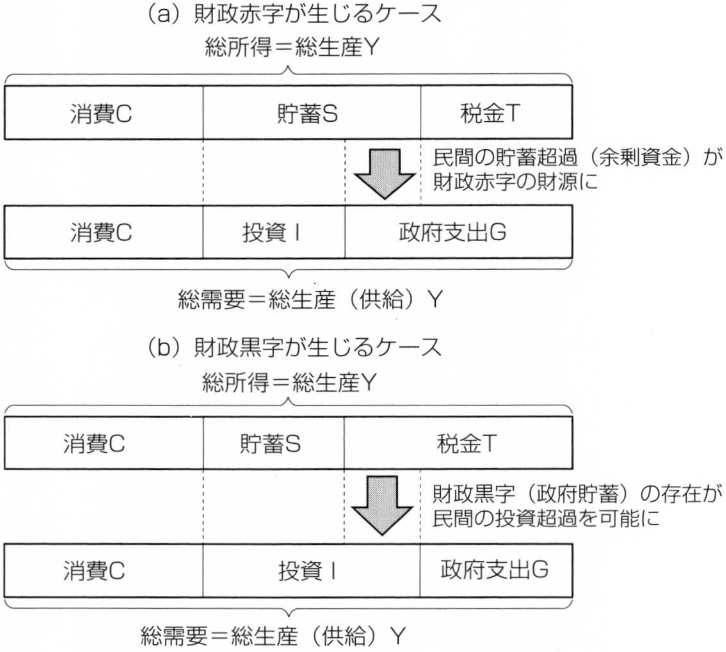

（a）財政赤字が生じるケース

総所得＝総生産Y

消費C	貯蓄S	税金T

民間の貯蓄超過（余剰資金）が
財政赤字の財源に

消費C	投資 I	政府支出G

総需要＝総生産（供給）Y

（b）財政黒字が生じるケース

総所得＝総生産Y

消費C	貯蓄S	税金T

財政黒字（政府貯蓄）の存在が
民間の投資超過を可能に

消費C	投資 I	政府支出G

総需要＝総生産（供給）Y

2-3-3　経常収支と貯蓄投資バランス

　最後に外国との取引を加えます。外国との貿易が存在する場合，外国の人々による自国の生産物への需要（**外需**）と，自国の国民による外国の生産物への需要（**輸入需要**）が加わります。自国の生産者は外需に対応するために**輸出**を行い，それが消費，投資，政府支出とともに総需要に加わります。一方，国内の消費，投資，政府支出には，外国の生産物への輸入需要も含まれているため，自国の生産物への総需要は，消費＋投資＋政府支出＋輸出から輸入需要を差し引いたものとなります（図2-4）。ここで，輸入と輸出をそれぞれIM，EXとすると，(2.7) 式は次のように変わります。

$$Y = C + I + G + EX - IM \tag{2.9}$$

図2-4 ■外国と取引を行うときの総供給と総需要

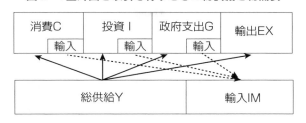

外国との取引が存在する場合でも，(2.6) 式は成立します。そのため，(2.6) 式と (2.9) 式より，外国部門が存在する場合の貯蓄投資バランスを表す次の式が成立します。

EX－IM＝S－I＋T－G（貿易収支＝民間純貯蓄＋財政収支） (2.10)

(2.10) 式の左辺は輸出と輸入の差額を表し，貿易収支に等しくなります。一方，右辺は，民間純貯蓄と財政収支（政府貯蓄）を足し合わせた国民全体の貯蓄（**国民 純 貯蓄**）を示します。

(2.10) 式は，貿易収支と国民純貯蓄が等しくなることを示しています。サービス収支や第一次・第二次所得収支をゼロと仮定すると，貿易収支は経常収支と等しくなります。経常収支は対外純資産の変化と関連するため，次の関係式が成立します。

経常収支黒字＝正の国民純貯蓄＝対外純資産増加（対外純負債減少）
経常収支赤字＝負の国民純貯蓄＝対外純負債増加（対外純資産減少）

これを図示したものが図2-5です。経常収支が黒字の国では，国民純貯蓄（貯蓄余剰）が発生しており，それが対外投資の資金源となっています（図2-5 (a)）。対外投資によって，この国の対外純資産は増加（対外純負債は減少）します。反対に，経常収支が赤字の国では，民間部門の貯蓄と税収の総額を上回る民間投資と政府支出が実現していますが，その資金不足を補うためには外国からの借入が必要です（図2-5 (b)）。対外借入によって，この国の対外純資産は減少（対外純負債は増加）します。

図2-5■貯蓄投資バランス（外国と取引を行うケース）

（a）貿易黒字が生じるケース

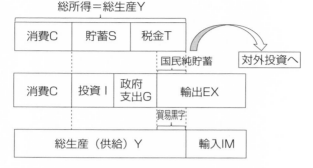

（b）貿易赤字が生じるケース

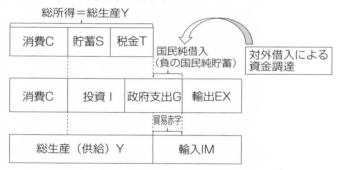

　このように，経常収支は単に輸出や輸入などの外国からの資金の受取と支払の大小関係だけでなく，国内の貯蓄投資バランスの状況も示しています。前節では，世界には経常収支が黒字の国と赤字の国が存在すると説明しました。図2-5が示すように，経常収支黒字国では国民純貯蓄が生じ，それが対外投資の資金源となります。一方，経常収支赤字国では国民純貯蓄が負，すなわち国全体が貯蓄不足となっており，足りない資金を外国からの借入に頼ることになります。このことより，経常収支黒字国の貯蓄超過が，経常収支赤字国の投資超過を実現させる資金源となっていることがわかります（図2-6）。

図２－６■経常収支黒字国と赤字国間の資金の流れ

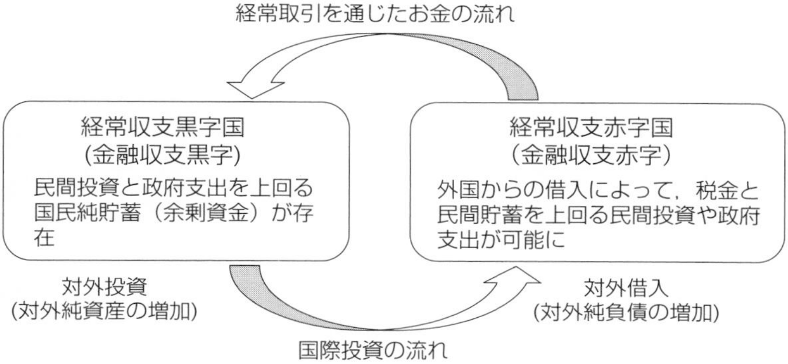
経常取引を通じたお金の流れ
経常収支黒字国
(金融収支黒字)
民間投資と政府支出を上回る国民純貯蓄（余剰資金）が存在
経常収支赤字国
(金融収支赤字)
外国からの借入によって，税金と民間貯蓄を上回る民間投資や政府支出が可能に
対外投資
(対外純資産の増加)
対外借入
(対外純負債の増加)
国際投資の流れ

２－４　国際収支発展段階説

本節では，経済発展に伴う国際収支の構造変化を説明する**国際収支発展段階説**（こくさいしゅうしはってんだんかいせつ）について説明します。この説はイギリスの経済学者クローザなどによって提唱（ていしょう）されたものであり，ある国が貧しい国から経済発展を遂げ，その後成熟（せいじゅく）国になる過程で国際収支の構造がどのように変化するかを示したものです。

クローザによると，一国の経済はその発展段階に応じて順にⅠ）未成熟債務国（みせいじゅくさいむこく），Ⅱ）成熟債務国（せいじゅくさいむこく），Ⅲ）債務返済国（さいむへんさいこく），Ⅳ）未成熟債権国（みせいじゅくさいけんこく），Ⅴ）成熟債権国（せいじゅくさいけんこく），Ⅵ）債権取崩国（さいけんとりくずしこく）の６段階を経て変遷（へんせん）するとされています。以下，各発展段階における国際収支構造について説明していきます。

２－４－１　未成熟債務国から債務返済国へ

経済発展の初期段階である**未成熟債務国**では，国内の生産能力が低く，国民が消費や投資を行うために必要な財を，国内の生産能力だけでは十分供給することができません。このため，多くの財やサービスを輸入に依存することとなり，貿易・サービス収支は赤字となります。

このような国が生産能力を増強させるためには，インフラや工場建設に対する投資が必要です。しかし，この段階では所得水準も低いため，国内の貯蓄や

税収も少なく，開発に必要な投資や政府支出を実現するためには，国内の資金だけでは不十分であり，外国からの借入（対外借入）に頼る必要があります。そのため，金融収支は赤字となり，対外純負債が増加していきます。対外純負債の増加に伴い，利子などの支払も増加するため，第一次所得収支も赤字となります。貿易・サービス収支と第一次所得収支の両方が赤字となることから，経常収支も赤字となります[7]。

　インフラや工場の建設によって国内の生産能力が増強されると，外国への輸入依存が解消される一方で，一部の生産物については外国への輸出が増加するようになります。この状態が続くと，ある時点で貿易・サービス収支が赤字から黒字に転換します。このとき，この国は未成熟債務国から**成熟債務国**へと転換します。ただし，これまで蓄積してきた対外負債に対する利子などの支払は継続されるため，第一次所得収支はまだ赤字です。このため，貿易・サービス収支の黒字が第一次所得収支の赤字を上回らない段階では，経常収支，そして金融収支は赤字のままであり，外国からの資金の借入への依存は続きます。そのため，対外純負債は増加を続けます。

　しかし，さらに生産能力が増強されると，貿易・サービス収支の黒字が第一次所得収支の赤字を上回り，経常収支と金融収支が黒字に転換する時期が訪れます。そうすると，これまで増加し続けていた対外純負債は減少に転じます。このとき，この国は成熟債務国から**債務返済国**へと転換します。対外純負債の減少に伴い，対外負債に対する利子などの支払も減少するため，第一次所得収支の赤字も減少し始めます。

　このように，経済発展の初期段階の国は，生産能力が低いために，消費や投資に必要な財や開発資金を外国に依存する状況（貿易・サービス収支赤字，かつ金融収支赤字）から始まります。しかし，外国からの資金を活用しながら国内投資を続けることで生産能力が増強されると，財やサービスの輸入への依存が解消されはじめます（貿易・サービス収支の黒字転換）。さらに生産能力が増強されて所得が増加していくと，国内貯蓄と税収が増加することで，対外借入への依存も解消されていきます（金融収支黒字化による対外純負債の減少）。

　このような経済発展に伴う国際収支の転換を実現した国の一例として，東欧のチェコという国を取り上げます。チェコは，共産党政権が崩壊した1990年代

以降，外国企業，特にドイツ企業の直接投資を積極的に受け入れることによっ
て，自動車産業を中心に生産能力の増強と他の欧州諸国への輸出を拡大させま
した。その動きは，2004年の EU 加盟後にさらに加速し，現在では欧州におけ
る工業国としての地位を確立させています。

　図 2 - 7 は，チェコの経常収支，貿易・サービス収支，第一次所得収支，お
よび対外純資産（負債）の対 GDP 比の推移を示しています。90年代後半から
2010年頃まで，チェコの対外純負債（負の対外純資産）は増加傾向にありまし
た。これはドイツなど外国企業の投資を積極的に受け入れたためです。外国企
業の受入れによる生産能力の増強に伴い，貿易・サービス収支の赤字は縮小し，
2004年にはついに黒字に転換しました。一方で，対外純負債の増加に伴い，第
一次所得収支の赤字は増加し続けました。そのため，貿易・サービス収支の黒
字転換後も経常収支赤字は続きましたが，2014年に経常収支も黒字に転換し，
それに伴って対外純負債も縮小し始めました。国際収支発展段階説の観点から
見ると，チェコは2003年まで未成熟債務国でしたが，2004年には成熟債務国，

図 2 - 7 ■チェコの国際収支と対外純資産の対 GDP 比の推移

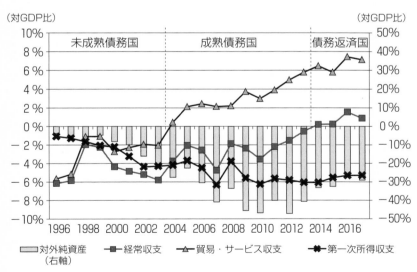

（出所）　IMF "Balance of Payments and International Investment Position Statistics"，およ
　　　　び "World Economic Outlook Database" より筆者作成

2014年以降は債務返済国へと転換し，順調に発展の道を歩んでいるといえます。

2-4-2　未成熟債権国から債権取崩国へ

　債務返済国の段階から更に経常収支と金融収支の黒字が続くと，対外純負債がゼロとなり，正の対外純資産を保有する時期が訪れます。このとき，この国は債務返済国から**未成熟債権国**へと転換します。対外純資産の増加に伴い，対外資産からの利子や配当などの受取額が対外負債への利子や配当などの支払額を上回り，第一次所得収支も黒字へと転換します。このため，未成熟債権国では，貿易・サービス収支，第一次所得収支，経常収支，金融収支のすべてが黒字となります。

　しかし，経済発展が進んで成熟経済になると，国内の高賃金（こうちんぎん）などを理由に国際競争力が低下し始めます。このため，貿易・サービス収支の黒字は縮小に転じ，やがて赤字に転換する時期が訪れます。このとき，この国は未成熟債権国から**成熟債権国**へと転換します。ただし，それまでの対外投資の蓄積によって十分な規模の対外純資産を保有しているため，第一次所得収支の黒字は維持されます。第一次所得収支の黒字が貿易・サービス収支の赤字を上回る限り，経常収支と金融収支の黒字は維持され，対外純資産の増加は継続（けいぞく）します。

表2-7■国際収支発展段階説

	未成熟債務国	成熟債務国	債務返済国	未成熟債権国	成熟債権国	債権取崩国
経常収支	赤字 ↗	赤字 ↘	黒字 ↗	黒字 ↗	黒字 ↘	赤字 ↗
貿易・サービス収支	赤字 ↗	黒字 ↗	黒字 ↘	黒字 ↘	赤字 ↘	赤字 ↗
第一次所得収支	赤字 ↗	赤字 ↗	赤字 ↘	黒字 ↗	黒字 ↗	黒字 ↘
金融収支	赤字 ↗	赤字 ↘	黒字 ↗	黒字 ↗	黒字 ↘	赤字 ↗
対外純資産（純負債）	純負債 ↗	純負債 ↗	純負債 ↗	純資産 ↗	純資産 ↗	純資産→純負債 ↘

　貿易・サービス収支の赤字がさらに拡大し，第一次所得収支の黒字を上回ると，経常収支と金融収支は再び赤字に転換します。このとき，この国は，成熟債権国から**債権取崩国**になります。金融収支が赤字になると対外純資産（対外債権）は減少に転じ，最終的には再び対外純負債を抱える状態になります。

　最後に，国際収支発展段階説で示された貿易・サービス収支，第一次所得収支，経常収支，金融収支，および対外純資産（負債）の動きを表 2-7 にまとめます。矢印は増加傾向または減少傾向を示しています。

2-5　日本と米国の国際収支を読み解く

　本節では，貯蓄投資バランスと国際収支発展段階説に基づいて，日本と米国の国際収支の構造を具体的に読み解いていきます。

2-5-1　日本の国際収支を読み解く

　図 2-8 は，1985 年以降の日本の経常収支，貿易・サービス収支，第一次所得収支，および対外純資産の対 GDP 比の推移を示しています。日本の経常収支は対 GDP 比 1～4 ％の黒字を維持していますが，その構成は変化しています。1980 年代は経常収支黒字の大部分を貿易・サービス収支の黒字が占めており，第一次所得収支は黒字でしたがその規模はそれほど大きくありませんでした。しかし，90 年代に入ると，貿易・サービス収支と第一次所得収支の黒字は同じ規模となり，2000 年代に入ると，第一次所得収支の黒字が増加を続ける一方で，貿易・サービス収支の黒字は縮小し，現在では経常収支黒字の大半を第一次所得収支の黒字が占めています。

　第一次所得収支の黒字が継続して拡大したのは，経常収支の黒字を背景に対外純資産の規模が増加し続けたからです。貿易・サービス収支は，90 年代から2000 年代前半までは安定的に黒字を保っていましたが，2008 年のリーマン・ショックをきっかけに黒字が縮小しはじめ，2011 年には赤字に転落しました。2017 年に一時的に黒字に回復することもありましたが，この 40 年近くの間に日本が貿易によって経常収支黒字を稼ぐ力は衰え，現在では対外資産からの収入で経常収支黒字を維持するようになりました。つまり，日本は「貿易で稼ぐ

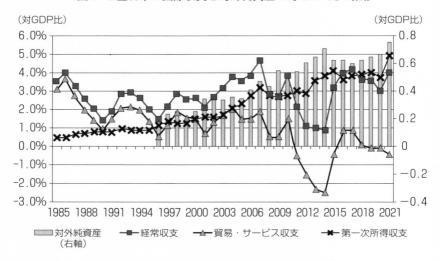

図 2 − 8 ■ 日本の国際収支と対外純資産の対 GDP 比の推移

凡例:
- 対外純資産（右軸）
- 経常収支
- 貿易・サービス収支
- 第一次所得収支

（注）　・各収支，および対外純資産については1995年以前については「IMF 国際収支マニュアル第 5 版」，96年以降は「IMF 国際収支マニュアル第 6 版」に基づいている。
　　　　・対外純資産のみ96年からの表示となっている。
　　　　・GDP 値については，2016（平成28）年度　国民経済計算年次推計（2011年基準・2008SNA）による。
（出所）　日本銀行「時系列統計データ検索サイト」と内閣府「国民経済計算」より筆者作成

国」から「投資収益で稼ぐ国」へと変貌しているのです。

　国際収支発展段階説の観点から見ると，日本は80年代以降「未成熟債権国」の段階に位置していましたが，2011年に貿易・サービス収支が赤字に転換したことで「成熟債権国」への転換が起きたと考えることができます。

　では，さらに先の段階，すなわち経常収支が再び赤字化する「債権取崩国」に転換する可能性はあるのでしょうか？　その点について考察するために，貯蓄投資バランスの観点から日本の経常収支の動向を分析してみましょう。

　図 2 − 9 は，日本の貯蓄投資バランスを民間部門，政府部門，海外部門（経常収支）に分けて示したものです。民間部門はさらに企業部門と家計部門に分けられています。日本では，民間部門（企業部門と家計部門の合計）が貯蓄超

図 2 - 9 ■日本の貯蓄投資バランスの推移

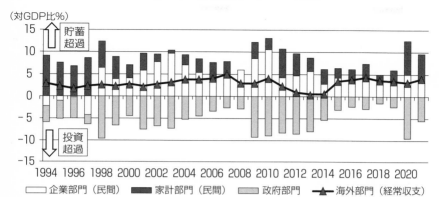

（注）　企業部門は非金融法人企業，金融機関の合計，家計部門は個人企業を含む家計と対家
　　　計民間非営利団体の合計。
（出所）　内閣府「国民経済計算」より筆者作成

過（正の民間純貯蓄）となっており，一方で政府部門では財政赤字（投資超
過）が生じています。両者を比較すると，日本では財政赤字の規模を上回る民
間部門の超過貯蓄が存在し，その余剰資金が対外投資に向かうことによって経
常収支が黒字になっていることがわかります。

　民間部門の貯蓄をさらに企業部門と家計部門に分けてみると，日本の民間純
貯蓄の大半を企業部門の貯蓄が占めていることがわかります。90年代初めのバ
ブル崩壊前までは企業部門は投資超過となっていましたが，90年代後半以降は
貯蓄超過となる傾向が続いています[8]。これは，バブル崩壊後の景気低迷の長
期化や少子高齢化の進展により国内市場の成長が見込めないため，国内での投
資に慎重になったことが原因と考えられます。一方で，成長が見込まれる海外
への投資は積極的に行われており，そのことが経常収支黒字（金融収支黒字）
の一因となっています。このことは，図 2 - 9 から読み取れます。また，日本
企業の積極的な海外投資の動向は，日本の金融収支における対外直接投資の大
きさ（表 2 - 3 ）や，国際投資ポジションにおける直接投資の対外資産の大き
さ（表 2 - 4 ）からも読み取ることができます。

　民間純貯蓄と政府部門の財政赤字の今後の動向を予測することで，日本の経

常黒字が将来的に維持できるかどうかを予測することができます。日本の財政赤字は2013年以降縮小傾向にありましたが，2020年に起こった新型コロナウイルスの感染拡大への対策の影響で大幅に拡大しました。その一方で，コロナ給付金の受取や旅行・外食などの対面型サービスを中心とした消費の縮小によって家計部門が大幅な貯蓄超過となり，民間純貯蓄が財政赤字を上回ることで経常収支の黒字は維持されています。ただし，コロナ対策の終了後は消費の回復に伴い家計部門の貯蓄は縮小することが予想されます。さらに，少子高齢化の進行によって家計部門の長期的な貯蓄縮小が予測されているため，将来的には民間純貯蓄の減少が予想されます[9]。したがって，政府部門の赤字がうまく抑制されない場合，財政赤字が民間純貯蓄を上回り，経常収支が赤字に転落する可能性があります。

2-5-2　米国の国際収支を読み解く

　図2-10は，1960年以降の米国の経常収支，貿易・サービス収支，第一次所得収支，および対外純資産の対GDP比の推移を示しています。1960年代には米国の貿易・サービス収支は黒字でしたが，70年代に入ると赤字に転換しました。その影響で経常収支も赤字に転換し，80年代以降は経常収支が常に赤字となっています。それに伴い，米国は1989年に債権国から債務国へと転換し，その後も対外純負債は増加し続けています。国際収支発展段階説に従うと，60年代の米国は未成熟債権国であり，70年代に成熟債権国となり，80年代には債権取崩国になったと考えることができます。

　図2-11は，1980年以降の米国における貯蓄投資バランスを，民間部門（家計部門と企業部門），政府部門，海外部門（経常収支）に分けて示したものです。90年代前半までは，米国も日本と同様に民間部門では貯蓄超過，政府部門で財政赤字となっていましたが，民間純貯蓄の規模が財政赤字の規模よりも小さかったため，経常収支は赤字となっていました。このことは，米国政府が国内の民間貯蓄だけでは財政赤字の財源を賄えず，外国からの資金に頼っていたことを示しています。

　民間部門の貯蓄投資バランスを米国と日本で比較すると，日本では企業部門の貯蓄超過が定着している一方で，米国では企業部門が投資超過となることが

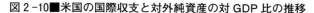

図 2 -10■米国の国際収支と対外純資産の対 GDP 比の推移

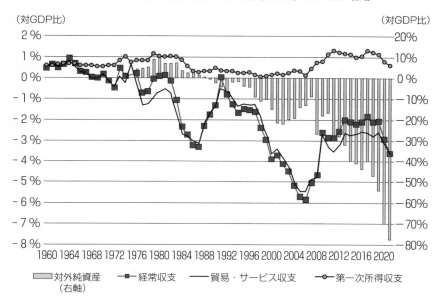

（注）　対外純資産のみ1976年からのみの表示となっている。
（出所）　米国商務省経済分析局（BEA）より筆者作成

図 2 -11■米国の貯蓄投資バランスの推移

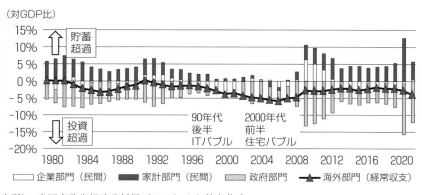

（出所）　米国商務省経済分析局（BEA）より筆者作成

多いことがわかります。これは，米国企業の国内投資だけでなく，米国外の企業も米国市場への進出を目的に米国への投資を進めていったためです。さらに，90年代後半のITバブルや2000年代前半の住宅バブルの時期は，資産価格の上昇や消費者金融の拡大によるローン消費の増大によって，家計部門の貯蓄は大きく減少し投資超過になる年もありました。その結果，政府部門だけでなく民間部門全体でも投資超過となることがありました。この時期，政府の財政赤字と民間の投資超過を支えたのは外国からの資金流入であり，米国は外国資金の存在によって経常赤字を維持することができていたのです。

2-5-3　なぜ米国の第一次所得収支は黒字なのか？

　米国の国際収支について興味深いのは，表2-6で示したように，米国は世界最大の債務国でありながら，第一次所得収支が黒字であることです。図2-10が示すように，米国の第一次所得収支は一貫して黒字を記録しており，1989年の債務国への転換以降，対外純負債の規模は拡大し続けているにもかかわらず，第一次所得収支の黒字は高水準を維持しています。

　なぜ対外純負債を抱える米国の第一次所得収支が黒字になるのでしょうか？その理由は対外資産と対外負債の収益構造の違いにあります。そのことを明らかにするために，世界最大の債権国でありながら第一次所得収支の水準が米国

表2-8 ■日本・米国・中国の対外資産・負債の保有形態の比較

(2021年末時点)		直接投資	株式 (証券投資)	債券 (証券投資)	外貨準備	その他 投資	金融派生 商品
米国	対外資産	31.3%	34.3%	12.2%	2.0%	14.5%	5.7%
	対外負債	27.8%	27.8%	25.7%	—	14.9%	3.7%
日本	対外資産	18.3%	20.2%	26.0%	12.9%	19.6%	2.9%
	対外負債	4.8%	29.0%	27.1%	—	34.8%	4.2%
中国	対外資産	27.7%	7.0%	3.6%	24.9%	24.9%	0.2%
	対外負債	49.4%	18.2%	11.2%	—	21.1%	0.1%

リスク資産　　　　　　安全資産

（出所）　IMF "Balance of Payments and International Investment Position statistics" より筆者作成

よりも低い日本と，債権国でありながら第一次所得収支が赤字である中国との
比較をしてみましょう。

　表2-8は，米国，日本，中国の対外資産と対外負債の保有形態の構成を比
較したものです。対外資産・負債の保有形態について，直接投資，証券投資
（株式，債券），外貨準備，その他投資，金融派生商品にそれぞれ分けています。
これらの保有形態のうち，直接投資と株式は，高収益を得る可能性もあるが損
失を被る危険もあるリスク資産と呼ばれています。一方，債券は収益は安定し
ていますが前者と比べると高収益は見込めない安全資産と呼ばれています。外
貨準備は，米国ではその大半が金（ゴールド）で保有されている一方で，日本
や中国ではその大半は外国債（米国債）で保有されているため，安全資産と考
えられます。表2-8より，日本では対外資産と対外負債ともにリスク資産と
安全資産がほぼ同じ割合となっています。一方，米国では対外資産と対外負債
の両方ともリスク資産が占める割合が日本よりも高く，特に対外資産について
はリスク資産が全体の7割近くを占めています。反対に，中国では対外資産に
ついてはリスク資産と安全資産の割合がほぼ同じとなっているのに対し，対外
負債の7割弱がリスク資産となっています。

　米国の第一次所得収支が黒字である理由は，米国の多国籍企業や金融機関が
世界中でビジネスを展開して高い収益を得ているため，リスク資産から得る収
益が大きくなっているところにあります。図2-10が示すように，米国の対外
純負債の規模は年々大きくなっていますが，対外資産と比べて対外負債は債券
の比率が高くなっていることから，対外負債に対する収益の支払は対外資産の
収益よりも低い水準で抑えられており，そのため第一次所得収支は黒字となっ
ているのです。

　一方，中国の場合，対外負債のほぼ半分がリスク資産であり，中国で事業を
行う外国企業や中国株に投資する金融機関が中国の高成長を背景とした高収益
を得ていることが，対外負債に対する収益の支払が対外資産から得る収益を上
回り第一次所得収支が赤字となる原因となっています。

　このように，国によって対外資産と対外負債の構成は異なっており，そのこ
とが対外資産と負債の収益の受払いの差である第一次所得収支の違いの原因と
なっています。

1　この他，外国に居住している労働者への雇用報酬支払も含まれるが，その割合は非常に小さいものです。

2　国際収支統計が複式計上方式を採用することによって，経常収支と資本移転等収支の合計と金融収支が等しくなるのは，次のような理由です。例えば，自国の企業が100万円の車を外国の取引先に輸出したとします。この取引では，自国から外国への「車」という商品の輸出と同時に，外国から「代金」として100万円を受け取るという双方向の取引が発生します。このような場合，国際収支統計においては以下のように計上されます。まず，自国から外国への「車」という商品の輸出については，貿易収支の「貸方」項目に100万円を記載します。次に，外国企業が車の「代金」100万円を自国企業の銀行口座に振り込んだ場合，自国企業は外国から預金証券を受け取ったことになるので，金融収支の「その他投資」の項目の「借方」に100万円が記載されます。このように，100万円の車の輸出は，経常収支（貿易収支）100万円の黒字と，金融収支（その他投資の項目）100万円の黒字を同時に生み出すことになります。これと同様に，経常収支に関連する貿易収支以外のサービス収支，第一次所得収支，第二次所得収支および資本移転等収支に関する取引も，これらの収支の黒字（赤字）を増加させる取引には，必ず金融収支の黒字（赤字）の増加が伴うことになります。このため，すべての取引が漏れなく記載される場合，国際収支統計において経常収支と資本移転等収支の合計は金融収支と必ず等しくなるのです。

3　"フロー"と"ストック"は，経済学においてよく使われる用語です。フローは一定期間内で生じる変化を指し，一方でストックは特定時点における総量を示します。具体的な例を挙げて説明します。人口という変数は，人が誕生すれば増加し，死亡すれば減少します。このため，ある年の年末の人口は，前年末の人口にその年の誕生者数を加え，そこから死亡者数を差し引いた数値となります。この場合，人口がストック，誕生者数と死亡者数がフローの変数となります。同様に，資産や負債についても，それらの残高はストックとなり，それらの増加を示す投資や借入がフローとなります。

4　中国から国外に移住した移民が「華僑」と呼ばれるように，インドから国外に移住した移民は「印僑」と呼ばれています。印僑の中には，移住先で成功を収めた人々も多く存在し，彼らはインド本国への投資や送金も積極的に行っています。

5　インフラは「インフラストラクチャー」の略で，経済社会の基盤となる施設のことを指します。例えば，発電所や電線といったエネルギー供給施設，道路・港湾・空港といった交通施設，電信・電話といった通信施設，上下水道や公園といった都市施設，そして学校や病院などの社会福祉施設などがあります

6　消費需要は，食料品や家電製品，理髪サービスなど，家計による財やサービスへの需要を指します。投資需要は，企業による生産能力を拡張するための工場の設立や生産設備（機械）の増強のための需要を指します。

7　話を単純化するため，ここでは第二次所得収支や資本移転等収支の動向は無視
　　します。

8　1980年代後半から，日本は株価や不動産価格の急騰を背景に未曽有の好景気を
　　迎えましたが，90年代前半にこれらの価格が下落に転じると景気は悪化し，一部
　　金融機関の破綻や企業の大幅な人員削減に伴う失業の増加などが発生しました。
　　このように資産価格の急騰とその後の下落で景気が大きく悪化する状況を，泡が
　　弾けることに例えてバブル崩壊といいます。

9　ライフサイクル仮説という消費に関するマクロ経済理論によると，家計は若い
　　うちに稼いだ所得を貯蓄し，老年になるとその貯蓄を取り崩しながら生活すると
　　考えられます。このため，人口に占める勤労世代の割合が多い時期には，家計部
　　門の貯蓄は増加する傾向にありますが，高齢世代の割合が増えると，若いときに
　　蓄えた貯蓄を取り崩す家計が増えるために，家計部門の貯蓄は減少すると考えら
　　れています。

■練習問題■

1．次の文について，正しいものには○，誤っているものには×と答えなさい。

① 訪日観光客の増加は，日本のサービス収支赤字の増加につながる。

② 日本企業の外国子会社が稼ぐ利益が増加することは，日本の第一次所得収支黒字の増加につながる。

③ 日本で働く外国人労働者の増加は，日本の第二次所得収支赤字の減少につながる。

④ 米国のアフリカ諸国への無償援助の増加は，米国の第二次所得収支赤字の増加につながる。

⑤ 外国企業による日本への直接投資の増加は，日本の金融収支黒字の減少につながる。

⑥ 日本の金融収支内の外貨準備の項目が黒字であるとき，日本は外貨準備を積み増していると考えられる。

⑦ 国際収支統計では，経常収支＋資本移転等収支＋金融収支－誤差脱漏＝0となる。

⑧ ある国の経常収支が黒字であるとき，この国の対外純負債は増加すると考えられる。

⑨ 民間部門が貯蓄超過で政府部門が財政黒字であるとき，この国の対外純資産は必ず増加する。

⑩ 経常収支黒字国で民間投資が大きく増加する場合，他の条件が一定であるならば，経常収支の黒字は増加する。

⑪ 民間部門で貯蓄超過，経常収支が赤字となる場合，その国の財政収支は必ず赤字となる。

⑫ 経常収支赤字国が減税や公共支出増加のような財政政策を行う場合，他の条件が一定であるならば，その国の経常収支赤字は増加する。

⑬ 対外純資産を保有している国は債権国となる。

⑭ 債務国の貿易・サービス収支は赤字，債権国の貿易・サービス収支は黒字となる。

⑮ 対外純負債を抱えている国の第一次所得収支は必ず赤字になる。

⑯　Ａ国とＢ国の国際収支が下表のようになる場合，Ａ国は未成熟債務国，Ｂ国は未成熟債権国である。

	経常収支	貿易・サービス収支	第一次所得収支
Ａ国	黒字	黒字	黒字
Ｂ国	赤字	赤字	赤字

２．下の表について，以下の問いに答えなさい。

	2012年	2013年	2014年
民間純貯蓄	＋25億円	②	－８億円
財政収支	①	３億円の黒字	２億円の赤字
経常収支	20億円の黒字	５億円の黒字	③

(1)　表の空欄①～③を埋めなさい。

(2)　2012年から14年の間に，この国の対外純資産は対外投資や対内投資を通じて何億円増加もしくは減少したか答えなさい。

３．次の文章の空欄に当てはまる語句を答えなさい。

　国際収支発展段階説とは，経済発展に伴ってその国の国際収支の各項目の黒字・赤字が変わっていくことを述べたものである。経済発展の最も初期の段階である（　①　）国では，国内の生産力がまだ不十分であるため，（　②　）収支が赤字となっている。そして，経済を発展させるための投資に必要な資金を国外から調達しているために（　③　）収支も赤字となる。経済発展が進み（　④　）国になると，生産力が向上することによって（　②　）収支は黒字化するが，経済発展のために国外から借り入れた債務が累積しているため，その金利などの支払額が大きくなっていることから（　⑤　）収支の赤字は大きくなっている。この（　⑤　）収支の赤字が（　②　）収支の黒字を上回っているため，（　⑥　）収支は赤字となっている。

　（　④　）国の生産力がさらに向上し（　⑦　）国となると（　⑥　）収支が黒字に転じ，これまで増加し続けていた（　⑧　）が減少に転ずる。

（　⑥　）収支の黒字が継続すると，この国は（　⑨　）を保有する（　⑩　）国となり，（　⑤　）収支は黒字に転じるようになる。

　しかし，経済が成熟化すると（　⑪　）の低下によって生産力が低下し始め，（　②　）収支は再び赤字に転じるようになる。ただし，（　②　）収支の赤字より（　⑤　）収支の黒字の方が大きいときには，（　⑥　）収支の黒字は継続するため，（　⑨　）は増加を続ける。このような段階にある国を（　⑫　）国という。さらに経済が成熟化して（　⑬　）国となると，（　②　）収支の赤字が（　⑤　）収支の黒字を上回るようになって（　⑥　）収支が赤字化してしまうので，（　⑨　）は減少することになる。

第 3 章

貿易自由化と保護貿易政策
——余剰分析

<本章のねらい>

●余剰分析を用いて，貿易がもたらす所得分配効果と経済的利益について理解する。

　☞ポイント：**貿易利益＝社会的余剰の増加**

●輸入関税政策がもたらす所得分配効果と経済的損失について理解する。

　☞ポイント：**輸入関税政策がもたらす死重的損失＝生産の歪み＋消費の歪み**

●国内産業保護政策としての輸入関税政策と生産補助金政策との違いについて理解する。

　☞ポイント：**輸入関税政策による死重的損失＞生産補助金政策による死重的損失**

　この章では，貿易自由化と保護貿易政策が経済にもたらす影響について説明します。第 1 章で説明したように，国際貿易はこれまで世界経済の成長を上回るペースで拡大してきました（図 1 - 1）。その背景には，世界の国々が国際貿易に対する障壁を引き下げてきたことがあります。貿易障壁の削減や撤廃を通じて国際貿易を促進する政策を，**貿易自由化政策**といいます。

　これに対して，国際貿易を制限する政策の代表的なものに**輸入関税政策**があります。輸入関税政策を行う目的の 1 つに，国内産業の保護があります。輸入関税は輸入品にのみ課される税金であり，課税によって輸入品の国内での販売価格は上昇します。これにより，輸入品と競合する国産品の生産者は利益を得ることができます。このため，安価な輸入品との競争によって損害を被って

いる生産者は，輸入関税による保護を政府に求める傾向にあります。特定産業の生産や雇用の保護を目的とした貿易政策のことを，**保護貿易政策**といいます。

第2次世界大戦後，多くの国が貿易自由化政策を採用してきました。しかし，一部の産業は未だに高率の輸入関税によって保護されています。日本でも，一部の農産品に高率の輸入関税が課されており，貿易自由化に対して強い反対論が存在しています。さらに，最近では，米国と中国がお互いの輸入品に対して輸入関税を引き上げる貿易戦争と呼ばれる状態にあり，戦後続いてきた貿易自由化の広がりが今後も続くかどうかは不透明な状況になっています。

本章では，貿易自由化の歴史について簡単に触れた後，貿易自由化と保護貿易政策がもたらす経済的影響について説明します。

3-1 貿易自由化の歴史

本節では，第2次世界大戦後の貿易自由化の歴史について簡潔に説明します。

3-1-1 GATTの成立とWTO体制

第2次世界大戦後，まず先進国を中心に貿易自由化が進んだ背景には，大戦前に起こった関税戦争の経験がありました。関税戦争が起こったきっかけは，1929年に米国のウォール街で株価が暴落したことから始まった世界大恐慌でした。恐慌により工業生産が低迷し，失業者が街に溢れる中，米国は，国内産業の保護を目的に，1930年6月に2万品目以上の輸入品に対して，関税を歴史的高水準に引上げる**スムート・ホーリー法**を成立させました。この動きに対して，英国やフランスは報復関税を課すことによって対抗しました。このような関税引上げの連鎖が**関税戦争**と呼ばれるものです。関税戦争によって世界の貿易額はたった3年の間に70％も減少し，世界経済の景気はさらに悪化しました。

このため，第2次世界大戦後の1947年，米国をはじめとする23ヵ国によって，輸入関税の引下げや輸入数量制限の撤廃などを目的とした貿易自由化交渉が行われました。その結果成立したのが，**GATT**（**関税と貿易に関する一般協定**：General Agreement on Tariffs and Trade）です。GATTは世界の貿易自

図3-1■世界の平均輸入関税率の長期的推移（1865-1996年）

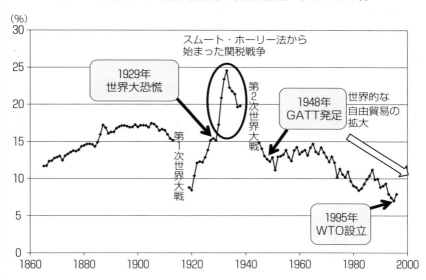

（出所）　Clemens et al.（2001）"A Tariff-Growth Paradox? Protection's Impact The World Around 1875-1997" より筆者作成

由化を推進する事実上の国際組織として，多国間による貿易自由化交渉を主導していきました。貿易自由化交渉を繰り返すうちに，GATTに加盟する国は徐々に増加し，1986年から94年に行われたGATT体制下最後の多国間貿易自由化交渉であるウルグアイ・ラウンドには115ヵ国が参加しました。

　図3-1は，19世紀後半からの長期間にわたる世界の平均輸入関税率の推移を示しています。これを見ると，第2次世界大戦前の関税戦争時に，輸入関税率が急上昇していたことがわかります。そして，1960年代以降，GATTが主導する貿易自由化交渉によって輸入関税が大きく低下しており，1990年代後半には歴史的に見ても最低水準の平均輸入関税率になったことがわかります。

　1995年のウルグアイ・ラウンド終了後に締結されたマラケシュ協定によって，GATTは正式な国際機関となり，その名前を **WTO**（世界貿易機関：World Trade Organization）に変更しました。WTOには164の国もしくは地域が加盟しています（2023年1月時点）。WTOは世界規模の自由貿易を促進するこ

表3-1 ■ G20諸国の単純平均関税率（2021年）

（単位：%）

	全品目	農業	非農業		全品目	農業	非農業
オーストラリア	2.4	1.2	2.6	中国	7.5	13.8	6.5
米国	3.4	5.2	3.1	南アフリカ	7.8	8.8	7.6
英国	3.9	10.0	3.0	インドネシア	8.1	8.7	8.0
カナダ	4.0	15.9	2.1	トルコ	10.7	41.1	5.8
日本	4.2	14.9	2.5	ブラジル	13.3	10.1	13.8
EU（独・仏・伊）	5.2	11.7	4.1	アルゼンチン	13.4	10.3	13.9
サウジアラビア	6.3	10.7	5.6	韓国	13.6	56.8	6.6
ロシア	6.6	9.7	6.1	インド	18.3	39.2	14.9
メキシコ	7.1	13.5	6.0				

（注）　・ドイツ，フランス，イタリアはEUに加盟しているため，EUの共通関税が適用される。
　　　　・非農業は，農業協定対象品目以外の品目であり，林・水産物を含む。
（出所）　WTO World Tariff Profiles 2022より筆者作成

とを目的とした国際組織であり，多国間貿易自由化交渉の運営や，貿易政策について加盟国間の利害が対立したときにその調停を行うなど，自由貿易体制の構築と維持のために様々な活動を行っています。

　表3-1は，G20諸国が実際にWTO加盟国に対して適用している単純平均関税率を，全品目の関税率が低い国から順に並べたものです[1]。加えて，全品目を農産品と非農産品に分けた関税率も示しています。表3-1より，国によって平均関税率に差があり，先進国は途上国に比べて全体的に関税率が低いことがわかります。また，多くの国で農業部門の関税率が非農業部門と比べて高いことがわかります。

3-1-2　FTA（自由貿易協定）の広がり

　WTOは世界164ヵ国が参加する巨大な国際機関ですが，2国間もしくは複数国間でWTOで定められた以上の関税やその他の貿易に関する障壁の削減・撤廃を行うための協定を，**FTA（自由貿易協定：Free Trade Agreement）**といいます[2]。90年代以降，FTAの数は飛躍的に増加し，世界におけるFTAの

発効件数は1989年末にはわずか21件でしたが，2023年 1 月時点で386件まで増加しています。

欧州の EU（欧州連合：European Union），北米の USMCA（米国・メキシコ・カナダ協定：United States-Mexico-Canada Agreement），南米のメルコスール（南米南部共同市場：Mercado Común del Sur），東南アジアの AFTA（アセアン自由貿易地域：ASEAN Free Trade Area）など，世界の主要地域には，それぞれ地域の主要国が加盟する FTA が存在しています[3]。

日本も2002年のシンガポールとの 2 国間 EPA（経済連携協定）を皮切りに，現在24の国や地域との間で21の FTA（EPA）を発効しています（表 3 - 2）。その中には，アジア太平洋地域11ヵ国と英国が参加する CPTPP（環太平洋パートナーシップに関する包括的及び先進的な協定：The Comprehensive and Progressive Agreement for Trans-Pacific Partnership）や，東アジアを中心とした15ヵ国が参加する RCEP（地域的な包括的経済連携協定：Regional

表 3 - 2 ■日本の発効済み FTA/EPA（2023年 7 月時点）

二国間協定	シンガポール（2002），メキシコ（05），マレーシア（06），チリ（07），タイ（07），インドネシア（08），ブルネイ（08），フィリピン（08），スイス（09），ベトナム（09），インド（11），ペルー（12），オーストラリア（15），モンゴル（16），カナダ（18），米国（20），英国（21）
多国間協定	ASEAN（08），CPTPP（18），EU（19），RCEP（22） 　CPTPP 加盟国：日本，カナダ，メキシコ，ペルー，チリ，ベトナム，マレーシア，ブルネイ，シンガポール，オーストラリア，ニュージーランド，英国 　RCEP 加盟国：日本，中国，韓国，ASEAN10ヵ国，オーストラリア，ニュージーランド

（注）・括弧内の数字は発効された年を示す。
　　　・米国は CPTPP の交渉には参加していたが，2017年に脱退した。
　　　・米国との貿易協定の正式名称は「日米貿易協定」となっており，「自由」の言葉が当時のトランプ大統領の意志により省かれている。また，FTA として WTO（世界貿易機関）への通報もなされておらず，厳密には FTA ではないと解釈できるが，協定内容には多くの物品に対する関税の削減・撤廃が含まれているため，本書では FTA の 1 つと考える。

Comprehensive Economic Partnership）といった幅広い地域を含む巨大な
FTA（メガFTA）も含まれます。

3-2　貿易利益

　本節では，余剰分析（よじょうぶんせき）を用いて，貿易がもたらす経済的利益について学びます。
まず余剰分析の基本的な考え方について説明します。そして，貿易を行ってい
ないときの経済状況（閉鎖経済（へいさけいざい））と貿易を完全自由化したときの経済状況を比
較することによって，貿易利益の存在を明らかにします。

3-2-1　余剰分析の基礎

　余剰分析（よじょうぶんせき）は，市場に参加する消費者（需要側（じゅよう））と生産者（供給側（きょうきゅう））が市場
から得る経済的利益（余剰）が，経済政策によってどのように変化するのかを
示すことで，経済政策が引き起こす国内の利害対立と，政策の総合的な評価を

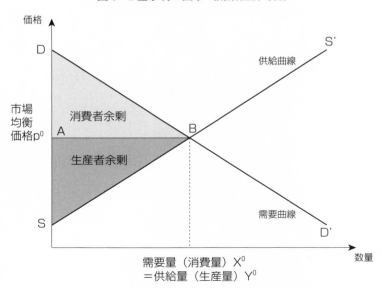

図3-2■余剰の図示（閉鎖経済均衡）

明らかにするものです。

　図３−２が余剰分析で用いる図です。図には，特定の財に関する需要曲線DD'と供給曲線SS'が描かれています。両曲線の交点より，財の需要量と供給量を一致させる市場均衡価格はp^0であり，そのときの財の消費量（生産量）はX^0（Y^0）となることがわかります。この財の消費者が得る経済的利益を合計したものを**消費者余剰**といい，その大きさは三角形DABの大きさになります[4]。一方，生産者が得る経済的利益を合計したものを**生産者余剰**といい，その大きさはABSとなります。生産者と消費者の双方の利益を合計したDBSが，この市場から社会全体が得る経済的利益であり，**社会的余剰**といいます。

　貿易がもたらす経済的影響を理解するためには，財価格の変化が消費者余剰と生産者余剰におよぼす影響について理解する必要があります。そのために，消費者余剰と生産者余剰が具体的に何を表しているのか，財価格の変化に伴う両余剰の変化をどのように理解すればよいのかについて説明します。

a）消費者余剰

　まずは，消費者の得る利益を示す消費者余剰について説明します。消費者が財を１単位購入（消費）することによって得る経済的利益とは，次の式が示すように，消費者がその財を１単位消費することに対して最大限支払ってもよいと考える金額（**限界評価**といいます）と，実際にその財の購入に支払った金額（**財価格**）との差と考えます。

　　消費者が１単位の財消費によって得る利益＝限界評価−財価格　　　　(3.1)

　例えば，あるカバンについて，消費者がその購入に対して最大3,000円支払ってもよいと考えているとします。このとき，消費者のカバンに対する限界評価は3,000円となります。もし，そのカバンの販売価格が4,000円となっていたら，消費者はそのカバンを購入しないでしょう。なぜなら，もしこのカバンを買った場合，消費者は支払ってもいいと思っていた価格よりも1,000円余分にお金を支払うこととなり，無駄にお金を使ってしまうからです。しかし，そのカバンの市場価格が2,000円ならば，3,000円払ってでも買いたいと思ったカバンが，それより1,000円安い2,000円で手に入ったわけですから，払わなくて済んだ

図3-3■消費者が財の購入から得る経済的利益

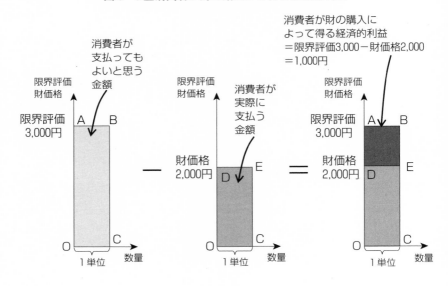

1,000円分, 消費者は得したことになります。これが消費者の利益になります。

　消費者が財を購入する経済的利益を図示したものが図3-3です。一番左の棒グラフは, 消費者がカバン1単位に支払ってもよいと考える限界評価3,000円を長方形ABCOの面積で表しています (縦の長さ3,000円×横の長さ1単位＝3,000円)。真ん中の棒グラフは実際に消費者がカバンに支払う金額である財価格2,000円を長方形DECOの面積で表しています。限界評価から財価格を差し引いて消費者の得る経済的利益を図示したものが一番右側の棒グラフです。限界評価の棒グラフから財価格の棒グラフを差し引いた部分であるABEDの面積が, 消費者がカバンの購入から得る経済的利益1,000円を表しています。

　消費者が財の消費から得る利益は, 財価格が安くなるとさらに大きくなります。例えば, カバンの財価格が2,000円から1,000円に下落すると, 消費者がカバンの消費から得る利益は限界評価3,000－財価格1,000＝2,000円となり, 財価格が2,000円のときに得た利益1,000円よりも多くなることがわかります。反対に, 財の価格が高くなると消費者が消費から得る利益は少なくなります。

　財1単位の消費に対する限界評価は, 消費者によって異なります。また, 同

図３-４■消費者余剰

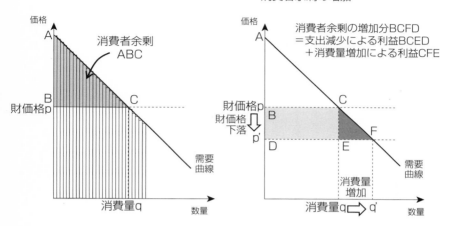

（a）財価格pのときの消費者余剰　　（b）財価格がpからp'に下落したときの
　　　　　　　　　　　　　　　　　　　消費者余剰の増加

じ消費者でも，同じ財の１単位目の消費と２単位目の消費とで限界評価が異な
ると考えることもできます[5]。最終的に，消費者全体が消費する財の量は，財
価格を上回る限界評価があると消費者が考える財の量が何単位あるかによって
決まります。それを導出するための道具が**需要曲線**です。需要曲線は，図
３-４（a）が示すように，図３-３で示した個々の消費者の限界評価の棒グラ
フを，すべての消費者について集計し，それらを限界評価の高い順から並べた
ものを直線で近似したものです。図３-４（a）より，財価格がpとなるとき
の消費量（需要量）はq単位であることがわかります。これは消費者が財価
格p以上の限界評価を感じる財の量がq単位存在していることを示しています。
　消費者の利益は図３-３で示すように，財１単位ずつの消費における限界評
価と財価格の差を測ることによって求められます。限界評価が高い消費者は大
きな利益を享受できますが，限界評価が低い消費者の得る利益は少なくなりま
す。ただし，限界評価が財価格を下回る場合，消費者はその財を購入しないた
め，財の消費は必ず消費者に正の利益をもたらします。消費者全体の総利益は，
q単位までの消費１単位ずつの限界評価と財価格の差額の合計であり，図
３-４（a）のABCの面積と等しくなります。これを**消費者余剰**といいます。

消費者余剰の大きさは，財価格が変化すると変わります。図3-4（b）は，財価格がpからp'に下落した場合の消費者余剰の変化を示しています。財価格がp'に下落すると，消費量はq'に増加します。このため，図3-4（a）と同様に考えると，財価格p'のときの消費者余剰はADFとなります。これを，財価格pのときの消費者余剰ABCと比べると，財価格がpからp'に下落することで，消費者余剰がBCFD増加することがわかります。

価格下落による消費者余剰の増加BCFDは，2つの部分に分解することができます。1つ目は，財価格pのときにすでに消費を選択していた消費者（限界評価がpよりも高い消費者）が得る利益BCEDです。これらの消費者は，財価格がp'に下落することによって，財への支出を1単位当たりp−p'減少させることが可能となり，その分だけ利益を得ることができます。これを価格下落が消費者にもたらす**支出減少による利益**といいます。

2つ目は，財価格がp'に下落したことによって消費を増やした消費者（限界評価がp'以上p以下の消費者）が得る利益CFEです。これらの消費者は，財価格pでは財を購入しても利益を得ることができなかったために消費を行いませんでしたが，財価格がp'に下落したことで財の購入から利益を得ることが可能となった消費者です。これらの消費者が得る利益を，価格下落が消費者にもたらす**消費量増加による利益**といいます。注目すべき点は，支出減少による利益は，価格の下落分そのままが消費者の利益となるのに対し，消費量増加による利益は，1単位当たりの利益が価格の下落分よりも少なくなる点です。これは，消費量を増加させる消費者の財に対する限界評価がpよりも低いことから起こります。以上のことをまとめると，財価格がpからp'に下落することによって消費者が得る利益は次の式となります。

財価格下落による消費者余剰の増加 BCFD
＝支出減少による利益 BCED＋消費量増加による利益 CFE　　　(3.2)

このように，財価格下落による消費者余剰の増加は，支出減少による利益と消費量増加による利益に分解することができます。反対に，財価格が上昇する場合は，消費者余剰は減少しますが，その場合も，消費者余剰の減少は，支出増加による損失と消費量減少による損失に分解できます。

b）生産者余剰

　次に，生産者の得る利益である生産者余剰について説明します。生産者が財の生産によって得る経済的利益は，販売収入から財の生産費用を差し引いた**利潤**となります（利潤＝販売収入−生産費用）。財の生産を１単位増加させるときの費用を**限界費用**といいます。財を１単位販売するときに得る収入は財価格となるため，生産者が財を１単位生産することによって得る利潤の大きさは次のようになります。

生産者が１単位の生産によって得る利潤＝財価格−限界費用　　　（3.3）

　財価格が限界費用を上回る場合，財の生産を増加させることによって利潤を得ることができるため，生産者は生産量を増加させます。反対に，限界費用が財価格を上回る場合は，生産量を増加させても損失が発生するので，生産者は生産量を減少させます。限界費用は生産者によって異なり，同一の生産者であっても限界費用は生産量によって異なります[6]。

　最終的に，生産者全体の生産量は，財価格を下回る限界費用で生産できる財の量が何単位あるかによって求められます。それを求めるための道具が**供給曲線**です。需要曲線と同様に，供給曲線は個々の生産者の限界費用の棒グラフを低い順から並べたものを直線で近似したものとなります（図３−５（a））。財価格ｐのときの生産量（供給量）は，グラフよりＱ単位であることがわかりますが，これは，財価格ｐ以下の限界費用で生産可能な財の量がＱ単位存在していることを示しています。

　生産者の得る利潤の大きさは，財１単位ずつの生産について財価格と限界費用の差を計算し，それらを合計することによって求められます。限界費用の低い生産者は大きな利潤を得ることができますが，限界費用が高くなるほど生産者の得る利潤は小さくなります。生産者全体が得る利益は，Ｑ単位までの生産１単位ずつの財価格と限界費用の差額を合計したものであり，図３−５（a）のBCAの大きさとなります。これを**生産者余剰**といいます。

　生産者余剰の大きさも，財価格が変化することによって変わります。図３−５（b）は，財価格がｐからp'に上昇した場合の生産者余剰の変化を示しています。財価格がp'に上昇すると，生産量はＱからQ'に増加して生産者余

図 3 - 5 ■生産者余剰

（a）財価格pのときの生産者余剰　　（b）財価格がpからp'に上昇したときの
　　　　　　　　　　　　　　　　　　　生産者余剰の増加

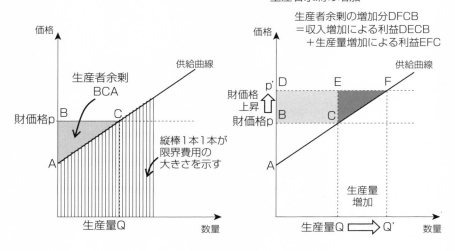

剰は DFA となります。これを財価格 p のときの生産者余剰 BCA と比べると，生産者余剰は DFCB 増加していることがわかります。

　価格上昇による生産者余剰の増加 DFCB も，2つの部分に分解できます。1つ目は，財価格 p のときにすでに生産を行っていた生産者（限界費用が p よりも低い生産者）の得る利益 DECB です。財価格の上昇によって販売収入が1単位当たり p'－p 増加するため，生産者の利潤もそれと同額増加します。これを価格上昇が生産者にもたらす**収入増加による利益**といいます。

　2つ目は，財価格が p' に上昇したことによって生産を増加させた生産者（限界費用 p から p' の生産者）が得る利益 EFC です。これらの生産者は，財価格 p のときは財の生産を増加しても利益を得ることができませんでしたが，財価格が p' に上昇したことによって利益を得ることが可能となります。これらの生産者が得る利益を，価格上昇が生産者にもたらす**生産量増加による利益**といいます。消費者余剰のときと同様に，収入増加による利益は価格上昇分そのままが生産者の利益となるのに対し，生産量増加による利益は，1単位当たりの利益が価格の上昇分よりも少なくなることに注意が必要です。

　以上のことをまとめると，財価格がpからp'に上昇することによって生産者が得る利益は，次のようになります。

財価格上昇による生産者余剰の増加 DFCB
＝収入増加による利益 DECB＋生産量増加による利益 EFC　　　　(3.4)

　このように，財価格上昇による生産者余剰の増加は，収入増加による利益と生産量増加による利益に分解することができます。反対に，財価格が下落すると生産者余剰は減少しますが，その場合も，生産者余剰の減少は，収入減少による損失と生産量減少による損失に分解することができます。

3-2-2　貿易利益と所得分配効果

　ここからは，外国と貿易をまったく行っていない状況から貿易を完全に自由化したときに生じる**貿易利益**について説明します。外国と貿易をまったく行っていない状況のことを**閉鎖経済**（へいさけいざい）といいます。閉鎖経済では，国内の消費者は国内で生産される財しか消費することはできず，国内の生産者も国内の消費者にしか財を供給することができません。このような，国内の生産物で国内の消費のすべてを賄うことを**自給自足**（じきゅうじそく）状態ともいいます。

　閉鎖経済における財の市場価格は，国内の需要量と供給量が一致する水準に定まります。このため，図3-2のように，ある財の需要曲線と供給曲線をそれぞれ DD' と SS' とすると，国内の需要量と供給量が一致する価格 p^0 が閉鎖経済時の価格となり，そのときの財の消費量 X^0 と生産量 Y^0 は等しくなります。図3-2より，閉鎖経済時の消費者余剰は DAB，生産者余剰は ABS となり，両者を合わせた社会的余剰は DBS となります。

　この状況から，政府が貿易を自由化し，国内消費者が外国の生産者から財を購入（輸入）したり，国内生産者が外国市場に財を販売（輸出）したりすることが可能になったとします。外国では，世界全体の需要量と供給量を一致させるように決まる**国際価格**（こくさいかかく）で財が取引されており，この国の閉鎖経済時の市場価格とは異なっているとします。

　このため，閉鎖経済の状況から貿易を自由化したとき，国内の消費者と生産者は，閉鎖経済時の市場価格とは異なる国際価格でその財を取引することにな

ります。国際価格が閉鎖経済時の市場価格より安い場合，この国はその財を輸入することになります。反対に，国際価格が閉鎖経済時の市場価格より高い場合，この国はその財を輸出することになります。以下，それぞれのケースについて，貿易自由化によって貿易利益が生じることを明らかにします。

a）輸入国となるケース

まずは，貿易自由化によって外国から財を輸入するケースから考えます。貿易自由化後に直面する財の国際価格を p^+ とします。国際価格 p^+ が閉鎖経済時の市場均衡価格 p^0 よりも安くなる場合，貿易自由化によって外国からその財を自由に輸入できるようになった国内の消費者は，国産品の価格が国際価格 p^+ よりも高ければ，国産品を購入せずに外国からその財を輸入しようとするでしょう。そうすると，国内の生産者は消費者に財を販売するために財の価格を国際価格 p^+ まで引き下げなければならず，貿易自由化後の国内価格は国産品と輸入品の両方とも国際価格 p^+ に等しくなります。

貿易自由化によって国内価格が p^0 から p^+ に下落すると，国内消費量は閉鎖経済のときよりも増加しますが，国内生産量は減少します。その結果，国内生産量が国内消費量よりも少なくなり，国内生産だけでは国内消費を満たすことができなくなります。このため，消費者は外国からの輸入品を購入することになります。

これらの変化を図示したものが図3−6です。図3−6（a）は，閉鎖経済時の市場均衡価格と国内消費量，国内生産量，そして余剰の大きさを示しています。図3−6（b）は，貿易自由化後の国内消費量，生産量そして余剰の大きさを示しています。貿易によって国内価格が p^0 から国際価格 p^+ に下落するため，国内消費量は X^0 から X^+ に増加しますが，国内生産量は Y^0 から Y^+ に減少します。このため，国内消費量と国内生産量の差である $X^+ - Y^+$ が輸入量となります。

次に，閉鎖経済時と貿易開始後の余剰の大きさを比較します。図3−6（a）より，閉鎖経済時の消費者余剰は DAB，生産者余剰は ABS となり，両者を合わせた社会的余剰は DBS となります。一方，図3−6（b）より，貿易開始後は，消費者余剰は DCF，生産者余剰は CES となり，両者を合わせた社会的

図３-６■貿易開始による余剰の変化と貿易利益（輸入のケース）

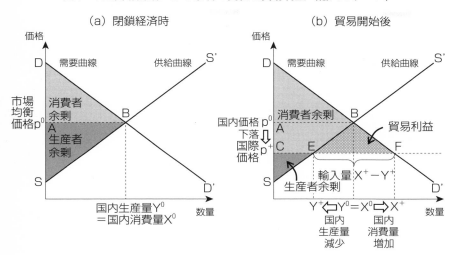

余剰は DFES となります。

　図３-６（a）と（b）を比較すると，貿易開始によって消費者余剰は ABFC 増加する一方で，生産者余剰は ABEC 減少することがわかります。消費者余剰の増加が生産者余剰の減少を上回っているため，両者を合わせた社会的余剰を比較すると，閉鎖経済時と比べて貿易開始後の方が BFE（図３-６（b）の網掛けの部分）増加していることがわかります。貿易開始によって生じる社会的余剰の増加のことを**貿易利益**といいます。

　貿易利益 BFE＝消費者余剰の増加 ABFC－生産者余剰の減少 ABEC（3.5）

　このように，貿易自由化によって外国から財を輸入する場合，生産者は国内価格の下落によって損失を被りますが，それ以上の利益を消費者が得るため，両者の利益を合計した社会的余剰は増加することになります。

　では，なぜ貿易自由化による消費者余剰の増加が生産者余剰の減少を上回るのでしょうか？　図３-７を使ってその理由を説明します。まず，貿易自由化後の消費量 X^+ を次の３つの領域に分けます。１）貿易自由化後の国産品の消費量 Y^+，２）貿易自由化によって国産品から輸入品へと切り替えられた消費

61

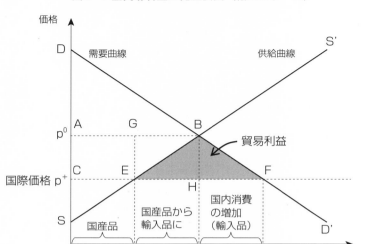

図3-7■貿易利益の発生要因（輸入のケース）

量 $X^0 - Y^+$，3）貿易自由化によって増えた消費量 $X^+ - X^0$ の3つです。これら3つの領域の消費について，貿易自由化によって何が起こったのかを考えます。

1）貿易自由化後の国産品の消費量 Y^+

　この国産品は，限界費用が国際価格 p^+ よりも低いため，貿易自由化後も生産者は閉鎖経済時と同様に財の生産から利益を得ることができます。しかし，国内価格が p^0 から p^+ に下落するため，その分販売収入は減少します。このとき生じる生産者余剰の減少は，収入減少による損失 AGEC となります。一方，国内価格の下落は国産品を購入する消費者の支出を減少させます。このとき生じる消費者余剰の増加は，支出減少による利益 AGEC となります。

　このように，貿易自由化後も国内生産が維持される国産品については，生産者余剰の減少と同額の消費者余剰の増加が生じています。このため，両者の合計である社会的余剰の大きさは変化しません。しかし，閉鎖経済時には生産者が得ていた利益が，貿易による国内価格の下落を通じて消費

者の利益へと変わるため，貿易によって生産者から消費者への所得移転が起こっていることがわかります。このような所得移転を生産者から消費者への**所得分配効果**といいます。

2）貿易自由化によって国産品から輸入品へと切り替わった消費量 $X^0 - Y^+$

　　限界費用が p^+ を上回る生産者は，貿易自由化によって国内価格が p^+ に下落すると，財を生産しても利益を得ることができなくなるため，生産を止めざるを得なくなります。その結果，消費者は国産品から輸入品へと消費を切り替えます。このとき，生産者余剰の減少は生産量減少による損失 GBE となりますが，一方で消費者余剰の増加は支出減少による利益 GBHE となります。両者を比較すると，消費者余剰の増加が生産者余剰の減少を BHE だけ上回っており，これが貿易利益の一部となります。

　　つまり，貿易自由化によって国産品から輸入品へと消費が切り替わるときには，生産者から消費者へ GBE の**所得分配効果**が起こるだけでなく，追加的な経済的利益 BHE が生じるのです。その理由は，限界費用の高い国産品から安価な輸入品の消費に変わることによって消費者が価格下落分そのままの利益を得るのに対し，生産者が被る損失は価格下落分を下回るからです。

3）貿易自由化によって増えた消費量 $X^+ - X^0$

　　貿易自由化によって国内価格が p^0 から p^+ に下落することに反応して，限界評価が p^+ 以上 p^0 以下の消費者は消費量を増加します。このことによって，消費者は消費量増加による利益 BFH を得ます。この消費者余剰の増加は，生産者余剰の減少を伴わないため，そのまま貿易利益の一部となります。

以上のことをまとめると，**貿易利益 BEF は，限界費用の高い国産品が安価な輸入品に変わることによって生じる利益 BHE と，国内価格下落によって国内消費が増加することで生じる利益 BFH が合わさったもの**となります。

b）輸出国となるケース

　次に，貿易自由化によって外国に財を輸出するケースについて考えます。国際価格が閉鎖経済時の市場価格 p^0 よりも高い p^{++} となるとき，国内の生産者

図3-8 ■貿易開始による余剰の変化と貿易利益（輸出のケース）

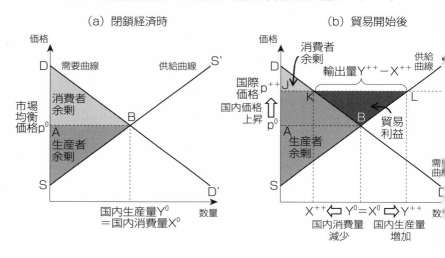

は，国際価格 p^{++} で外国にその製品を販売（輸出）することが可能となります。そうなると，国内価格が p^0 のままだと，国内の生産者は外国にのみ財を販売して誰も国内市場に財を販売しようとしなくなります。このため，国内価格は国際価格 p^{++} まで上昇します。価格の上昇によって，国内生産量は増加しますが，国内消費量は減少するため，国内消費量を上回る国内生産分が外国に輸出されることになります。

　その状況を示したものが図3-8です。図3-8（a）は閉鎖経済時の状況を，図3-8（b）は，貿易開始後に国際価格 p^{++} に直面した状況を示しています。貿易によって国内価格が p^0 から p^{++} に上昇するため，国内生産量は Y^0 から Y^{++} に増加し，国内消費量は X^0 から X^{++} に減少します。そして，国内生産量と国内消費量の差である $Y^{++} - X^{++}$ が輸出量となります。このとき，消費者余剰は DJK，生産者余剰は JLS，社会的余剰は DKLS となります。

　図3-8（a）と（b）を比べると，貿易開始によって生産者余剰は JLBA 増加しますが，消費者余剰は JKBA 減少することがわかります。生産者余剰の増加が消費者余剰の減少を上回るため，貿易開始によって社会的余剰は KLB（図3-8（b）の濃い部分）増加します。これが輸出を行う際の**貿易利益**とな

表3-3■貿易自由化がもたらす経済的影響（まとめ）

	国内価格	国内生産	国内消費	消費者余剰	生産者余剰	社会的余剰
輸入国となるケース	下落	減少	増加	増加	減少	増加
輸出国となるケース	上昇	増加	減少	減少	増加	増加

所得分配効果 貿易利益

ります。

貿易利益 KLB＝生産者余剰の増加 JLBA－消費者余剰の減少 JKBA　　(3.6)

　輸入を行うケースと同様に考えると，この**貿易利益 KLB は**，**限界評価の低い消費者への供給がより高い価格で販売できる輸出市場に向けられることによって生じる利益と，国内価格上昇によって国内生産が増加することで生じる利益が合わさったもの**となることがわかります。

　貿易による経済的影響を表3-3にまとめます。貿易開始後に自国が財の輸出国となるか輸入国となるかは，閉鎖経済時の市場均衡価格と国際価格との大小関係によって決まります。しかし，**輸入国もしくは輸出国となるいずれのケースにおいても，貿易自由化によって自国は貿易利益を得ることができます。**

　ただし，貿易利益は経済全体の得る利益であり，貿易によってすべての経済主体が利益を得ているわけではないことには注意をしなければなりません。輸入国となるケースでは，消費者が利益を得る一方で生産者は損失を被っており，輸出国となるケースでは，それと反対のことが起こっています。このように，**貿易には特定の集団から別の集団へ経済的利益が移転されるという所得分配効果が伴っています。**このため，貿易は経済全体に利益をもたらす一方で，国内に大きな利害対立を生み出すことになります。例えば，貿易自由化によって輸入国となるケースでは，経済全体で利益が生じるとしても，損失を被る生産者は貿易自由化に対して強く反発するでしょう。これが，貿易政策について国内

65

で賛否が分かれ，その実施について大きな論争が起こる理由なのです。

3-3　輸入関税政策の経済効果

　本節では，代表的な保護貿易政策である輸入関税政策が経済に与える影響について学びます。

3-3-1　輸入関税政策がもたらす経済的影響

　前節の輸入国となるケースで示した国際価格 p^+ で取引されている財について考えます。自国の政府が，この財について，輸入品にのみ輸入 1 単位当たり t の**輸入関税**を課した場合に起こる経済的影響について考えます[7]。

　関税を課された外国の供給者は，輸入手続を行う税関で支払う輸入関税の負担を販売価格に上乗せすることによって対処します。このため，輸入品の国内販売価格は，（国際価格 p^+）＋（輸入関税 t）＝ p^+＋t に上昇します[8]。その結果，自国の生産者が供給する国産品の価格も自然と p^+＋t に上昇することになります[9]。このように，**輸入関税は輸入品にしか課されていないにもかかわら**

図 3-9 ■輸入関税の仕組み

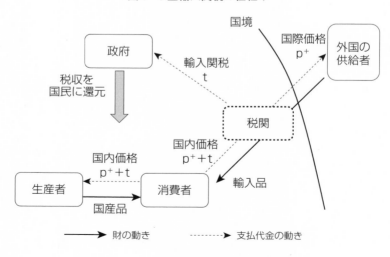

図3-10■輸入関税政策がもたらす経済的影響

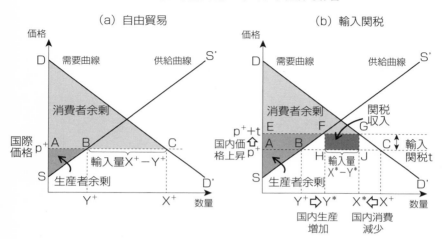

（a）自由貿易　　　　　　　　　　（b）輸入関税

ず，関税によって輸入品と国産品の両方とも国内価格は $p^+ + t$ に上昇します。
関税収入を得た政府は，公共サービスや社会保障の提供など，何らかの形でその収入を国民に還元すると考えます。

　以上のことをまとめたのが図3-9です。消費者は，国産品と輸入品のいずれにも消費1単位につき国内価格 $p^+ + t$ を支払います。国産品に支払われた価格はそのまま生産者の販売収入になりますが，輸入品に支払われた価格のうち t は関税として政府に徴収されます。一方で，外国の生産者は国際価格と等しい p^+ の販売収入を得ています。

　これらのことを踏まえて，図3-10を使って輸入関税政策がもたらす経済的影響を説明します。図3-10（a）は，自由貿易時の国内生産量，消費量，および余剰の大きさを示しています。このとき，社会的余剰の大きさは次のようになります。

自由貿易時の社会的余剰 DCBS＝消費者余剰 DCA＋生産者余剰 ABS　(3.7)

　輸入関税政策を実施した場合の国内消費量，生産量，輸入量を示したものが図3-10（b）です。自由貿易の状態と比べると，国内価格が輸入関税分だけ上昇するため，国内生産量は Y^+ から Y^* に増加しますが，一方で，消費量は X^+

からX*に減少します。このため，輸入量は自由貿易時のX⁺−Y⁺からX*−Y*に減少します。輸入関税実施後の消費者余剰と生産者余剰の大きさは，それぞれ DEG と EFS となります。さらに政府が関税によって得た税収は国民に還元されるため，社会的余剰の一部として加えられます。関税収入＝（輸入1単位当たりの関税 t）×（輸入量 X*−Y*）となるため，関税収入の大きさは，図3-10（b）の FGJH と等しくなります。以上のことから，輸入関税実施後の社会的余剰の大きさは次のようになります。

輸入関税実施後の社会的余剰

＝消費者余剰 DEG＋生産者余剰 EFS＋関税収入 FGJH＝DGJHFS (3.8)

図3-10（a）と（b）を比較すると，**輸入関税政策の実施によって社会的余剰が自由貿易のときと比べて FHB＋GCJ 減少している**ことがわかります。これは，関税政策による消費者余剰の減少 EGCA が，生産者余剰の増加 EFBA と政府税収の増加 FGJH を合わせたものよりも大きくなるからです。輸入関税政策実施による社会的余剰の減少分を**死重的損失（デッドウェイト・ロス）**といいます。

輸入関税政策による死重的損失 FHB＋GCJ

＝消費者余剰の減少 EGCA－生産者余剰の増加 EFBA－関税収入 FGJH

(3.9)

では，なぜ輸入関税を課すことによって社会的余剰は減少するのでしょうか？　その原因を，図3-11を使って説明します。図3-11は，関税政策実施前の消費量を，次の4つの範囲に分けています。1）関税実施前の国産品の消費量 Y⁺，2）関税によって輸入品から国産品へと切り替えられた消費量 Y*−Y⁺，3）関税実施後の輸入量 X*−Y*，4）関税によって減少した消費量 X⁺−X*の4つです。この4つの種類の消費について，関税引上げによって何が起こったのかを考えます。

1）関税実施前の国産品の消費量 Y⁺

　　この国産品の生産者は，国内価格上昇によって EKBA の収入増加の利益を得ることができますが，これは消費者の被った支出増加の損失と等しくなります。このため，関税実施前から生産されている国産品については，

図3-11■輸入関税政策がもたらす死重的損失

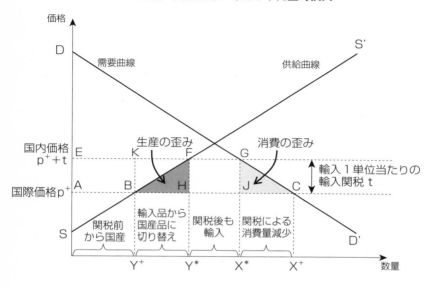

消費者から生産者への**所得分配効果**が生じており，社会的余剰の変動は生じていないことがわかります。

2）関税によって輸入品から国産品へと切り替えられた消費量 $Y^* - Y^+$

　関税によって生産が増加した国産品は，限界費用が国際価格 p^+ を上回る生産者によって生産されます。このため，関税によって生産者の得る生産量増加の利益 KFB は，消費者の支出増加の損失 KFHB を下回ることになります。このことから，輸入品から国産品への切り替えは，消費者から生産者への**所得分配効果**に加えて，FBH の社会的余剰の減少をもたらすことがわかります。この社会的余剰の減少は，国際価格よりも限界費用の高い国内生産を無理やり増加させることによって生じたものです。このような輸入関税による国内生産量の増加に伴って生じる経済的損失のことを，**生産の歪み**といいます。

3）関税実施後の輸入量 $X^* - Y^*$

　輸入関税による政府の税収の増加 FGJH は，関税による国内価格の上昇によって生じた消費者の支出増加による損失と等しくなります。このた

表3-4■輸入関税政策がもたらす経済的影響（まとめ）

国内価格	国内生産	国内消費	輸入	消費者余剰	生産者余剰	関税収入	社会的余剰
上昇	増加	減少	減少	減少	増加	増加	減少
				所得分配効果			死重的損失（生産の歪み＋消費の歪み）

め，輸入品については，消費者から政府への**所得分配効果**が生じる一方で，社会的余剰の変動は生じないことがわかります。

4）関税によって減少した消費量 $X^+ - X^*$

関税による消費の減少は，消費者に GCJ の消費量減少による損失をもたらしますが，それと引き換えに国内生産者や政府の利益が増加することはありません。このため，消費者の被る損失 GCJ は，そのまま社会的余剰の減少となります。これは，関税による国内価格の上昇を原因とした消費量の減少によって発生した損失であるため，**消費の歪み**といいます。

輸入関税が及ぼす経済的影響を表3-4にまとめます。**輸入関税政策は，消費者に損失をもたらす一方で，生産者の利益と政府税収を増加させるという所得分配効果をもたらします。ただし，貿易自由化政策とは異なり，消費者の被る損失の方が生産者と政府が得る利益よりも大きくなるため，社会的余剰は減少します。その原因は，国際価格より限界費用が高い国内生産が増加することから生じる生産の歪みと，国内価格上昇によって国内消費量が減少することから生じる消費の歪みです。**

図3-10と表3-4は，自由貿易の状況から輸入関税を引き上げたときの経済的影響を示していますが，これを反対に考えると，輸入関税を撤廃する貿易自由化政策の経済的影響が明らかになります。つまり，**輸入関税の撤廃は，生産者と政府から消費者への所得分配効果をもたらす一方で，限界費用の高い国内生産を安価な輸入品に変えることによる利益と，国内価格の低下がもたらす国内消費量の増加による利益を通じて，社会的余剰の増大をもたらすのです。**

3-3-2　保護貿易政策の政治経済学

　これまで，国内産業の保護を目的とした輸入関税政策は，社会的余剰の減少（死重的損失）をもたらすと説明してきました。このような経済的損失の存在が，多くの経済学者が輸入関税政策に対して否定的な見解を示す理由となっています[10]。しかし，表３-１が示すように，実際には多くの国が輸入関税政策を行っており，一部の製品には非常に高い関税率が適用されることもあります。

　なぜ経済的損失をもたらす輸入関税政策が現在でも行われているのでしょうか？　その理由を政治経済学の観点から説明します。先に述べたように，輸入関税政策は，生産者に利益をもたらす一方で，それ以上の損失を消費者にもたらしています。しかし，多くの財については，国内にいる消費者の数と生産者の数を比較すると，生産者の数に比べて消費者の数の方がはるかに多くなります。そのため，**輸入関税政策によって消費者全体が被る損失は生産者全体の得る利益より大きくなりますが，個々の生産者と個々の消費者の損失を比較すると，個々の生産者が得る利益の方が個々の消費者の被る損失を大きく上回ることになります**。このため，生産者は時間とお金を使って輸入関税の実施を政府に要求する強い動機を持ちますが，それと比べると消費者が輸入関税の導入を阻止するための活動を起こす動機は弱いものになってしまいます。その結果，経済全体の利益を損なうはずの輸入関税政策が，生産者たちの熱心な政治活動によって実現することがあるのです。

　また，所得分配効果の存在そのものが，輸入関税の削減や撤廃の実現を難しくしているということもあります。余剰分析では，所得分配効果によって損失を被る経済主体が存在したとしても，経済全体の利益である社会的余剰が増加することを理由に，自由貿易が望ましいと結論づけられています。これは，「全体の利益のためには一部の経済主体が損失を被っても仕方がない」と判断しているわけではなく，**「経済全体の利益が増加するのであれば，利益を得た経済主体からその利益の一部を損失を被った経済主体に所得移転することによって，すべての経済主体の利益を増加させることが可能となる」**という考え方に基づいています[11]。つまり，貿易自由化によって全体の利益を増加させ，その上で適切な所得再分配政策を行えば，すべての経済主体が経済的利益を得

ることが可能となるので，自由貿易は望ましいと考えているのです。

　しかし，貿易自由化後に損失を被った経済主体の損失を埋め合わせる所得再分配政策が本当に実現可能であるのかは明らかではありませんし，そのような政策の実施を政府が信頼できる形で保証できるとは限りません。このため，ハーバード大学のロドリック教授は，たとえ貿易自由化政策によって経済全体の利益が増加するとしても，その裏側で巨額の所得分配効果が生じる場合，国内の利害対立が激しくなるために，貿易自由化の実現は難しくなるだろうとの考えを示しています[12]。特に，所得分配効果の規模に対して，実際に得られる貿易利益の規模が小さくなるほど，その実現は難しくなると考えられます。

3-4　国内産業保護政策の比較

　これまで，国内産業の保護を目的とした輸入関税政策は，国の経済にとって望ましくない政策だと説明してきました。その一方で，政府による国内産業の保護を擁護する議論も存在します。

　例えば，日本の農林水産省は政府が農業を保護する理由として，**農業の多面的機能**の存在を主張しています。農業の多面的機能とは，「国土の保全，水源の涵養，自然環境の保全，良好な景観の形成，文化の伝承等，農村で農業生産活動が行われることにより生ずる，食料その他の農産物の供給の機能以外の多面にわたる機能」というものです[13]。これは，農業が食料の供給だけでなく，環境保全や景観の維持など様々な社会的便益をもたらしていることを主張するものであり，ミクロ経済学でいう「**正の外部性**」のことを指しています[14]。

　このように，ある財の国内での生産活動の存在が何らかの社会的利益をもたらす場合，その産業を保護することによって経済的損失が生じるとしても，その損失を上回る社会的利益を得ることができるのであれば，保護貿易政策を用いて国内産業を保護するべきだということになります。

　しかし，このような社会的利益の存在だけでは，保護貿易政策が必ずしも正当化されるわけではありません。なぜなら，たとえ国内生産の増加が何らかの社会的利益をもたらすとしても，保護貿易政策よりも経済的損失が少ない政策でそれが実現可能であるならば，そちらの政策を選ぶ方が望ましいと考えられ

るからです。

　本節では，輸入関税と異なる国内産業保護政策である生産補助金政策がもたらす経済的影響について説明します。生産補助金政策と輸入関税政策を比較することによって，政策目的が同じであっても，政策手段が異なる場合，政策がもたらす経済的影響も異なることを明らかにします。その上で，国内産業を保護する正当な理由があっても，なぜ輸入関税政策が支持されないのかについて説明します。

3-4-1　生産補助金政策がもたらす経済的影響

　生産補助金とは，政府が国内の生産者に対してその生産量に応じて支給する補助金です。生産補助金政策が実施されるとき，国内生産者が財1単位の販売によって得る収入（生産者価格）と，消費者が財1単位当たりの購入に対して支払う支出（消費者価格）に違いが生じるようになります。

　前節の輸入関税政策のときと同様に，国際価格 p^+ で取引される財について考えます。自由貿易政策を行うとき，消費者は輸入品と国産品に関係なく国際価格 p^+ で財を購入することになり，消費者価格は p^+ となります。一方，政府が国内生産者に対して財の生産1単位当たりにつき s の生産補助金を支給する場合，生産者価格は，消費者に販売した価格 p^+ に政府からの補助金 s を加えたものとなります。このため，消費者価格と生産者価格について，次の関係式が成立します。

　　　　生産者価格＝消費者価格 p^+ ＋生産1単位当たりの生産補助金 s　　　(3.10)

　政府は生産補助金を支給するための財源を，納税者から税金（消費税，所得税など）を徴収することによって調達します。このため，生産補助金を支給する場合，納税者はその財源分の経済的負担を負うことになります。以上のことを図3-12にまとめます。

　これらのことを考慮した上で，図3-13を使って，生産補助金政策がもたらす経済的影響について説明します。自由貿易時の国内生産量，消費量，および余剰の大きさは，図3-10（a）と同じとなります。これより，自由貿易時の社会的余剰の大きさは DCBS になります。

図3-12■生産補助金の仕組み

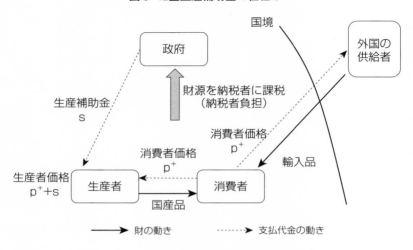

政府が国内生産を Y^* に増加させるために生産補助金を支給すると考えます。図3-13が示すように，財の価格が $p^+ + s$ となるときに国内生産量は Y^* となるため，生産者価格が $p^+ + s$ になるように生産量1単位当たり s の生産補助金を支給します。これにより，国内生産量は Y^* に増加します。消費者価格は国際価格 p^+ となるので，国内消費量は自由貿易時と同じ消費量 X^+ となります。このため，輸入量は $X^+ - Y^*$ となり，自由貿易時に比べて貿易量は減少することがわかります。ただし，輸入関税政策のときと比べると自由貿易時からの輸入の減少量は少なくなります。

次に，生産補助金政策による余剰の変化について説明します。まず，生産補助金政策は生産者価格を変化させますが，消費者が直面する消費者価格は自由貿易時と同じく国際価格 p^+ に等しくなります。そのため，生産補助金政策によって消費者余剰は変化しないことがわかります。一方，補助金支給による生産者価格の上昇と生産量の増加によって，生産者余剰は EFS となり，自由貿易時と比べて EFBA 増加します。そして，政府が支給する生産補助金額は（1単位当たりの補助金 s）×（国内生産量 Y^*）＝EFHA となります。補助金支給額は納税者の負担となっているため，社会的余剰を計算するときには，他の余剰から差し引かれます。このように，生産補助金政策は，生産者余剰を増や

74

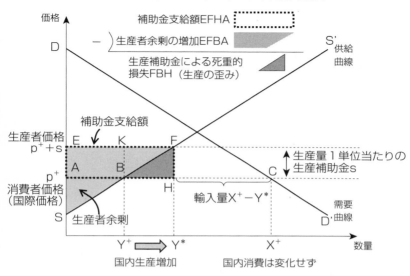

図3-13■生産補助金政策がもたらす死重的損失

す一方で納税者に補助金の財源負担をもたらします。図3-13より，生産者余剰の増加よりも補助金支出額の方が大きいため，生産補助金政策によって社会的余剰は減少することがわかります。社会的余剰の減少（死重的損失）の大きさは，次のように求められます。

生産補助金政策による社会的余剰の減少（死重的損失）
＝補助金支給額 EFHA－生産者余剰の増加 EFBA＝FBH　　　(3.11)

　輸入関税政策のときと同様に，生産補助金政策を実施するときにも死重的損失が発生します。自由貿易時から生産していた国産品 Y^+ 単位の生産者は，生産補助金政策が実施されると補助金支給額分だけ収入増加による利益を得ますが，補助金は納税者の負担となっているため，実際には納税者から生産者への**所得分配効果**が起こっているだけであり，社会的余剰の大きさには影響を与えません。一方，生産補助金によって生産を増加させた国産品 Y^*-Y^+ 単位の生産者は生産量増加による利益を得ますが，1単位当たりの利益の増加は補助金支給額よりも少ないため，納税者の負担ほど生産者の利益は増加しません。

75

表 3 − 5 ■生産補助金政策がもたらす経済的影響（まとめ）

生産者価格 消費者価格	国内生産	国内消費	輸入	消費者余剰	生産者余剰	補助金支給（納税者負担）	社会的余剰
上昇 変わらず	増加	変わらず	減少	変わらず	増加	増加	減少

所得分配効果　死重的損失（生産の歪み）

　このため，社会的余剰は減少します。これは生産補助金によって国際価格 p^+ よりも限界費用の高い生産を無理に増加させることによって生じた**生産の歪み**となります。

　表 3 − 5 に，生産補助金政策による経済的影響をまとめます。**生産補助金政策は納税者から生産者への所得分配効果をもたらす一方で，生産の歪みによる経済的損失をもたらします。**

3 − 4 − 2　国内産業保護政策の比較

　図 3 −14は，国内生産量 Y^* を実現する政策として輸入関税政策と生産補助金政策を比較したものです。図 3 −14（a）は図 3 −10（b）で示された輸入関税政策を実施したときの社会的余剰の大きさを，図 3 −14（b）は生産補助金政策を実施したときの社会的余剰の大きさを示しています。国内生産量が Y^* となるためには，生産者価格が $p^+ + t$ となる必要があります。このため， 1 単位当たりの生産補助金 s が 1 単位当たりの輸入関税 t の大きさと等しい場合（s ＝ t），両政策の下で同量の国内生産量 Y^* が実現します。図 3 −13が示すように，生産補助金政策による死重的損失は FBH となるため，生産補助金政策時の社会的余剰の大きさは DCBS（自由貿易時の社会的余剰）− FBH ＝ DCHFS となります。

　図 3 −14より，国内生産量を Y^* に増加させることを目的とした産業保護政策としては，輸入関税政策より生産補助金政策の方が死重的損失が少なくなることがわかります。これは，輸入関税政策では，生産の歪みと消費の歪みが発

図3-14■輸入関税政策と生産補助金政策実施時の社会的余剰の比較

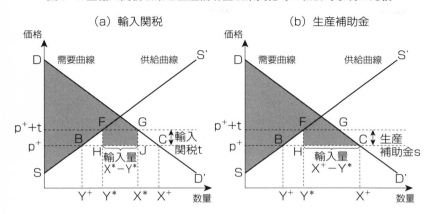

生しているのに対し，生産補助金政策では生産の歪みしか発生していないためです。このことより，**国内産業を保護する政策としては，輸入関税による保護貿易政策よりも，保護する産業を直接支援する生産補助金政策の方が，死重的損失が少なくより望ましい政策である**といえます。

　この違いは，次のように解釈できます。輸入関税政策は，輸入品にのみ課税していますが，輸入品の価格上昇に伴って国産品の価格も同様に上昇します。このため，消費者にとっては国産品，輸入品に関係なく消費税が課せられているのと同じ状況になります。ただし，消費税の場合は課税分がすべて政府の収入となりますが，輸入関税の場合は，国産品の価格上昇分が国内生産者の収入となります。つまり，輸入関税は，消費者に対して輸入品と国産品に関係なく消費税を課した上で，国産品に対する消費税収入を生産補助金として国内生産者に支給しているのと同じことだと考えることができます。これに対して，生産補助金政策は，輸入品に課税することなく国内生産者に直接補助金を支給します。このため，輸入関税政策を行うときと同量の国内生産を，より少ない国民の負担で実現できるのです。

　このように，何らかの社会的利益の存在を理由に国内産業を保護する場合，経済的損失の少ない生産補助金政策の方が輸入関税政策よりも望ましいと考えられます。しかし，なぜ経済的損失の少ない生産補助金政策ではなく輸入関税

政策が実際には行われるのでしょうか？　これにはいくつかの説があります。

　まず1つ目は，補助金のように生産者に税金が渡るのが直接見える政策は納税者の反発を買いやすいのに対し，輸入関税の負担は消費者に認識されにくいため，保護に対する反発を受けにくいということがあります。

　2つ目に，輸入関税政策は政府に税収をもたらすのに対し，補助金政策は政府支出を増加させるという制度上の違いがあります。輸入関税のような税制は一度決められたら維持することは比較的容易ですが，補助金は毎年政府予算に組み込まれなければならないため，その妥当性が常に議会で審議される上に，財政状況や他の政策との関連で制度の枠組みが変更される可能性が関税以上に高くなります。このため，保護を持続させたい生産者の立場から見ると，補助金政策より関税政策の方が有利であると考えられます。

3-5　米国の輸入関税引上げが経済に与えた影響

　2017年1月に就任した米国のトランプ大統領は，**米国第一主義（アメリカ・ファースト）**を掲げ，これまでの自由貿易政策からの転換の意思を表明しました。その背景には，2000年代に入り米国の貿易収支の赤字が歴史的高水準に拡大したことがあります（図2-10）。この時期，米国に対する貿易黒字を最も拡大したのは，労働賃金の安さを武器に輸出を飛躍的に増加させた中国であり，2017年の米国の貿易赤字のうち約半分を中国に対する赤字が占めていました。さらに，2000年代以降，中国をはじめとする途上国からの輸入の増加や技術進歩の影響で，米国の製造業部門の雇用は大きく減少しており，製造業部門の企業や労働者の間でも中国からの輸入に対する反発が強まっていました。

　そのような状況を受けて，米国は2018年3月に中国，日本，EU，カナダ，メキシコなど，一部の適用除外国を除くすべての国からの鉄鋼・アルミニウムの輸入に対して関税の引上げ（追加関税率は鉄鋼が25%，アルミニウムが10%）を実施しました[15]。これに対して，EU，カナダ，メキシコ，中国などの国は，米国からの輸入品に対して報復関税を課すことで対抗しました。

　さらに，同年7月には，米国は中国からの輸入品818品目に25%の追加関税を課しました。中国も即座に米国からの輸入品に対して同規模の報復関税を課

しました。その後，米国は中国に対して追加関税を課す輸入品目を拡大し，中国も報復関税によって対抗するという措置を繰り返しました。その結果，米国の中国からの輸入に対する平均関税率は3.1%（2018年1月時点）から21.0%（2019年9月時点）に，中国の米国からの輸入に対する平均関税率は8.0%（2018年1月時点）から21.8%（2019年9月時点）へと上昇しました。このような両国の相互の関税引上げは**米中貿易戦争**<ruby>べいちゅうぼうえきせんそう</ruby>といわれています。その後，2021年に米国では新たにバイデン大統領が就任しましたが，トランプ前政権によって引き上げられた関税はそのまま維持されています。

　このような関税引上げは，米国に利益をもたらしたのでしょうか？　これら一連の輸入関税の引上げが米国経済に与えた影響を分析した研究によると，関税による国内価格の上昇によって，輸入製品を購入する消費者や国内生産者が被った損失は約510億ドル（対GDP比0.27%）と推計されています[16]。その一方で，国内生産者が得た利益は約94億ドル，関税収入の増加は343億ドルと推計されました（推計値は2018年時点での評価）。これは，輸入関税によって，輸入製品の購入者から国内生産者と政府への所得分配効果が起こっていることを示しています。これらすべての影響を合計すると，関税引上げが米国経済にもたらした経済損失は72億ドル（対GDP比0.04%）と推計されました。米国経済全体から見ると経済的損失はそれほど大きなものではありませんが，その裏で輸入製品の購入者はその7倍近い損失を被っていることには注意が必要です。

3-6　TPP交渉と日本の農産物に対する保護貿易政策

　3-1節で説明したように，2018年12月に日本他11ヵ国による自由貿易協定CPTPPが正式に発効しました。CPTPPは当初TPP（環太平洋経済連携協定）と呼ばれており，元々シンガポール，チリ，ブルネイ，ニュージーランドの4ヵ国の経済連携協定が拡大する形で交渉が始まりましたが，2010年3月に米国が交渉に参加したことによって一気に注目を集め，交渉への参加国も増えていきました（ただし，米国はその後2017年1月にTPPから離脱しました）。

　日本は，同年10月からTPP交渉への参加を検討し始めましたが，TPP交渉

表3-6 ■日本の農産物重要5品目の輸入関税

コメ		1次税率 無税 2次税率 341円/kg（778%）
乳製品	脱脂粉乳	1次税率 25% 2次税率 21.3%＋396円/kg（218%）
	バター	1次税率 35% 2次税率 29.8%＋985円/kg（360%）
牛・豚肉	牛肉	38.5%
	豚肉	差額関税制度（安い輸入製品ほど自動的に関税が高くなる制度） 524円/kg＜輸入価格の場合4.3% 524円/kg≧輸入価格の場合482円/kgか524円/kgとの差額
砂糖	粗糖	71.8円/kg（328%）
	精製糖	103.1円/kg（356%）
麦	小麦	1次税率 無税 2次税率 55円/kg（252%）
	大麦	1次税率 無税 2次税率 39円/kg（256%）

(注) ・（ ）内の数値は従価税に換算したときの関税率。
　　　・コメ，乳製品，麦は関税割当制が採用されており，国家による輸入については1次税率が，民間による輸入には2次税率が課せられる。
　　　・砂糖の関税には，砂糖を輸入する精製糖企業から徴収する調整金も含まれている。
(出所) 農林水産省「農林水産物品目別　参考資料」平成27年11月より筆者作成

　参加の是非について国内で大きな論争が巻き起こりました。輸出拡大を望む経済界は交渉参加に対し賛成の声を上げましたが，農業関係者は猛反対の声を上げました。表3-6が示すように，日本の農業は米をはじめとする主要作物に対する輸入関税率が高く，TPP交渉に参加していた米国，オーストラリア，ニュージーランドなどの農業輸出国は，農産品の関税撤廃を日本に要求すると考えられていたからです。

　TPP参加に対して政府内で最も強硬な反対姿勢を見せていた農林水産省は，2011年に，関税撤廃によって日本の農林水産業の生産額は4.5兆円減少し，関連産業を含めた国内GDPの約7.9兆円の減少と，約340万人の就業機会の喪失が生じるとの試算結果を公表しました[17]。この試算を受けて，農業が地域産業の中心となる地方ではTPP参加に対する反発がさらに強くなったため，2013年にTPP交渉への参加を表明した安倍首相（当時）は，交渉参加に際し，農業の重要5品目（コメ，小麦，牛肉・豚肉，乳製品，砂糖）について，最優先

で保護を確保すると約束せざるを得ませんでした。そして，交渉の結果，日本の農産品の自由化率（関税を最終的に撤廃する品目数の比率）は，参加国の中で最低水準となりました[18]。

　しかし，農林水産省の試算は生産者に与える影響しか分析しておらず，農産物の輸入関税撤廃が消費者に及ぼす影響については触れられていませんでした。農産物の重要5品目に対する保護貿易政策が，消費者にどれくらいの負担をもたらしているのかを試算した研究によると，保護貿易政策によって消費者1人当たり月2,003円（可処分所得比1.94％）の負担が生じていることが明らかになっています[19]。これは，消費税率3.4％分の負担と等しく，決して少なくない負担です。さらに，これらの負担は，消費に占める食費の割合が大きい低所得者層や高齢者世帯ほど大きいという逆進性を持っており，公平性の観点からも問題があると指摘されています。

　日本政府は，農業生産者の声に応える形で，TPP交渉において農産物の輸入自由化率をできる限り低くするように努めました。しかし，そのことは農業保護のための消費者の負担が維持されたことを意味します。このように，貿易政策を考慮する際には，生産者側だけでなく消費者側に及ぼす影響についても目を向けなければなりません。

（注）
1　単純平均関税率とは，品目別の関税率を単純に足し合わせて平均した税率です。この他に，貿易量に応じて関税率を加重平均して算出する加重平均関税率もあります。
2　FTA（自由貿易協定）は，EPA（Economic Partnership Agreement：経済連携協定）やRTA（Regional Trade Agreement：地域貿易協定）という言葉でも表されます。FTAとEPAの厳密な違いは，FTAが物品やサービスの貿易に対する障壁の削減・撤廃のみを対象とするのに対し，EPAは，FTAの対象とするモノやサービスの貿易自由化に加えて，知的財産権や税関制度，食品の安全規制など，貿易の障壁となり得る各国の様々な国内制度の調和を目指していることですが，混合して使われることも多いです。
3　EUは，単に加盟国間の貿易を自由化するだけでなく，域内の資本や労働の移動も自由化し，域外国に対する関税や農業政策および各種規制政策も統一しています。このため，EUはFTAよりも進んだ経済統合である経済同盟と考えられています。
4　本書では，図形の面積を表すときは，各図形の頂点の記号を並べて表現します。

三角形 DAB の面積は，単に DAB と表現します。アルファベットの順は問わず，DAB でも ABD でも BDA と表現しても同じ三角形の面積と考えます。

5　同一の消費者にとっては，財の消費量が増えるほど，追加的な財 1 単位当たりの限界評価は低下していくと考えられます。例えば，一人の消費者にとって，乗用車を 1 台購入するときに感じる限界評価と，それに追加して 2 台目の乗用車を購入するときの限界評価を比較すると，2 台目の車の方が限界評価は低くなるでしょう。これは，ミクロ経済学の教科書で用いられている限界効用逓減の法則と同じことを意味しています。

6　同一の生産者にとっては，生産量が一定規模を超えると，財の生産量が増えるごとに追加的な財 1 単位当たりの限界費用は増加していくと考えられています。これは，ミクロ経済学の教科書で用いられている限界費用逓増の概念です。

7　輸入関税の形態として，消費税のように財の価格に対して一定割合の税率を課す従価税と，財の価格に関係なく 1 単位当たり一定金額の税を課す従量税の 2 種類に大きく分けられます。本書では，輸入関税を従量税と仮定して話を進めますが，従価税と仮定しても基本的な結論は変わりません。

8　輸入品の価格は必ず輸入関税 t だけ上昇します。その理由は次の通りです。国際価格が p^+ である財を供給する外国の供給者は，自国以外の国に輸出する場合には 1 単位当たり p^+ の収入を得ることができます。このため，自国に供給したときの 1 単位当たりの収入が p^+ を下回るのであれば，外国の供給者は誰も自国に財を供給しようとしなくなるでしょう。このため，もしその財が自国に供給されるならば，外国の供給者は自国での販売価格を $p^+ + t$ に引き上げて，関税支払後の収入を p^+ に維持しているはずです。

9　輸入関税によって，関税が課されていない国産品の価格も必ず上昇します。もし，輸入品だけ $p^+ + t$ に値上がりする一方で，国産品の価格が p^+ に据え置かれたら，国内の消費者は値上がりした輸入品を消費せずに国産品のみを購入しようとするでしょう。このため，生産量を増やせば国内生産者は利益を増やせそうに思えます。しかし，図 3-10 (a) が示すように，価格が p^+ のままだと，国内の生産者は生産量を Y^+ から増やそうとしても限界費用が価格を上回っているために利益を得ることができません。このため，国産品の生産が Y^+ から増えるためには，国産品の価格も p^+ より上昇しなければなりません。これは，国産品の価格が輸入品の価格に等しくなるまで続き，最終的に国産品の価格は輸入品価格 $p^+ + t$ と等しくなるのです。

10　本章で用いた余剰分析モデルでは，輸入関税を行う国が小国であり，財市場が完全競争であると仮定されていました。しかし，輸入関税を行う国が世界市場の需給バランスに大きな影響を与えるほどの大国である場合や，財市場が不完全競争市場である場合など，モデルの設定によっては，輸入関税政策の実施によって自由貿易時よりも社会的余剰が増加することがあります。ただし，そのような場合でも，貿易相手国が自国の輸入関税政策に対する報復として自国からの輸出品

に対して輸入関税を課すような関税戦争が起こる場合，自国はやはり経済的損失を被ることになります。このため，モデルの設定を変えることによって社会的余剰を増加させることが可能になったとしても，それだけでは必ずしも輸入関税政策が正当化されるわけではありません。

11　これは厚生経済学の分野で補償原理と呼ばれる考え方です。

12　ダニ・ロドリック（著）柴山桂太・大川良文（訳）『グローバリゼーション・パラドクス—世界経済の未来を決める三つの道』白水社，2013年，pp.76-78。

13　農林水産省 HP より（http://www.maff.go.jp/j/nousin/noukan/nougyo_kinou/）。

14　正の外部性とは，ある経済主体の行動が市場を介さずに他の経済主体に便益を与えることを指します。この便益は市場を通じて取引されていないため，正の外部性をもたらす生産活動は市場からその便益に見合う対価を得ることができず，その結果，市場取引だけだと財の生産量が社会的に最適な生産量よりも少なくなると考えられます。このため，正の外部性を与える財の生産については，その財の生産量が増えるように政府が市場に介入する必要があると考えられています。

15　関税引上げの適用除外国はオーストラリア，アルゼンチン，ブラジル（鉄鋼のみ），韓国（鉄鋼のみ）の4ヵ国です。ただし，オーストラリア以外の3ヵ国は輸入割当によって輸入の上限が定められています。

16　Fajgelbaum, P.D., Goldberg, P.K., Kennedy, P.J., Khandelwal, A.K. (2020) "The Return to Protectionism", The Quarterly Journal of Economics, Vol. 135（1），pp.1-55. 論文で行われた推計には，貿易相手国による報復関税がもたらした影響も含まれています。

17　農林水産省「国境措置撤廃による農産物生産等への影響試算について」（平成22年11月公表資料：http://www.maff.go.jp/j/kokusai/renkei/fta_kanren/pdf/shisan.pdf）より。

18　2015年10月に大筋合意した TPP における農産品の貿易自由化率は，他の参加国が95〜100％だったのに対し，日本は82％にとどまりました。

19　猿山−服部−松岡−落合（2013）「農業保護はどの程度家計負担を増やしているのか」日本経済研究センター，Discussion Paper No.140。

■練習問題■

1．次の文について，正しいものには○，誤っているものには×と答えなさい。

① 自国が貿易開始によってある財の輸入国となるとき，その財の国内消費量は閉鎖経済時より減少する。

② 自国が貿易開始によってある財の輸入国となるとき，貿易の開始によって生産者余剰は減少する。

③ 自国が貿易開始によってある財の輸出国となるとき，その財の国内価格は閉鎖経済時より上昇する。

④ 自国が貿易開始によってある財の輸出国となるとき，その財の生産者のみでなく消費者も経済的利益を得る。

⑤ 輸入関税政策は，関税が課された財の国内消費量を減少させる一方で，国内生産量を増加させる。

⑥ 輸入関税政策を実施するとき，消費者余剰は増加するが生産者余剰は減少するため，政策実施国の社会的余剰は減少する。

⑦ 輸入関税政策と生産補助金政策を比較すると，消費者の立場から見ると生産補助金政策の方が望ましい。

⑧ 輸入品の国内生産を同量に維持する輸入関税政策と生産補助金政策を比較すると，消費の歪みが存在しないため，生産補助金政策を行うときの方が社会的余剰は大きくなる。

2．次の文章の空欄に当てはまる語句を答えなさい。ただし，（ ⑩ ），（ ⑬ ），（ ⑲ ），（ ㉒ ）には増加もしくは減少の語句が入る。

A国のある財市場における需要曲線と供給曲線が図1のようになるとき，閉鎖経済均衡における市場価格は（ ① ），その財の生産量（消費量）は（ ② ）となる。この時，消費者余剰の大きさは（ ③ ），生産者余剰の大きさは（ ④ ）となり，社会的余剰の大きさは（ ⑤ ）となる。

国際価格が（ ⑥ ）となるとき，貿易を開始することによって，A国はその財の輸出国となる。このとき，輸出量は（ ⑦ ）となる。自由貿易時の消費者余剰の大きさは（ ⑧ ）となり，閉鎖経済時と比べて（ ⑨ ）だけ

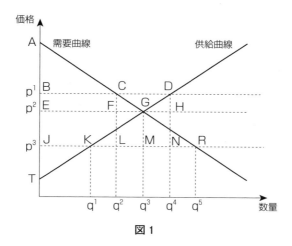

図1

（　⑩　）する。これに対して，生産者余剰の大きさは（　⑪　）となり，閉鎖経済時と比べて（　⑫　）だけ（　⑬　）する。このため，社会的余剰は（　⑭　）だけ増加する。これが輸出を行うときの貿易利益となる。

　一方，国際価格が（　⑮　）となるとき，A国はその財の輸入国となり，輸入量は（　⑯　）となる。このとき，消費者余剰の大きさは（　⑰　）となり，閉鎖経済時と比べて（　⑱　）だけ（　⑲　）する。これに対して，生産者余剰の大きさは（　⑳　）となり，閉鎖経済時と比べて（　㉑　）だけ（　㉒　）する。最終的に，社会的余剰は（　㉓　）だけ増加する。これが，輸入を行うときの貿易利益となる。

3．国内産業を保護するための輸入関税政策と生産補助金政策との比較について述べた以下の文章について，空欄に当てはまる語句を答えなさい。

　この産業の需要曲線と供給曲線が図2のようになるとする。輸入製品の国際価格を p^+ とすると，自由貿易時の社会的余剰の大きさは（　①　）となる。今，国内生産を q^2 にするための国内産業保護政策を考える。輸入1単位当たり t 円の輸入関税政策を行う場合，輸入量は（　②　）となり，消費者余剰は（　③　），生産者余剰は（　④　），関税収入は（　⑤　）となるため，社会的余剰の大きさは（　⑥　）となる。

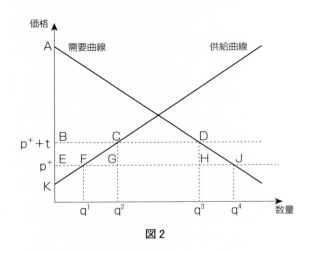

図2

　一方，国内生産１単位当たり t 円の生産補助金政策を行う場合，輸入量は
（　⑦　），消費者余剰は（　⑧　），生産者余剰は（　⑨　），補助金支出は
（　⑩　）となるため，社会的余剰の大きさは（　⑪　）となる。この２つの
政策を実行したときの社会的余剰を比較すると，（　⑫　）政策を実行したと
きの方が，社会的余剰は（　⑬　）だけ大きくなるため，（　⑫　）政策の方
が経済的損失の少ない政策となる。これは（　⑫　）政策を実行する際には
（　⑭　）の歪みが発生しないためである。

第4章

交易・特化の利益
——一般均衡分析

<本章のねらい>
● 一般均衡分析の分析手法の基礎を身につける。
　☞ キーワード：労働投入係数（労働生産性），購買可能領域，生産可能領域
● 交易条件と貿易利益との関係について理解する。
　☞ ポイント：交易条件＝$\dfrac{輸出財価格}{輸入財価格}$
● 貿易によって国の購買力が向上することを理解する。
　☞ ポイント：貿易利益＝交易の利益＋特化の利益

　前章では，余剰分析を用いて，貿易自由化政策と保護貿易政策がもたらす経済的影響について説明しました。余剰分析は，特定の財の市場に参加する経済主体（消費者，生産者，政府）が得る経済的利益の合計の変化によって政策の是非を評価する分析手法でした。

　これに対し，すべての産業と消費者を含む国全体の経済的利益の変化によって貿易政策を評価する分析手法を**一般均衡分析**といいます。CPTPP（環太平洋パートナーシップに関する包括的及び先進的な協定）や日欧 EPA（EU との経済連携協定）などの自由貿易協定について，政府がその必要性を国民に説明する際には，協定の締結によって実質 GDP が何％増加するのかというような説明をします。例えば，政府試算によると CPTPP と日欧 EPA の実現で日本の実質 GDP はそれぞれ約1.5％と1.0％増加するとされています[1]。実質 GDP は，国全体の経済的豊かさを示す代表的な経済指標の1つです。

本章では，一般均衡分析を使って，貿易によって国の所得（購買力）が向上することを明らかにします[2]。一般均衡分析は，ミクロ経済学の中でも難易度の高い分析手法ですが，本章では，一般均衡分析の中では最も単純な2財1生産要素モデルの数値例を使って，貿易利益について説明します。

4-1　一国全体の貿易構成

一般均衡分析に入る前に，本節では，すべての産業の貿易状況をまとめた国全体の貿易構成というものについて簡単に説明します。

表4-1は，2021年の日本の主要商品別の輸出額と輸入額，およびその収支（＝輸出－輸入）を示したものです。日本の輸出の大半を占めているのは，輸送用機器，電気機器，一般機械といった機械産業であり，これら3つの品目で

表4-1■日本の品目別商品貿易額（2021年）

（単位：兆円　カッコ内は総額に占める構成比）

	輸出		輸入		収支（＝輸出－輸入）
食料品	1.14	（1.2%）	9.49	（8.0%）	−8.36
原料品	1.58	（1.6%）	8.11	（6.9%）	−6.52
鉱物性燃料	2.20	（2.2%）	33.51	（28.4%）	−31.31
化学製品	11.79	（12.0%）	13.30	（11.3%）	−1.50
原料別製品	11.82	（12.0%）	10.27	（8.7%）	1.54
一般機械	18.91	（19.3%）	9.28	（7.9%）	9.63
電気機器	17.34	（17.7%）	17.27	（14.6%）	0.07
輸送用機器	19.06	（19.4%）	3.38	（2.9%）	15.68
その他	14.31	（14.6%）	13.53	（11.5%）	0.81
総額	98.17	（100%）	118.14	（100%）	−19.97

（注）　・各主要商品の内容は次のとおり。
　　　　食料品…農作物など，原料品…木材・鉄鉱石など，鉱物性燃料…原油・石炭・液化天然ガスなど，化学製品…医薬品・プラスチックなど，原料別製品…金属（鉄鋼・非鉄金属）・繊維など，一般機械…金属加工機械・建設機械など，電気機器…半導体・家電（テレビ・冷蔵庫）など，輸送用機器…自動車・二輪車およびその部品など。
（出所）　財務省「貿易統計」より筆者作成

総輸出の56.4％を占めています。輸入の中で最も大きな品目は原油や天然ガスなどの鉱物性燃料であり，輸入全体の28.4％を占めています。輸出額から輸入額を差し引いた収支を見ると，先ほど述べた機械産業や鉄鋼・繊維などの原料 別製品といった工業製品については，輸出が輸入を上回っているために収支は黒字となっています。その反対に，食料品や原料品，鉱物性燃料といった農産物や天然資源については，収支は赤字となっています。

　日本は，原油や鉄鉱石などの天然資源を国内で十分に得ることができません。このため，国内で消費する燃料や，工業製品を生産するための原材料のほとんどを，外国からの輸入に依存しています。外国から輸入した天然資源を加工し，それによって生産した工業製品を外国に輸出することを**加工貿易**といいます。

　中国や韓国も日本と同様に加工貿易の貿易構造を持っています。表４-２に示すように，中国と韓国も輸出の約90％を工業製品が占め，収支も大きく黒字となっています。一方で，農産物や天然資源は輸入の約40％を占めており，収支も赤字となっています。

　反対に，輸出の大半が農産品や燃料・鉱物資源のような一次産品となっている国もあります。表４-３は，オーストラリアとブラジルの貿易構成を示しています。両国とも，農産物や天然資源が輸出に占める割合が高く，収支も黒字となっている一方で，工業製品の輸入に占める割合が高く，収支も赤字となっていることがわかります。

表４-２ ■加工貿易国の貿易構成

（a）韓国（2021年）

（単位：億ドル）

	輸出	輸入	収支
農産物	159.1 (2.5%)	448.3 (7.3%)	−289.2
燃料・鉱物資源	603.2 (9.4%)	1900.9 (31.1%)	−1297.6
工業製品	5663.3 (88.1%)	3771.2 (61.6%)	1892.1

（b）中国（2021年）

（単位：億ドル）

	輸出	輸入	収支
農産物	885.3 (2.7%)	2728.0 (10.4%)	−1842.7
燃料・鉱物資源	878.7 (2.6%)	7892.6 (30.1%)	−7013.8
工業製品	31452 (94.7%)	15619 (59.5%)	15832.7

（出所）　WTO（世界貿易機関）"Trade Statistics"より筆者作成

表4-3 ■一次産品輸出国の貿易構成

(a) オーストラリア（2021年）

（単位：億ドル）

	輸出	輸入	収支
農産物	467.2 (14.8%)	187.5 (7.4%)	279.7
燃料・鉱物資源	2,413.0 (76.3%)	315.3 (12.5%)	2,097.7
工業製品	281.1 (8.9%)	2,020.6 (80.1%)	−1,739.5

(b) ブラジル（2021年）

（単位：億ドル）

	輸出	輸入	収支
農産物	1,110.9 (40.4%)	151.9 (6.5%)	959.0
燃料・鉱物資源	938.7 (34.1%)	411.2 (17.5%)	527.6
工業製品	701.7 (25.5%)	1,782.0 (76.0%)	−1,080.3

（出所）　WTO（世界貿易機関）"Trade Statistics"より筆者作成

　このように，貿易構成は国によって異なっており，一次産品を輸入し工業製品を輸出する加工貿易を行う国もあれば，国内で産出される一次産品を外国に輸出する一方で，工業製品を外国からの輸入に依存している国もあるのです。

4-2　一般均衡分析の基礎

　本節では，本章で用いる一般均衡分析のモデルが，どのような経済構造を想定しているのかについて説明します。本章では，農産品と工業製品という2種類の財と，労働という1種類の生産要素からなる2財1生産要素モデルを用います。

　生産要素とは，財の生産に投入される基本的な投入物のことをいい，一般的には労働，資本（生産設備），土地などがあります。本章のモデルでは話を単純化するため，労働のみを生産要素として考えます。農産品や工業製品の生産者は，生産活動を行う際に生産要素である労働を必要としており，生産活動に投入される労働者の数（労働投入量）が多くなるほど，財の生産量は多くなると考えます。

4-2-1　2種類の経済主体と3つの市場

　図4-1は，一般均衡分析モデルで想定されている経済構造を図示したもの

です。一般均衡分析の世界では，家計と生産者の2種類の経済主体が存在しています。家計は労働者かつ消費者であり，生産者に生産要素となる労働力を提供する一方で，工業製品と農産品を消費します。生産者は，工業製品の生産者と農産品の生産者に分かれており，生産要素である労働者を雇用（こよう）して財を生産し，それを消費者に販売することによって収入を得ています。

　家計は労働力を生産者に提供し，その報酬（ほうしゅう）として賃金（ちんぎん）を受け取ります。家計は賃金を得ることによって獲得した所得を使って，農産品と工業製品を購入します[3]。一方，財の生産費用は，生産者が生産活動に投入した労働に支払った賃金で表され，生産量が増えるほど生産費用は増加します[4]。

　2財1生産要素モデルでは，工業製品市場，農産品市場，労働市場の3つの市場が存在していると考えます。工業製品市場と農産品市場では，消費者が需要する財を生産者が供給しており，市場均衡によって財価格 $p_工$ と $p_農$ が決まります。労働市場では，生産者が雇用する労働者（家計）に賃金を支払っています。労働者は賃金の高い生産者の下で働こうとするため，工業製品と農産品の生産者が労働者に支払う賃金は最終的に等しくなります[5]。労働1単位当た

図4-1■一般均衡分析の世界

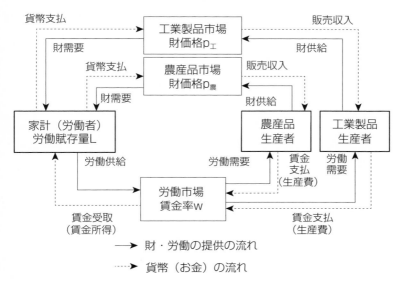

りに支払われる賃金を賃金率 w とします。

　国内のすべての家計（労働者）によって供給される労働力の総量を L 単位と仮定します[6]。国内に存在する総労働量のことを**労働賦存量**といいます。国内で生産可能な農産品と工業製品の量は，L 単位の労働量が農産品と工業製品のいずれかの生産に投入されることによって実現可能な生産量となります。

　財の総生産額は，国民の総収入となるため，国民所得と等しくなります。そして，国民所得はすべて財の購入に使われるため，財の総消費額と等しくなります[7]。つまり，一般均衡分析においては，財の総生産額＝国民所得＝財の総消費額が常に成立しています。

4-2-2　生産技術と労働生産性

　生産者は生産要素である労働を生産活動に投入することで財を生産します。このため，財の生産量は，生産に投入される労働量によって決まります。そして，何単位の労働を投入すれば何単位の財を生産することができるのかは，**生産技術**によって決まります。

　財を 1 単位生産するために必要な労働投入量のことを**労働投入係数**といいます。本章の一般均衡分析のモデルと次章で説明するリカード・モデルでは，農産品と工業製品のいずれの財も生産量に関係なく一定の労働投入係数で生産が行われると仮定します。例えば，ある財の生産に関する労働投入係数が 2 単位である場合，その財の生産を 1 単位増加させるためには，生産量に関係なく常に労働者の投入を 2 単位ずつ増加させなければなりません。このため，財の生産量が 3 単位であれば，必要な労働投入量は 2 ＋ 2 ＋ 2 ＝ 2 × 3 ＝ 6 単位となり，10 単位であれば 2 × 10 ＝ 20 単位となります。つまり，財の生産量とその実現に必要な労働投入量について，次の関係式が成立します。

　　労働投入量＝労働投入係数×財の生産量　　　　　　　　　　　　(4.1)

　(4.1) 式より，財の生産量は次の式から求めることができます。

$$財の生産量＝\frac{労働投入量}{労働投入係数} \qquad (4.2)$$

　労働投入係数は財の生産技術の優劣を示しており，労働投入係数の値の低い

表 4 – 4 ■労働投入量と財の生産量との関係

労働投入量（単位）	10	20	30	40	50
労働投入係数 2 単位の生産技術	5 単位	10単位	15単位	20単位	25単位
労働投入係数 5 単位の生産技術	2 単位	4 単位	6 単位	8 単位	10単位

生産技術ほど効率的で優れた技術と考えられます。このことを表 4 – 4 を使って示します。表 4 – 4 は，労働投入係数が 2 単位の技術と 5 単位の技術について，労働投入量と財の生産量の関係を示しています。表より，労働投入係数 2 単位の技術は，5 単位の技術と比べて同じ労働投入量でより多くの生産量を実現することがわかります。このことから，労働投入係数の値が小さくなるほど，生産技術は効率的で優れていると判断することができます。

　生産技術の効率性の高さを示す指標に労働投入量 1 単位当たりの生産性を意味する**労働生産性**があります。例えば，10単位の労働投入量で20単位の財の生産を実現する場合，労働生産性＝（財の生産量20単位）÷（労働投入量10単位）＝ 2 単位と求めることができます。このことと（4.2）式より，労働生産性と労働投入係数について，次のような関係式が成立します。

$$労働生産性＝\frac{1}{労働投入係数} \tag{4.3}$$

(4.3) 式より，技術の効率性が高く労働投入係数の値が低くなるほど，労働生産性が高い技術といえることがわかります。

　労働者に対する賃金支払が生産者にとっての財の生産費用となることと，財 1 単位の生産のために必要な労働量は労働投入係数によって示されていることから，財 1 単位当たりの生産費用（**単位生産費**）は次の式より求められます。

$$単位生産費＝賃金率×労働投入係数 \tag{4.4}$$

(4.4) 式より，労働投入係数の値が低く，労働生産性が高くなれば，財の単位生産費は低くなることがわかります。財市場が完全競争市場であるとき，財の価格は単位生産費に等しくなることから，労働投入係数の値が低くなるほど財の価格は安くなります[8]。

4-2-3　貿易収支均衡と交易条件

　一般均衡分析のモデルでは，常に国内生産額＝国民所得＝国内消費額が成立します。国民所得がすべて財の消費に使われるとき，国民純貯蓄は発生しないため，貿易収支（＝輸出額－輸入額）は常に均衡します（ここでは，収支がゼロとなることを均衡するといいます）[9]。貿易収支が均衡し，輸出額と輸入額が等しくなるとき，次の式が成立します[10]。

$$\textbf{輸出額＝輸出財価格×輸出量＝輸入財価格×輸入量＝輸入額} \tag{4.5}$$

　(4.5) 式は，国が外国から輸入可能な輸入量が，その国の輸出量によって制限されていることを示しています。前章で用いた余剰分析では，国内消費者は国際価格で外国から購入したいだけの製品を制限なく輸入することができましたが，一般均衡分析ではそれは成立しません。

　輸出財の輸入財に対する相対価格のことを**交易条件**といいます。(4.5) 式より，交易条件について，次の式が成立します。

$$\textbf{交易条件}＝\frac{\textbf{輸出財価格}}{\textbf{輸入財価格}}＝\frac{\textbf{輸入量}}{\textbf{輸出量}} \tag{4.6}$$

　(4.6) 式の右辺は，輸出1単位当たりの輸入量を示しています。例えば，輸出財の価格が200円，輸入財の価格が100円となる場合，輸出1単位による収入は輸出財価格の200円となり，その収入によって価格100円の輸入財を2単位輸入することができます。(4.6) 式より，このときの交易条件は200円/100円＝2となることから，**交易条件は輸出1単位によって実現する輸入量と等しくなる**ことがわかります。交易条件は，後で説明するように，貿易利益の大きさを左右する指標となります。

4-2-4　一般均衡分析で用いるグラフ

　最後に，次節以降で用いるグラフについて説明します。一般均衡分析では，国全体での財の生産力（どれだけの量の財を生産することが可能なのか）と，財の購買力（どれだけの量の財を消費することが可能なのか）を図示することによって分析を行っていきます。財の総生産額＝国民所得＝財の総消費額の式

図4-2■一般均衡分析で用いるグラフ

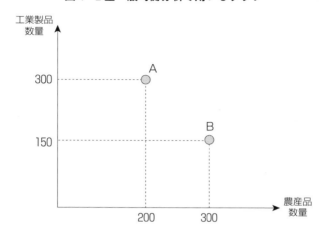

が成立していることから，国全体の財の生産力と購買力は連動していると考えられます。一般均衡分析では，国の経済的豊かさは購買力で判断されます。なぜならば，国の豊かさは，いくら所得を稼いだかではなく，その所得によってどれだけ豊かな消費を行うことができるかで測られると考えられるからです[11]。

　一般均衡分析では，工業製品と農産品の2種類の財が生産もしくは消費されています。両財の生産量と消費量の組み合わせを図示するために，図4-2のような，縦軸と横軸がそれぞれ工業製品と農産品の数量となるグラフを使います。このグラフの便利な点は，2種類の財の消費量もしくは生産量の組み合わせを1つの点で表現することができることです。例えば，図4-2の点Aは，農産品が200単位，工業製品が300単位の組み合わせを示し，点Bは農産品が300単位，工業製品が150単位の組み合わせを示しています。点Aと点Bを比較すると，農産品の数量は点Bの方が大きく，工業製品の数量は点Aの方が大きくなっています。

4-3　交易の利益

　本節では，前節で示した2財1生産要素モデルを用いて，外国との貿易に

よって生じる交易の利益について，グラフと具体的な数値例を使って説明します。

4-3-1　購買可能領域と交易の利益

　本節では，次のような国（A国）について考えます。A国の消費者は，農産品と工業製品の2財を消費します。しかし，A国の生産者は工業製品の生産技術を持っていないため，A国内で農産品の生産は可能ですが，工業製品の生産はできないと仮定します。

　国内で工業製品が生産されないため，A国の消費者が工業製品を消費するためには，外国から工業製品を輸入しなければなりません。前節で述べたように，外国からの輸入は，外国に輸出することによって得た収入分しか行うことができないため，A国は国内で生産した農産物の一部を外国に輸出し，その収入で工業製品を輸入します。

　このとき，A国の国民は農産品と工業製品をどれだけ消費することが可能なのでしょうか？　国内消費額は国内生産額と等しくなるため，国内で消費可能な財の数量を知るためには，まずこの国が財をどれくらい生産することが可能なのかを知る必要があります。

　A国は農産品しか生産することができないと仮定されています。そのため，A国の生産力は国内の労働者で農産品をどれだけ生産できるのかということで表現されます。国全体の農産品の生産力は，農産品の生産技術と，国内で農産品の生産に投入可能な労働量によって決まります。

　A国の労働賦存量を1万単位とし，農産品の生産に関する労働投入係数を2単位と仮定します。労働賦存量のすべてが農業の生産に投入される場合，(4.2) 式より，農産品の生産量は1万÷2＝5000単位となります。この生産量は，国内の労働量を総動員して実現する最大の生産量であり，A国ではこれ以上農産品を生産することはできません。この農産物5000単位がA国の生産力となります。

　生産された5000単位の農産品のうち，一部は外国に輸出され，その輸出収入によって外国から工業製品が輸入されます。このため，国全体の農産品の消費量は国内生産量から輸出量を差し引いたものとなり，工業製品の消費量は外国

表4-5■貿易によって実現する農産品と工業製品の消費量の組み合わせ

農産品 生産量	農産品 輸出量	工業製品 輸入量	農産品消費量 （＝国内生産量－輸出量）	工業製品消費量 （輸入量）	
5000単位	0単位	0単位	5000単位（＝5000－0）	0単位	A
5000単位	1000単位	1000単位	4000単位（＝5000－1000）	1000単位	B
5000単位	2000単位	2000単位	3000単位（＝5000－2000）	2000単位	C
5000単位	3000単位	3000単位	2000単位（＝5000－3000）	3000単位	D
5000単位	4000単位	4000単位	1000単位（＝5000－4000）	4000単位	E
5000単位	5000単位	5000単位	0単位（＝5000－5000）	5000単位	F

（注）　右端列のアルファベットは，図4-3のグラフ上にある国内消費を示す点（消費点）の位置を示している。

からの輸入量と等しくなります。

　農産品を輸出したときに工業製品をどれくらい輸入できるのかは，両財の国際価格と農産品の輸出量によって決まります。(4.6)式より，輸出量と輸入量について次の式が成立します。

$$輸入量＝\frac{輸出財価格}{輸入財価格}×輸出量＝交易条件×輸出量 \tag{4.7}$$

　両財の国際価格が共に100円となるとき，交易条件は1となることから，(4.7)式より，農産品の輸出量と工業製品の輸入量は等しくなります。このとき，農産品の輸出量と国内における両財の消費量は，表4-5のようになります。農産品をまったく輸出しない場合，国内で消費可能な農産品は生産量と同じく5000単位となりますが，工業製品の国内消費量はゼロ単位です。その状態から，農産品を1000単位輸出するたびに，工業製品の輸入と国内消費は1000単位ずつ増えますが，国内の農産品の消費量は1000単位ずつ減少します。そして，国内で生産した5000単位の農産品すべてを輸出すると，国内の農産品の消費量はゼロとなる代わりに，工業製品の消費量は5000単位まで増加します。

　表4-5によって示された貿易によって実現可能な両財の消費量の組み合わせを図示したものが，図4-3です。図4-3の点Aは，A国内での農産品と工業製品の生産量の組み合わせを示したもので，**生産点**といいます。点B～Fは，農産品を輸出することによって実現できる工業製品と農産品の国内消費量

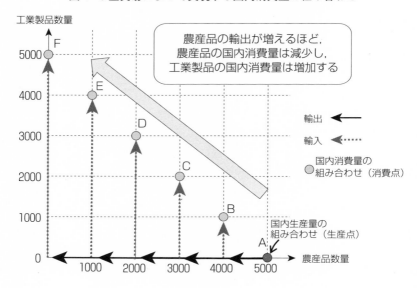

図4−3■貿易によって実現する国内消費量の組み合わせ

工業製品数量

農産品の輸出が増えるほど，
農産品の国内消費量は減少し，
工業製品の国内消費量は増加する

輸出　←──────
輸入　◀┈┈┈┈
国内消費量の
組み合わせ（消費点）

国内生産量の
組み合わせ（生産点）

農産品数量

を示した**消費点**となります。消費点は一直線に並んでいて，農産品の輸出が増えるほど，消費点は点Aより左上に位置するようになります。これは，農産品の輸出が増加すると，工業製品の国内消費量が増加する一方で，農産品の国内消費量が減少することを示しています。

図4−3は農産品の輸出1000単位ごとに実現する国内消費量の組み合わせを示していますが，実現可能なすべての輸出量に対応する国内消費の組み合わせは，点A〜Fを結ぶ直線によって示されます。それが図4−4で示される直線です。この直線のことを**予算制約線**といいます。これは，国内で生産される5000単位の農産品を価格100円で販売することによって得られる国民所得100×5000＝50万円を予算として，購入可能な農産品と工業製品の消費の組み合わせを示したものです。図4−4の予算制約線より内側の網掛けの部分の領域は，この国の国民が国民所得50万円で購入可能な財の数量の範囲を示しており，**購買可能領域**といいます。購買可能領域はA国の購買力を示しており，この領域が広くなるほど，A国の経済的な豊かさが向上すると考えます。

図4−4の購買可能領域によって示される消費は，貿易を行うことによって

図4-4■予算制約線と購買可能領域

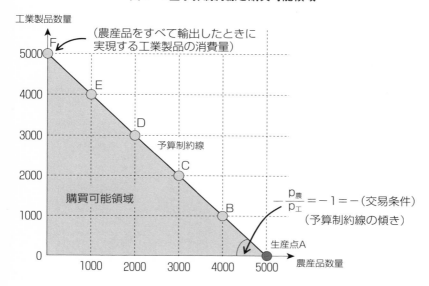

初めて実現可能となります。A国には工業製品を生産する生産者がいないため，貿易を行わなければ，A国の国民は工業製品を消費することはできません。このことから，**貿易は閉鎖経済時には実現できない消費の実現を可能にする**ことがわかります。これを貿易がもたらす**交易の利益**といいます。

4-3-2　交易条件と購買可能領域

　図4-4の予算制約線のような直線のグラフの形状を理解するためには，その両端の点（縦軸と横軸それぞれとの交点）と傾き（右下がりの直線の傾斜の度合い）を把握することが重要です。予算制約線と横軸との交点は，国内の労働賦存量がすべて農産品の生産活動に投入されるときの農産品生産量を示す生産点Aです。この点は，貿易をまったく行わないときに実現する消費点にもなります。生産点Aは労働賦存量と農産品の労働投入係数が変わらない限り動くことはありません。

　一方，予算制約線と縦軸との交点（図4-4の点F）における工業製品の数量は，国内で生産した農産品5000単位すべてを輸出したときに実現する工業製

図4-5 ■交易条件の変化と購買可能領域の変化

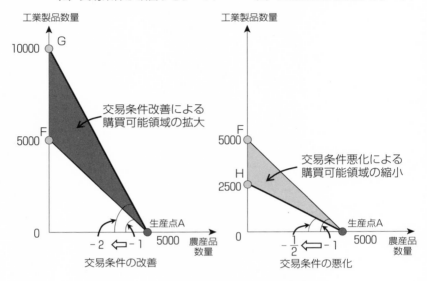

(a) 交易条件が改善するケース　　(b) 交易条件が悪化するケース

品の輸入量と等しくなります。両財の価格が100円であるとき, 交易条件が1となることから, (4.7) 式より農産品5000単位を輸出したときの工業製品の輸入量は5000単位となります。

　図4-4では予算制約線の傾きは-1と示されていますが, この数値は, 農産品の輸出が1単位増えることによって, 工業製品の輸入が1単位増加することを示しています[12]。輸出1単位の増加によって実現する輸入量は交易条件と等しくなることから, 予算制約線の傾きは交易条件にマイナスをつけたものに等しくなることがわかります。

　交易条件の変化は, 予算制約線の傾きを変化させることによって購買可能領域の大きさに影響を与えます。工業製品の国際価格が100円と変化せず, 輸出品である農産品の国際価格のみが200円に上昇するとします。このとき, 交易条件は1から200/100 = 2と改善します[13]。そのため, 予算制約線の傾きは-2に変化します。生産点は交易条件に関係なく点Aと固定されているため, 交易条件が2のときの予算制約線は, 図4-5 (a) の直線GAのようになります。

交易条件が2であるため，点Gにおける工業製品の数量は農産品5000単位を
すべて輸出するときに得ることができる輸入量1万（＝2×5000）単位となり
ます。交易条件が1のときの予算制約線が直線FAとなることから，交易条件
の改善によって，購買可能領域がGFAの面積だけ拡大することがわかります。

　反対に，工業製品の国際価格が100円のまま農産品の国際価格のみが50円に
下落する場合，交易条件は1から50/100＝1/2と悪化します。このとき，予
算制約線は傾きが－1/2となる図4-5（b）の直線AHで示され，点Hにお
ける工業製品の数量は（1/2）×5000＝2500となります。図4-5（b）より，
交易条件の悪化によって，購買可能領域がFAHの面積だけ縮小することがわ
かります。

　図4-5は，交易条件の改善が購買可能領域の拡大を通じて交易の利益を拡
大させる一方で，交易条件の悪化は購買可能領域の縮小を通じて交易の利益を
縮小させることを示しています。このように，交易条件は交易の利益の大きさ
に影響を与えます。(4.7) 式より，**輸出財価格の上昇，もしくは輸入財価格の
下落は，交易条件の改善を通じて交易の利益を拡大させる一方で，反対の変化
は，交易条件の悪化を通じて交易の利益を縮小させる**ことになります。

4-4　交易の利益と特化の利益

　交易の利益は，貿易によって閉鎖経済時には実現できなかった消費を実現す
ることです。前節のケースでは，A国に工業製品を生産する生産者がいなかっ
たため，A国が工業製品を消費する方法は外国から工業製品を輸入するしか
ありませんでした。そのため，貿易によって交易の利益が発生するのは当然の
ことでした。しかし，もし国内に工業製品を生産する生産者がいるのであれば，
外国から輸入しなくても国内の消費者は工業製品を消費することが可能となる
ため，国内で生産できるものをわざわざ外国から輸入しなくてもよいというこ
とにはならないのでしょうか？

　本節では，A国が工業製品を国内で生産することができる場合でも交易の
利益が発生することを明らかにした上で，貿易を行うときには輸出品の生産に
集中することによって交易の利益がさらに拡大する特化の利益が生じることを

説明します。

4-4-1 生産可能領域

まず，A国が農産品だけでなく工業製品も生産する場合におけるA国の生産力を明らかにします。前節と同様に，A国の労働賦存量を1万単位，農産品の労働投入係数が2単位であることに加えて，工業製品の労働投入係数も2単位であるとします。このとき，A国の国内で実現可能な農産品と工業製品の生産量は，1万単位の労働者が農産品と工業製品の生産に何単位ずつ投入されるのかによって決まります。

表4-6は，農産品と工業製品の生産に投入される労働者の数と，そのときに実現する両財の生産量を示しています。農産品と工業製品の生産に投入される労働者の合計は，労働賦存量である1万単位です。労働賦存量には限りがあるため，農産品の生産に多くの労働者が投入されると，工業製品の生産に投入される労働者の数はそれに応じて減少します。このため，国内の農産品の生産量が大きくなるほど工業製品の生産量は少なくなります。

図4-6は，表4-6で示された両財の生産量の組み合わせを示した点（生産点）a～fを示しています。農産品の生産量が増加すると工業製品の生産量は減少するため，各生産点は右下がりに並んでいます。これらの生産点をつないで導出される直線を**生産可能性曲線**と呼び，A国の労働賦存量で生産可能な

表4-6■生産への労働投入と生産量の組み合わせ

農産品の生産に投入される労働量	工業製品の生産に投入される労働量	農産品生産量	工業製品生産量	
10,000単位	0単位	5,000単位	0単位	a
8,000単位	2,000単位	4,000単位	1,000単位	b
6,000単位	4,000単位	3,000単位	2,000単位	c
4,000単位	6,000単位	2,000単位	3,000単位	d
2,000単位	8,000単位	1,000単位	4,000単位	e
0単位	10,000単位	0単位	5,000単位	f

（注）　右端列のアルファベットは，図4-6のグラフ上にある点の位置を示している。
　　　各財の生産量は，生産に投入される労働量を労働投入係数2で割って計算されている。

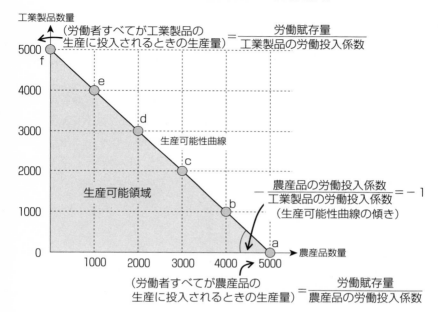

図 4 − 6 ■生産可能性曲線と生産可能領域

両財の生産量の組み合わせを示しています。そして，生産可能性曲線の内側の網掛け部分の領域は**生産可能 領 域**と呼ばれ，A 国の生産力を示しています。

　生産可能性曲線の両端の点は，国内の労働賦存量のすべてが農産品もしくは工業製品の生産に投入されたときの生産量を示しており，労働賦存量を農産品もしくは工業製品の労働投入係数で割った値となります。生産可能性曲線の傾きは，農産品の生産量が 1 単位減少したときに増加する工業製品の生産量にマイナスをつけた値となります。農産品の生産量を 1 単位減少させると，2 単位（農産品の労働投入係数）の労働者を農産品の生産に投入する必要がなくなります。この 2 単位の労働者を工業製品の生産に投入すると，工業製品の労働投入係数は 2 単位であるため，工業製品の生産量は 1 単位増加します。このことより，生産可能性曲線の傾きは − 1（ = −（農産品の労働投入係数）/（工業製品の労働投入係数））となります[14]。

4-4-2 交易の利益（工業製品も生産可能な場合）

　A国が閉鎖経済状態であるとき，この国の国民が消費することができる財の量は，国内で生産することができる財の量と一致します。このため，閉鎖経済時の購買可能領域は生産可能領域と一致します。

　A国が農産品も工業製品も生産が可能である場合，A国の労働者は，農産品か工業製品の生産者のうち，より高い賃金率を提示してくれる生産者の下で働くことを選択します。このため，A国で両財が生産されている場合，農産品と工業製品の生産者が労働者に支払う賃金率は等しくなります。なぜなら，どちらか一方の生産者がより高い賃金率を支払っている場合，国内のすべての労働者がその生産者の下で働こうとするからです。

　両財の生産者が支払う賃金率が等しくなる場合，（4.4）式より，次の式が成立します。

$$\frac{農産品価格}{工業製品価格} = \frac{農産品の労働投入係数}{工業製品の労働投入係数} \tag{4.8}$$

　A国の農産品と工業製品の労働投入係数は共に2と仮定されているため，（4.8）式より，農産品価格／工業製品価格＝1，すなわち，閉鎖経済時のA国における農産品と工業製品の価格は等しくなることがわかります。また，図4-6より，生産可能性曲線の傾きが（農産品の労働投入係数）／（工業製品の労働投入係数）にマイナスをつけた値となっているため，（4.8）式より，生産可能性曲線の傾きは閉鎖経済時の（農産品価格）／（工業製品価格）にマイナスをつけたものに等しくなることがわかります。

　ここで，閉鎖経済時における両財の価格が共に100円になると仮定します[15]。そして，閉鎖経済時の両財の消費量が共に2500単位であると仮定します[16]。この消費量は，国内の労働賦存量が半分ずつ両財の生産に投入されることによって実現します。このような閉鎖経済状態から，この国が貿易自由化政策を行い外国と財を自由に売買できるようになったときに，国内の生産者と消費者が直面する農産品の国際価格が120円，工業製品の国際価格が60円であると仮定します。

　このとき生じる貿易利益を，次のような2段階の方法で説明します。まず

図 4-7 ■交易の利益（両財を生産する場合）

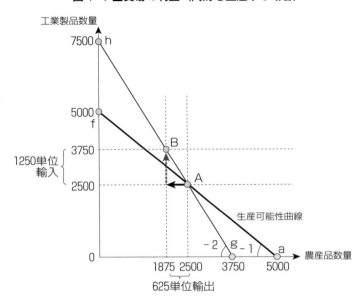

A 国内での両財の生産量が閉鎖経済時と変わらないと仮定し，その状態から外国と貿易を行うことによって生じる交易の利益について説明します。次に，国内の生産量が貿易自由化に応じて変化することによって，交易の利益がさらに拡大することを説明します。

　最初に，図 4-7 を用いて，貿易開始時に A 国の両財の生産量が閉鎖経済時と同様に共に2500単位であるとした場合に，貿易によって生じる交易の利益について説明します。両財の国際価格と国内生産量から，A 国の国民所得は120×2500＋60×2500＝45万円となります。この国民所得のすべてを，農産品もしくは工業製品のいずれかの購入に使った場合に実現する消費量がそれぞれ3750（＝45万÷120）単位と7500（＝45万÷60）単位になることと，農産品の相対価格が（農産品の国際価格）÷（工業製品の国際価格）＝120/60＝2となることを考慮すると，貿易を行うときの A 国の予算制約線は，閉鎖経済時の生産点（消費点）A を通る図 4-7 の直線 gh のようになります。

　A 国が貿易によって実現する両財の消費量の組み合わせ（消費点）は予算

制約線 gh 上の点となります。例えば，生産点 A によって実現する生産量から農産品を625単位輸出したとします。農産品が輸出財，工業製品が輸入財となるために交易条件が（農産品の国際価格）÷（工業製品の国際価格）＝2となります。このため，（4.7）式より，工業製品の輸入量は625×2＝1250単位となります。このとき，A 国における両財の消費量は，農産品が2500-625＝1875単位，工業製品が2500＋1250＝3750単位となります。この消費量の組み合わせを図示したものが，図4-7の点 B となります。

　点 B は生産可能領域の外側に位置するため，この貿易によって，A 国は国内の生産力では実現できない消費を実現していることがわかります。これは前節で述べた**交易の利益**と同じものです。

4-4-3　特化の利益

　閉鎖経済時には，国内で生産する財しか消費できなかったため，農産品も工業製品も共に国内で生産する必要がありました。しかし，図4-7が示すように，外国との貿易が可能になると，A 国は農産品を輸出して工業製品を輸入することによって交易の利益を得ることができます。交易の利益は，輸出品である農産品の国内生産を増やして輸出を増加させ，その分工業製品の輸入を増加させることによって，さらに拡大させることが可能となります。

　そのような状況を示す図が図4-8です。A 国の生産点が，輸出品である農産品の生産のみを行い，工業製品の生産をゼロとする点 a になったとします。このように，国内の生産が特定の財の生産のみに集中することを，**完全特化**といいます。

　農産品の生産に完全特化するときの農産品の国内生産量は5000単位となるため，国民所得は120×5000＝60万円となり，閉鎖経済時の生産点 A のときと比べて国民所得が増加していることがわかります。このとき，A 国の予算制約線は図4-8の直線 aj となり，A 国の購買可能領域は，生産点が点 A のときと比べて拡大することがわかります。このように，**輸出品の生産に特化することによって交易の利益が拡大すること**を，**特化の利益**といいます。

　図4-8は，A 国が農産品の生産に完全特化した上で2500単位の農産品を輸出し，5000単位の工業製品を輸入することによって，農産品の国内消費が2500

図 4 - 8 ■特化の利益

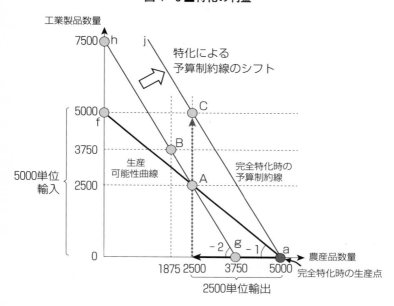

単位，工業製品の国内消費が5000単位となること（図4-8の点C）を示しています。閉鎖経済時の消費点Aと比較すると，A国は，貿易によって農産品の国内消費量を閉鎖経済時から減少させることなく，工業製品の国内消費量を増加させており，貿易によって閉鎖経済時よりも豊かな消費を実現させていることがわかります。

4 - 4 - 4　労働市場で起こっていること

　図4-8より，貿易開始後に農産品の生産に完全特化することによって，A国が特化の利益を得ることができると説明しました。しかし，実際に貿易を開始したときに，本当にA国は農産品の生産に完全特化するのでしょうか？　この点について，貿易自由化が労働市場にもたらす変化から説明します。

　農産品と工業製品の市場が完全競争市場であるとき，両製品の単位生産費は財価格に等しくなります[17]。このため，（4.4）式より，両財の生産者が労働者に提示する賃金率は，次のようになります。

107

$$賃金率 = \frac{財価格}{労働投入係数} \tag{4.9}$$

本節の数値例では，閉鎖経済時におけるA国内の両製品の価格が共に100円であり，労働投入係数も共に2単位となっていることから，(4.9) 式より，閉鎖経済時に両財の生産者が労働者に支払っている賃金率は50円となります。

貿易を開始すると，この国の生産者は国際価格で財を販売しなければなりません。このため，農産品と工業製品の生産者が労働者に提示できる賃金率は，貿易開始に伴う財価格の変化に応じて変化します。本節の数値例が示すように，農産品の国際価格が120円，工業製品の価格が60円となる場合，(4.9) 式より，農産品の生産者が労働者に提示できる賃金率は60円，工業製品の生産者が提示できる賃金率は30円となります。このように農産品の生産者が提示する賃金率の方が高くなると，A国のすべての労働者は農産品の生産者の下で働こうとして，誰も工業製品の生産者の下で働こうとしなくなります。このため，貿易を開始するとA国内のすべての労働者は農業の生産者の下で働くことになり，結果としてA国は農業製品の生産に完全特化するようになるのです。

4-4-5　貿易利益（まとめ）

図4-9は，図4-7と図4-8をまとめたものです。閉鎖経済時の国内価格が国際価格と異なる場合，A国は閉鎖経済時の国内価格と比べて国際価格が相対的に高い財を輸出し，その収入によって安い財を輸入することで，閉鎖経済時には実現できなかった消費を実現するという**交易の利益**を得ることができます。さらに，輸出品の生産に完全特化することによって，交易の利益はさらに拡大します（**特化の利益**）。**貿易は，閉鎖経済時には生産可能領域によって制限されていた購買可能領域を拡大させることで，国内の生産力だけでは実現できない消費（購買力）を実現することで国民を豊かにする**のです。

ここまで，一般均衡分析を用いて，閉鎖経済であった国が貿易自由化によって国全体の購買力の向上を実現することができるという貿易利益が存在することを説明してきました。このような貿易自由化による購買力の向上を示す格好の例として取り上げられるのが，江戸時代末期に起こった日本の開国です。1853年のペリー来航後，1858年に結ばれた日米修好通商条約によって，日本は

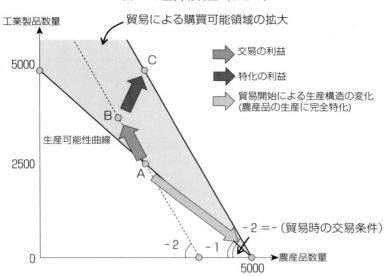

図4-9■貿易利益（まとめ）

貿易による購買可能領域の拡大

工業製品数量

交易の利益

特化の利益

貿易開始による生産構造の変化
（農産品の生産に完全特化）

生産可能性曲線

-2=-（貿易時の交易条件）

農産品数量

それまでの鎖国を取りやめ，外国との貿易を開放しました。さらに，条約では日本の関税自主権（かんぜいじしゅけん）が認められなかったために，日本政府は関税の引上げを行うことができず，極めて自由貿易に近い状態となったのです。

　このように，日本は閉鎖経済状態から急速に自由貿易を行うことになりましたが，本節で説明した貿易利益を得ることはできたでしょうか？　米国の経済学者ヒューバーは，日本国内での商品価格や労働賃金を開国前と開国後で比較することによって，開国から日本が得た貿易利益を明らかにしました[18]。開国直後の日本の主な輸出品は茶や生糸であり，輸入品には綿花，綿糸，綿織物，金属，砂糖などがありました。ヒューバーの研究によると，これらの商品の価格について，開国によって輸出品の価格が33％上昇したのに対し，輸入品の価格は55％下落しました。そして，生活必需品の価格が30％下落した一方で，賃金水準（江戸）は20％上昇したことから，日本人の購買力は70％近くも上昇し，開国によって日本が大きな貿易利益を得たことが示されました。

4-5　資源価格と交易条件の変化

　4-1節では，日本や中国・韓国のように，外国から一次産品を輸入して，それによって生産した工業製品を輸出するという加工貿易を行っている国もあれば，オーストラリアやブラジルのように，国内に豊富に存在する一次産品を輸出して，その収入によって外国から工業製品を輸入する資源輸出国もあることを説明しました。このように，資源を外国に依存している国や資源が輸出の主要品目である国にとって，資源価格の変動は貿易利益に大きな影響を与える要因となります。

　図4-10は2000年以降の資源価格（エネルギー価格，金属価格，穀物価格）の四半期ごとの推移を示しています。2000年代に入ってから，資源価格は急激

図4-10■資源価格の推移

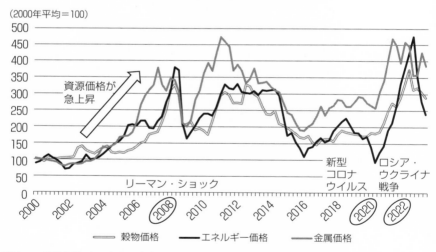

（注）　・穀物価格は，小麦，大麦，トウモロコシ，コメなどの価格を総合したもの。
　　　　・エネルギー価格は，原油，天然ガス，石炭の価格を総合したもの。
　　　　・金属価格は，銅，アルミニウム，鉄鉱石，錫，ニッケル，亜鉛，鉛，ウランの価格を総合したもの。
　　　　・グラフは四半期ごとの価格の推移を示している。
（出所）　IMF "Primary Commodity prices" より筆者作成

に上昇し始め，2008年のリーマン・ショック直前には2000年時の価格の 3 ～ 4
倍近くにまで上昇しました。その後，リーマン・ショックに伴う世界経済の景
気悪化によって資源に対する需要が減少したために価格は急落しましたが，す
ぐに上昇に転じ，2014年頃まで資源価格の高騰が続きました。その後，資源価
格は下落に転じましたが，2020年に起こった新型コロナウイルス感染拡大に伴
う行動制限からの経済活動の正常化の過程で資源需要が急増したことと，2022
年に起こったロシアとウクライナとの戦争の影響で，資源価格は再び急上昇し
ました。

　資源を輸入に依存する日本にとって，資源価格の変動は輸入物価の変化を通
じて交易条件に影響を与えます。図 4 -11は，同時期の日本の交易条件の変化
を示しています。これを見ると，日本の輸入物価が，資源価格と同様に2000年
代に入り急上昇しているのがわかります。輸出物価は安定していたため，日本
の交易条件は2000年代に入り急激に悪化していきました。その後，2008年の

図 4 -11■日本の交易条件の推移

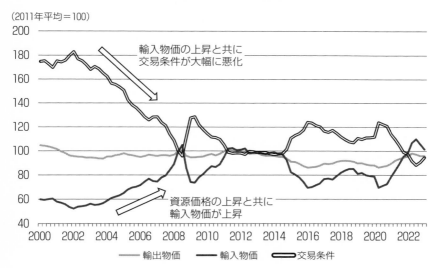

（注）　・グラフは四半期ごとの価格の推移を示している。
　　　　・輸出物価と輸入物価は契約通貨ベースの値。
（出所）　日本銀行「時系列統計データ検索サイト」より筆者作成

図4-12■資源輸出国と加工貿易国の交易条件の推移

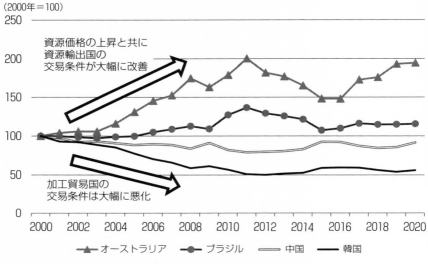

（2000年＝100）

資源価格の上昇と共に
資源輸出国の
交易条件が大幅に改善

加工貿易国の
交易条件は大幅に悪化

オーストラリア　　ブラジル　　中国　　韓国

（出所）　The World Bank Open Data より筆者作成

リーマン・ショック後の資源価格の急落によって交易条件は改善の動きを見せましたが，資源価格の再上昇と共に交易条件は再び悪化に転じました。このように，2000年代に入ってから日本の貿易利益は大きく失われています。近年は，ロシアとウクライナとの戦争を原因とした資源価格上昇の影響で日本の交易条件は2000年代に入って最低の水準にまで悪化しています。

　図4-12は，2000～2020年における資源輸出国と加工貿易国の交易条件の推移を示したものです。日本と同様の加工貿易を行っている中国と韓国の交易条件は資源価格上昇の影響を受けて2000年から交易条件が悪化傾向にあります。一方，資源輸出国であるオーストラリアやブラジルの交易条件は大きく改善しています。

　このように，資源価格の変動は資源輸入国と資源輸出国の貿易利益に大きな影響を与えます。資源価格の上昇は，資源輸出国の貿易利益を増加させる一方で，資源輸入国の貿易利益を減少させます。資源価格の下落は，その反対の影響をもたらします。近年，資源価格の変動は大きくなっていますが，急激な資

源価格の変動は，資源輸出国とそれを輸入する加工貿易国の貿易利益を大きく変動させるために，世界経済に大きな影響をもたらします。

（注）

1 内閣官房 TPP 等政府対策本部「日 EU・EPA 等の経済効果分析」2017年12月21日より。

2 一般均衡分析は，複数の市場を同時に扱うことで，異なる市場間で生じる経済的影響を分析することを可能にした手法です。これに対し，余剰分析のように，特定の市場に焦点を当ててその市場に参加する消費者や生産者の経済的利益の変化を分析する手法は，部分均衡分析と呼ばれます。

3 本章のモデルでは，家計は稼いだ賃金所得をすべて消費に使い，貯蓄はしないと仮定します。

4 生産費用は，生産活動に投入した生産要素に対する報酬の支払のみであり，材料や部品の購入費，そして電気代や水道代などの間接経費は含まれないと仮定します。

5 もし，工業製品の生産者が農産品の生産者よりも高い賃金を労働者に提示するならば，労働者は誰一人として農産品の生産者の下で働こうとしないでしょう。この議論は，労働者が農産品と工業製品の生産のどちらでも働ける能力があり，コストをかけることなく賃金の低い産業から高い産業へと転職することが可能であるという仮定の下で成立します。

6 本章の一般均衡分析モデルでは，賃金率 w の水準に関係なく労働供給量は一定になると仮定しています。

7 これは，家計が貯蓄を行わないことと，国民から税金を徴収する政府が存在していないことによって成立することです。

8 完全競争市場とは，市場への参入や退出が自由で，無数の供給者が存在していると仮定されている市場です。本章では，生産量に関係なく単位生産費が一定となる技術を仮定しているため，（生産者の利潤）＝（財価格）×（生産量）－（単位生産費）×（生産量）＝{（財価格）－（単位生産費）}×（生産量）となります。これより，単位生産費が財価格を下回るとき，生産者は生産量を増やせば増やすだけ利潤を増やすことが可能となり，個々の生産者は生産量を可能な限り増加させようとし，利潤を得ようとして新しい生産者も続々と市場に参入してきます。財の生産が増加すると，労働者への需要も増加しますが，労働供給は一定であるため，労働需要の増加に伴って賃金率は上昇します。その結果，各生産者の単位生産費は上昇し，最終的に財価格と等しくなるのです。

9 本章では貿易収支＝経常収支と考えており，サービス収支，第一次所得収支，第二次所得収支については考慮されていません。

10 (4.5) 式は，次のように導出することもできます。一般均衡分析のモデルでは国

内生産額＝国内消費額が成立しているため，この国が輸出財と輸入財をそれぞれ生産・消費している場合，（輸出財価格）×（輸出財生産量）＋（輸入財価格）×（輸入財生産量）＝（輸出財価格）×（輸出財消費量）＋（輸入財価格）×（輸入財消費量）が成立します。これを整理すると，（輸出財価格）×｛（輸出財生産量）－（輸出財消費量）｝＝（輸入財価格）×｛（輸入財消費量）－（輸入財生産量）｝となることから，（輸出財価格）×（輸出財輸出量）＝（輸入財価格）×（輸入財輸入量）となります。これより，(4.5) 式が導出されます。

11　より専門的な分析手法では，国民全体の効用水準によって経済的利益は評価されます。効用水準とは財を消費することによって得られる満足度の指標であり，財の消費量によって定められます。このため，国全体でいくら稼いだかよりも，国全体でどれだけの消費をしたのかによって国民全体が得る経済的利益を測るのが，経済学では一般的です。

12　直線のグラフの傾きは，横軸の数値が１単位増加するときに，縦軸の数値が何単位増加するのかを示すものです。このため，直線の傾きが－１ということは，農産品の消費量が１単位増加するときに工業製品の消費量が－１単位増加する，すなわち１単位減少するということを意味しています。これを反対に読み直すと，農産品の消費量が１単位減少すると工業製品の消費量が１単位増加するということになります。

13　本書では，交易条件の値が上昇（低下）することを「交易条件の改善（悪化）」と呼びます。

14　農産品の生産量を１単位減少させるときに工業製品の生産に投入される労働投入量は農産品の労働投入係数と等しくなります。一方，(4.2) 式より，工業製品の生産量＝（生産に投入された労働投入量）÷（工業製品の労働投入係数）となります。以上のことより，農産品の生産量を１単位減少させるときに増加する工業製品の生産量は（農産品の労働投入係数）÷（工業製品の労働投入係数）となります。

15　一般均衡分析においては，財の価格は相対価格（財価格の比率）で表され，貨幣的価値（100円とか200円といった値段）は重要視されません。本節では，閉鎖経済時における両財の価格を100円と仮定していますが，両財の価格が等しい（すなわち両財の相対価格が１となる）ということが成立していれば，両財の価格が200円であろうと1,000円であろうと，本節の議論は成立します。

16　A国の具体的な国内消費量は，両財の消費量と国民の消費に対する価値基準である効用水準との関係を示す効用関数がわからなければ求めることができません。本節で用いる数値例では，（A国の効用水準）＝（農産品の消費量）×（工業製品の消費量）という効用関数を仮定し，財価格に対する両財の具体的な消費量を計算しています。この後求められる国内消費量も，同じようにして求められます。

17　完全競争市場における単位生産費用と財価格との関係については，本章（章末注）注8を参照してください。

18　Huber, R. (1971) "Effects on Prices of Japan's Entry into World Commerce after 1858", *Journal of Political Economy*, Vol. 79, No.3, pp. 614-628より。

■練習問題■

1．次の文について，正しいものには○，誤っているものには×と答えなさい。

①　交易条件とは，輸入財価格を輸出財価格で割ったものである。

②　ある国の輸入財価格の上昇は，その国の交易条件を悪化させる。

③　ある国の交易条件が2で財の輸入量が100単位であるとする。貿易収支が均衡しているとき，この国の財の輸出量は200単位となる。

④　閉鎖経済時における農産品の価格が100円，工業製品の価格が150円とする。農産品の国際価格が80円，工業製品の国際価格が200円であるとき，この国は農産品を輸出し，工業製品を輸入することによって貿易利益を得ることができる。

⑤　ある国の労働賦存量が2000単位，農産品の労働投入係数が5単位，工業製品の労働投入係数が2単位であるとき，この国の生産可能領域は下図のようになる。

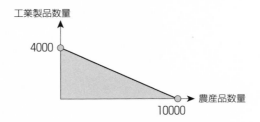

⑥　農産品の生産に完全特化して5000単位の農産品を生産している国が，農産品の国際価格が50円，工業製品の国際価格が200円の下で貿易を行うとき，この国の購買可能領域は下図のようになる。

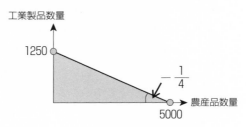

⑦　下図において，生産点がＡ，消費点がＢであるとき，この国は工業製品を輸出して，農産品を輸入している。

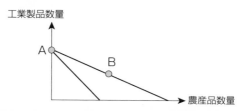

⑧　ある国の交易条件が改善すると，生産可能領域が拡大し，それによって貿易利益は増大する。

２．次の文章について，以下の問いに答えなさい。

　Ａ国の労働賦存量が5000単位であり，農産品の労働投入係数が１単位，工業製品の労働投入係数が２単位とする。Ａ国の閉鎖経済時における農産品の価格が100円であるとき，工業製品の価格は（　①　）円となる。閉鎖経済時において，Ａ国内の労働賦存量の半分が農産品の生産に投入されていると仮定すると，農産品の国内生産量は（　②　）単位，工業製品の国内生産量は（　③　）単位となる。

　Ａ国が貿易を自由化し，農産品の国際価格が120円，工業製品の国際価格が180円であった場合，Ａ国は（　④　）の生産に完全特化し，（　⑤　）単位の（　④　）を生産する。（　④　）を3000単位輸出するとき，（　⑥　）の輸入量は（　⑦　）単位となる。Ａ国の交易条件は（　⑧　）となり，工業製品の国際価格が上昇すると交易条件は（　⑨　）する。

（1）　空欄①～⑨に当てはまる語句を答えなさい。ただし，⑨については，改善もしくは悪化のいずれかを選択しなさい。

（2）　Ａ国の生産可能性曲線と閉鎖経済時の生産点（消費点），および貿易自由化後の生産点と予算制約線，消費点を図示しなさい。その際，縦軸を工業製品の数量，横軸を農産品の数量としなさい。

第5章

国際分業モデル

＜本章のねらい＞

●生産技術の異なる２国が，国際分業を行うことによって共に経済的利益を得ることを理解する。

　☞ポイント：**各国は比較優位を持つ財を輸出する。**

●国家間の労働生産性格差と賃金格差との関係について理解する。

　☞ポイント：**国家間の労働生産性格差≒国家間の賃金格差**

●国家間の要素賦存比率の違いと貿易パターンとの関係について理解する。

　☞ポイント：**労働豊富国は労働集約財，資本豊富国は資本集約財を輸出する。（ヘクシャー＝オリーン定理）**

●貿易が財価格の変化を通じて生産要素保有者間の所得分配に影響を与えることを理解する。

　☞ポイント：**労働集約財の価格上昇は，労働者の所得を増加させる一方で資本家の所得を減少させる。（ストルパー＝サミュエルソン定理）**

　第３章と第４章では，国が貿易を行うことによって経済的利益（貿易利益）を得ることを説明しました。貿易利益の存在は，多くの経済学者が自由貿易政策を支持する根拠となっています。しかし，自由貿易を正当化するためには，それだけでは十分ではありません。なぜなら，自国が貿易自由化によって経済的利益を得るとしても，その利益が外国に経済的損失を与えることによって実現するものであれば，自国が自由貿易を望んでも，外国が自由貿易を拒むかもしれないからです。貿易は一国のみで行うものではなく，必ず取引相手となる

外国が必要です。このため，貿易が自国のみでなく，貿易相手である外国にも利益をもたらすものでないと，自由貿易の実現は難しいものとなります。

米国の政治経済学者ブライアン・カプラン教授は，人々には外国人との取引による経済的利益を過小評価する反外国バイアス（偏見）を持つ傾向があることを明らかにしています[1]。人々は，外国人との取引によって自分たちの利益が奪われているのではないかと考える傾向にあるというのです。実際，先進国の中には，低賃金労働者を利用した安い生産コストを武器に輸出を伸ばす途上国との貿易は不公正であり，途上国からの価格の安い輸入品に対抗できずに縮小する国内産業に対して保護貿易政策が必要と考える人々が少なからず存在しています。一方，途上国の低賃金労働者を雇って生産した製品を先進国に輸出して利益を得る多国籍企業の存在を指摘し，自由貿易は先進国が途上国の低賃金労働者を搾取する手段を正当化するものとして批判する人々もいます。つまり，先進国側から見ても途上国側から見ても，自由貿易によって貿易相手国が経済的利益を得る一方で，自分たちの経済的利益は損なわれていると考える人々がいるのです。

本章では，このような見解に対して，貿易は特定の国のみの利益となるのではなく，貿易に参加するすべての国に利益をもたらすものだということを明らかにします。

そのために，まずは代表的な国際分業モデルの1つである**リカード・モデル**について説明します。リカード・モデルの結論を簡潔にまとめると，「**各国が比較優位を持つ財の生産に特化して貿易を行うことによって，すべての貿易参加国が経済的利益を得ることができる**」ということになります。比較優位は，どの国がどの財を輸出するのかという貿易パターンを知る上で，非常に重要な概念です。また，比較優位の概念は，先進国と途上国のような技術水準に大きな差がある国同士の貿易であっても，自由貿易は両国に経済的利益をもたらすことを明らかにします。

さらに，本章では，リカード・モデルと並ぶ代表的な貿易モデルである**ヘクシャー＝オリーン・モデル**についても説明します。ヘクシャー＝オリーン・モデルでは，財ごとの要素投入比率の違いと国ごとの要素賦存量の比率の違いから，各国の比較優位が定められます。本章の最後では，ヘクシャー＝オリー

ン・モデルを使って，先進国と途上国の貿易パターンや，経済発展に伴う比較優位構造の変化，そして貿易がもたらす所得分配効果について説明します。

5-1　貿易パターンの決定要因

　国際分業モデルの説明に入る前に，2国間の貿易パターンがどのようにして決まるのかという原則について説明します。前章で説明した一般均衡分析では，ある国が貿易を開始したときに，その国は国際価格と比べて閉鎖経済時の国内価格が相対的に安い財を輸出し，高い財を輸入すると説明しました。このことから，2国間の貿易パターンについて考える場合，自国は貿易相手国よりも安い価格で供給できる財を輸出し，相手国の方が安い価格で供給できる財を輸入することがわかります。

　例えば，A国とB国の2国が存在しており，A国は海岸沿いに立地しているために魚が有り余るほど豊富に捕れる一方で，国内には農地に活用できる土地が限られており，人口規模に比べて農産物の生産が十分でないとします。これに対し，B国は内陸に立地しているため，魚はあまり捕れませんが，農地に適した広大な土地があり，有り余るほど農産物を生産することができるとします。

　この2国が貿易を行わない場合，A国では，国内で豊富に捕れる魚は十分安い価格で売られているでしょうが，国内での生産が少ない農産物の価格は高くなるでしょう。そうすると，A国の国民の消費は魚に偏ったものになり農産物の消費は少なくなると考えられます。一方，B国の国民にとっては，農産物は十分安い価格で入手することが可能でも，魚は高価な食材となるので，消費は農産物に偏ったものになり，魚の消費は少なくなるでしょう。

　この状況から，A国とB国が貿易を始めたとします。B国で魚が高価格で取引されていることを知ると，A国の漁師はB国に魚を輸出しようとするでしょう。そうすると，B国の国民はそれまでよりも安い価格で魚を入手することが可能になり，A国からの魚の購入（輸入）を増やそうとするでしょう。その結果，A国で捕れる魚の価格は上昇する一方でB国で売られる魚の価格は下落するため，最終的に魚の価格は両国の貿易前の魚の価格の間のどこかで

図5-1■自然要因による貿易パターンの決定

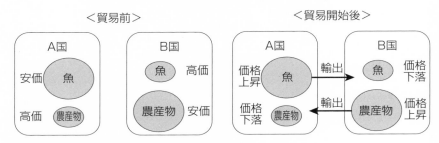

（注）　各財の丸の大きさは生産量の大きさを意味している。

落ち着くことになるでしょう。農産物についても同じようなことが起こり，貿易開始によってB国の農家にとっては自ら生産する農産物の価格が上昇し，一方でA国の消費者にとってはこれまで高価だった農産物の価格は下落します。その結果，両国の農産物価格は貿易前の両国の農産物価格の間のどこかに落ち着くことになるでしょう。このようにA国とB国が貿易を行うことによって，両国の国民は魚も農産物もバランスよく消費することが可能となり，食生活は豊かになると考えられます（図5-1）。

このように，**2国間の貿易パターンは，両国が相手国に比べて安価に供給できる財を輸出しあうという原則によって決まります**。では，両国の財価格の違いを生み出すものは何でしょうか？　図5-1のケースでは，両国の魚と農産物の価格の違いは自然要因（地理的要因）によって生じました。

その他に考えられる要因として，生産技術の違いがあります。2国間の生産技術（労働生産性）の違いは，両国の財の生産コストの違いにつながり，それが財価格の違いへと影響を与えます。国家間の生産技術の違いによって貿易パターンが決まることを示したものが，次節から説明する**リカード・モデル**です。

次に挙げられる要因は，国家間の生産要素（労働や資本）の存在量の違いです。この要因による貿易パターンの決定を示したものが，5-3節で説明する**ヘクシャー＝オリーン・モデル**となります。

5-2　リカード・モデル

　本節では，代表的な国際分業モデルであるリカード・モデルについて説明します。リカード・モデルは，前章で説明した2財1生産要素モデルを2国間の貿易モデルに拡張（かくちょう）したものです。

5-2-1　2国モデルと国際分業の利益（リカード・モデル：ケース1）

　農産品と工業製品を生産する技術を持つA国とB国の2国が貿易を行う2国モデルを考えます。両国の農産品と工業製品を生産する技術は異なっており，両国の両財の生産に関する労働投入係数が表5-1のようになると仮定します。

　表5-1より，両国の農産品と工業製品の労働投入係数を比較すると，農産品はA国の方が，工業製品はB国の方が労働投入係数の値が小さいことがわかります。このため，農産品はA国が，工業製品はB国の方が，相手国に比べて労働生産性の高い技術を保有していることがわかります。同一財の生産について，相手国よりも労働生産性が高い（労働投入係数が小さい）場合，その国はその財の生産に**絶対優位**（ぜったいゆうい）を持っているといいます。表5-1の場合，A国は農産品，B国は工業製品の生産について絶対優位を持っています。反対に，相手国よりも労働生産性が低いことを，その財の生産について**絶対劣位**（ぜったいれつい）を持つといいます。

　労働生産性の違いは，両国の閉鎖経済時の財価格に影響を与えます。両国の労働賃金を100円と仮定すると，第4章の（4.4）式より，閉鎖経済時の農産品と工業製品の財価格はA国ではそれぞれ100円と200円，B国ではそれぞれ200円と100円となります。両国の財価格を比較すると，A国は農産品，B国は工業製品が相手国に比べて安価（あんか）となります。

表5-1■両国の農産品と工業製品の労働投入係数（ケース1）

	A国	B国
農産品	1	2
工業製品	2	1

図5-2 ■閉鎖経済時の両国の消費量と生産量（ケース1）

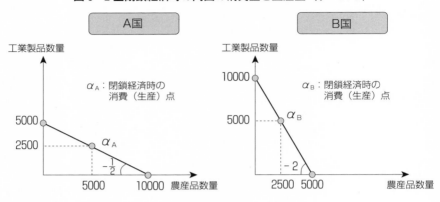

仮に，両国が貿易を開始した後の農産品と工業製品の国際価格が，それぞれ閉鎖経済時の両国の価格の間である150円になったとします。このとき，A国では，貿易によって閉鎖経済時と比べて農産品価格が上昇する一方で工業製品価格が下落するため，輸出品となる農産品の生産に完全特化します[2]。反対に，B国では閉鎖経済時と比べて農産品価格が下落する一方で工業製品価格が上昇するため，工業製品の生産に完全特化してA国へと輸出することになります。

このような貿易を行うことによって，両国が実際に貿易利益を得ることができることを，図を使って確認します。まず，閉鎖経済時における両国の状況から考えます。両国の労働賦存量を共に1万単位と仮定します。両国の農産品と工業製品の生産の労働投入係数が表5-1となることから，両国の生産可能性曲線は図5-2のようになります。

A国の生産可能領域は，B国のものと比べて横長の形状になります。これは，A国は農産品の労働生産性が高い（労働投入係数の値が小さい）ために，工業製品に比べて農産品を大量に生産できることを示しています。B国についても同様です。α_A（α_B）は，それぞれA国（B国）の閉鎖経済時における両財の消費量および生産量を示しています[3]。A国は農産品の価格が工業製品に比べて安価となるため，農産品の消費量が工業製品に比べて多くなります。B国では，それと反対のことが起こっています。

両国が貿易を開始した結果，両財の国際価格が共に150円となったときの貿

図5-3 ■貿易開始後の両国の消費量と生産量（ケース1）

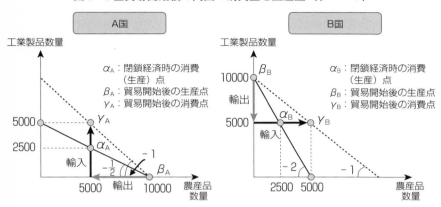

易均衡を図示したものが図5-3です。A国とB国が農産品と工業製品に特化するとき，両国の生産点はβ_Aとβ_Bとなり，A国とB国はそれぞれ農産品と工業製品を1万単位ずつ生産します。貿易開始後に両財の国際価格は共に150円となるため，貿易開始後の両国の予算制約線は，それぞれ生産点β_Aとβ_Bを通り，傾きが－（農産品価格）／（工業製品価格）＝－150/150＝－1となる直線になります。

　予算制約線に従って，A国が農産品を5000単位輸出して工業製品を5000単位輸入する（B国が工業製品を5000単位輸出，農産品を5000単位輸入する）と，両国の農産品と工業製品の消費点はそれぞれγ_Aとγ_Bとなります。点γ_Aとγ_Bがそれぞれ両国の生産可能領域の外側にあることから，両国とも貿易利益を得ていることがわかります。

　図5-3が示すように，両国は貿易によって生産可能領域より購買可能領域が拡大するという貿易利益を得ることができます。この貿易利益は，貿易によって両国が絶対優位を持つ（相手国よりも労働生産性の高い）財の生産に完全特化することによって生じたものです。閉鎖経済時には，国内需要を満たすために，生産性の高い財と低い財の両方とも国内で生産する必要がありましたが，貿易を行うことによって，両国は絶対優位を持つ財の生産に特化することが可能となりました。両国がそれぞれ特定の財の生産に特化し，それぞれの国

で生産された財の一部を相互に輸出しあうことを**国際分業**といいます。

　国際分業は，世界全体の生産能力を高めます。図5-2の点 α_A と α_B より，閉鎖経済時の両国の農産品と工業製品の生産量の合計がそれぞれ7500（＝2500＋5000）単位となることがわかりますが，図5-3の点 β_A と β_B より，貿易開始後の両国の農産品と工業製品の生産量の合計がそれぞれ1万（＝5000＋5000）単位に増加していることがわかります。両国の労働賦存量と生産技術（労働投入係数）が変化していないのに世界全体の両財の生産量が増加するのは，両国がそれぞれ絶対優位を持つ財の生産に特化するという国際分業によって，世界全体の生産性が向上したからです。国際分業によって世界全体の生産量が増加し，貿易によって両国がお互いに生産した財を交換しあうことによって，両国は共に閉鎖経済時よりも豊かな消費を実現できるようになります。これが**国際分業の利益**です。

5-2-2　絶対優位と比較優位（リカード・モデル：ケース2）

　前項のケース1では，A国とB国がそれぞれ絶対優位を持つ財の生産に完全特化することによって，共に貿易利益を得ることができました。では，A国の方がB国よりも技術水準が高く，農産品と工業製品の生産の両方に絶対優位を持つ場合はどうでしょうか？　技術水準の低いB国と貿易することは，A国にとって利益となるのでしょうか？　また，技術水準の低いB国は，技術水準の高いA国と貿易をすることで，損失を被るようなことはないのでしょうか？

　そこで，両国の労働投入係数が表5-2となるケース2について考えます。ケース2では，農産品も工業製品もA国の方が労働投入係数の値が小さく，A国が絶対優位を持つことがわかります。この場合，A国とB国はどのような国際分業を行うのでしょうか？

　そのカギは，**比較優位**（ひかくゆうい）という概念にあります。**比較優位とは，2つの財の絶対優位の度合い（労働生産性の格差）を相手国と比較したときに，どちらの財の生産が絶対優位の度合いが高いのかによって判断されます。**

　表5-2のケースでは，A国の農産品の労働投入係数はB国の労働投入係数の1/2になっています。これは1単位の農産品をA国ではB国の半分の労働

表 5 - 2 ■両国の農産品と工業製品の労働投入係数（ケース 2 ）

	A 国	B 国
農産品	1	2
工業製品	1	4

量で生産できるため，同じ労働量を投入した場合，A 国は B 国の 2 倍の農産品を生産できることを意味しています。このとき，農産品の生産について，A 国は B 国と比べて労働生産性が 2 倍高いということになります。同様に，工業製品の生産について，A 国は B 国より労働生産性が 4 倍高いといえます。

このように，A 国は B 国に対して農産品も工業製品も共に絶対優位を持っていますが，その程度には差があります。農産品と工業製品とを比較すると，労働生産性の差が 4 倍「も」ある工業製品の方が，差が 2 倍「しか」ない農産品よりも絶対優位の度合いが大きいことがわかります。このとき，**A 国は工業製品に比較優位を持つ**といいます。

一方，B 国は農産品も工業製品も A 国に対して絶対劣位を持っていますが，その度合いを比較すると，労働生産性の差が 2 倍「しか」違わない農産品の方が，4 倍「も」違う工業品に比べて絶対劣位の度合いは小さいことがわかります。このとき，**B 国は農産品に比較優位を持つ**といいます（表 5 - 3 ）[4]。

比較優位に基づいた国際分業によって，両国は貿易利益を得ることができるのでしょうか？　それを，数値例を使って示してみます。A 国と B 国の労働賦存量をそれぞれ8000単位と 2 万4000単位と仮定します[5]。両国の財の生産に関する労働投入係数が表 5 - 3 となるとき，両国の生産可能性曲線は図 5 - 4 のようになります。$\alpha_A{}'$（$\alpha_B{}'$）は，それぞれ A 国（B 国）の閉鎖経済時における両財の消費量および生産量を示しています。

A 国の農産品と工業製品の労働投入係数は等しいため，第 4 章の（4.8）式より，閉鎖経済時において両財の価格は等しくなります。一方，B 国では農産品の労働投入係数が工業製品の 1 / 2 となるため，閉鎖経済時において農産品の価格は工業製品価格の 1 / 2 となります。そのため，A 国における工業製品と農産品の価格を共に100円とし，B 国における工業製品と農産品の価格をそれぞれ140円と70円に仮定します[6]。

表 5 - 3 ■絶対優位の度合いと比較優位

	A国	B国
農産品	1	2
工業製品	1	4

B国の労働投入係数がA国の2倍
A国の絶対優位の度合いは2倍
B国の絶対劣位の度合いは2倍

B国の労働投入係数がA国の4倍
A国の絶対優位の度合いは4倍
B国の絶対劣位の度合いは4倍

A国のB国に対する絶対優位の度合い

農産品 < 工業製品
2倍　　　4倍

A国は工業製品に
比較優位を持つ

B国のA国に対する絶対劣位の度合い

農産品 < 工業製品
2倍　　　4倍

B国は農産品に
比較優位を持つ

図 5 - 4 ■閉鎖経済時の両国の消費量と生産量 (ケース2)

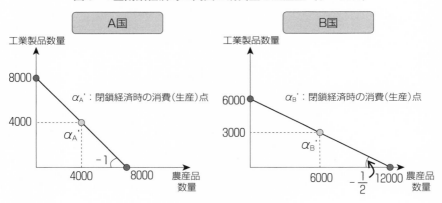

閉鎖経済時における両国の財価格を比較すると，工業製品は A 国，農産品は B 国の方が価格は安くなっています。このため，両国が貿易を行うと，A 国は工業製品を輸出し，B 国は農産品を輸出するというように，両国がお互いに比較優位を持つ財を輸出するという貿易パターンになります。

貿易開始後の農産品と工業製品の価格は，閉鎖経済時の両国の価格の間のど

図5-5■貿易開始後の両国の消費量と生産量（ケース2）

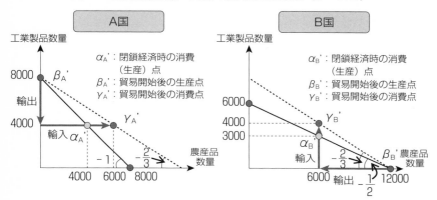

こかに定まります。例えば，貿易開始後に農産品と工業製品の価格がそれぞれ80円と120円になったとします。このとき，A国は工業製品，B国は農産品の生産に完全特化します。両国の生産点は図5-5の$\beta_A{}'$と$\beta_B{}'$となり，A国は工業製品を8000単位，B国は農産品を1万2000単位生産します。貿易開始後の両国の予算制約線は，それぞれ生産点$\beta_A{}'$と$\beta_B{}'$を通る傾き－（農産品価格）/（工業製品価格）＝－80/120＝－2/3の直線となります。予算制約線に沿って，例えばA国が工業製品を4000単位輸出して農産品を6000単位輸入する（B国が農産品を6000単位輸出，工業製品を4000単位輸入する）ことによって，両国の農産品と工業製品の消費点はそれぞれ$\gamma_A{}'$と$\gamma_B{}'$となります。点$\gamma_A{}'$と$\gamma_B{}'$は，それぞれ両国の生産可能領域の外側にあることから，両国とも貿易利益を得ていることがわかります。

　図5-5は，**A国がB国に対して農産品と工業製品の生産の両方に絶対優位を持つ場合でも，比較優位に従った国際分業を行うことによって国際分業の利益が生じる**ことを示しています。閉鎖経済時の世界全体の農産品と工業製品の生産量は，両国の生産点が点$\alpha_A{}'$と点$\alpha_B{}'$となることから，それぞれ1万（＝4000＋6000）単位と7000（＝4000＋3000）単位となっています。これに対して，貿易開始後の世界全体の農産品と工業製品の生産量は，両国の生産点が点$\beta_A{}'$と点$\beta_B{}'$となることから，それぞれ1万2000単位と8000単位となっており，国

際分業によって世界全体の生産量が増加していることがわかります。このため国際分業の利益が発生するのです。

5-2-3　生産性格差と賃金格差

　ここまで，重要な部分をあえて無視して，比較優位に基づいた国際分業の利益について説明してきました。それは，農産品の労働生産性がＡ国よりも低いＢ国が，なぜ閉鎖経済時の農産品価格がＡ国よりも安くなっており，貿易を開始したときにＡ国に輸出することが可能になるのかという点です。

　第４章の（4.4）式が示すように，財の単位生産費（＝財価格）は労働投入係数（労働生産性）と賃金率によって決まります。（4.4）式より，同じ賃金率に直面する場合，労働生産性の高い生産者の方が安い価格で財を供給できることがわかります。一方，生産者が同じ労働生産性の技術を持つ場合，賃金率の安い国の生産者の方が賃金率の高い国の生産者よりも安い価格で財を供給することができます。このため，Ａ国とＢ国の生産者間の競争を考える場合，両国の技術の差（生産性格差）だけでなく，賃金率の差（賃金格差）も考慮する必要があります。

　ケース２の数値例では，閉鎖経済時のＡ国における農産品と工業製品の価格は100円と仮定されていました。Ａ国における両財の労働投入係数は共に１なので，（4.9）式より，Ａ国の賃金率は100円となります。Ａ国の農産品の労働生産性はＢ国の２倍高いため，Ｂ国の賃金率がＡ国と同じ100円となる場合，Ｂ国の農産品の単位生産費は200円となり，Ａ国の農産品に価格競争で対抗することができません。

　しかし，Ｂ国の賃金率がＡ国の１／２の50円となる場合，Ｂ国における農産品の単位生産費は100円となり，Ａ国の生産者と対等に市場に財を供給することが可能となります。さらに，Ｂ国の賃金率がＡ国の50円以下になる場合，Ｂ国の農産品の価格はＡ国のものよりも安くなります。このように，労働生産性が低い国でも相手国に比べて賃金率が安くなれば，労働生産性が高い国相手に価格競争で対抗できるようになるのです。

　ケース２の数値例では，閉鎖経済時のＢ国における農産品と工業製品の価格がそれぞれ70円と140円と仮定されていました。Ｂ国の農産品と工業製品の

表 5 - 4 ■財価格と賃金率との関係（ケース 2）

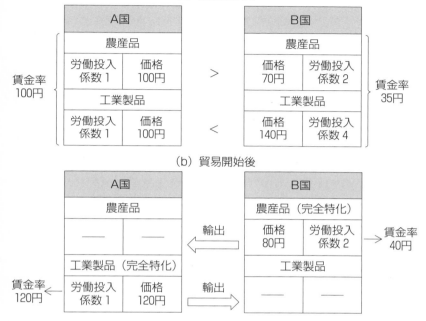

（a）閉鎖経済時

（b）貿易開始後

労働投入係数がそれぞれ 2 と 4 であるため，(4.9) 式より，B 国の賃金率は 35 円になります。B 国の賃金率が 50 円以下となるため，B 国の農産品価格は A 国のものより安くなることがわかります。

　貿易開始後，A 国は工業製品，B 国は農産品に完全特化して貿易を行います。ケース 2 の数値例では，貿易開始後の工業製品と農産品の国際価格がそれぞれ 120 円と 80 円になるとしていました。A 国の工業製品と B 国の農産品の労働投入係数がそれぞれ 1 と 2 であることから，(4.9) 式より，A 国と B 国の賃金率はそれぞれ 120 円と 40 円になります。以上のことを表 5 - 4 にまとめます。

　このように，**技術水準が高く両財の生産に絶対優位を持つ A 国が，労働生産性の低い B 国と国際分業できるのは，両国間に賃金格差が存在するからです。**A 国は B 国よりも農産品の労働生産性が高く優れた技術を持っていますが，貿易開始後の賃金率が 120 円になると，農産品の単位生産費は 120 円となり，B

図5-6■賃金格差と単位生産費の比較（ケース2）

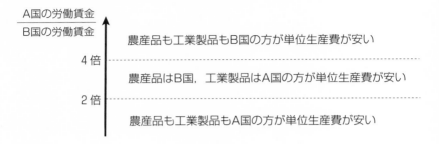

国から輸入される価格80円の農産品に価格競争で対抗することができません。一方，B国はA国よりも賃金率が安くなるため，農産品の輸出が可能ですが，貿易開始後の賃金率40円では，工業製品の単位生産費は160円となり，賃金が安くても工業製品についてはA国に価格競争で対抗することはできません。

　このように，貿易開始後のA国とB国の賃金格差は財の生産性格差に影響を受けます。両国の賃金格差と財の単位生産費との関係を示したものが図5-6です。A国の農産品の労働生産性はB国の2倍高く，工業製品の労働生産性は4倍高くなっています。このため，A国の賃金率がB国の2倍以下である場合，A国の方が両財の単位生産費は安くなります。しかし，A国の賃金率がB国の4倍以上高くなると，賃金率の安いB国の方が両財の単位生産費は安くなります。両国の賃金格差が2倍以上4倍以下となる場合，農産品はB国，工業製品はA国の方が単位生産費は安くなり，両国は比較優位を持つ財の生産に完全特化し貿易を行うようになります。まとめると，次の式が示すように貿易時の賃金格差は，両財の生産性格差の中間の水準になります。

農産品の生産性格差≦両国の賃金格差≦工業製品の生産性格差　　　　(5.1)

　このように，国家間の生産性格差は両国の賃金格差に影響を与えます。図5-7は，いくつかの国の労働生産性と賃金率について，米国の値を100としたときの値を図示したものです。対象となる国と米国との生産性格差と賃金格差がちょうど等しくなる場合，その国の点は原点を通る45度線上に来るはずです。図5-7を見ると，どの国の点も45度線の近辺に位置しており，国家間の生産

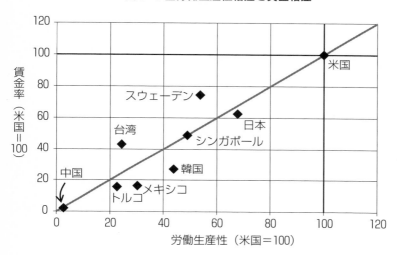

図5-7■労働生産性格差と賃金格差

（注）　データは1998年時点のもの，ただし，台湾のみ1997年時点のもの。
（出所）　国連貿易開発会議（UNCTAD）"Trade and Development Report, 2002" Table 5.4
　　　　より筆者作成

性格差と賃金格差がある程度等しい関係にあることがわかります。

5-2-4　賃金格差は貿易利益を損なうのか？

　ここで，本章冒頭の疑問に戻ってみましょう。先進国の中には，低賃金を武器に輸出を増加させる途上国に対して，そのような国との貿易は不公正だという考えを持つ人が多くいます。ケース2において，A国の農産品生産者の生産性はB国より高く，B国よりも高い技術水準を持っていることがわかります。それにもかかわらず，貿易を行うと，低賃金の労働者によって生産されるB国の農産品に価格競争で対抗することができず，国内生産が消滅してしまいます。A国の農産品生産者の立場から見ると，賃金の安いB国との貿易は不公正に思えるかもしれません。

　しかし，図5-5が示すように，貿易によって国内での農産品の生産が消滅したとしても，A国はB国との貿易によって貿易利益を得ることができます。

閉鎖経済時と貿易自由化後のA国の消費を比べると，工業製品の消費量は変わらず，農産品の消費量だけが増加していることがわかります。技術水準の高いA国は，すべての財の生産を国内で行うのではなく，比較劣位である農産品の生産をB国に任せ，国内では比較優位にある工業製品の生産に特化することで，貿易を始める前よりも多くの農産品を国内で消費することが可能になるのです。

　一方，賃金水準がA国より低いB国にとってはどうでしょうか？　表5-4より，ケース2では，貿易を開始することによって，A国とB国の賃金格差は約2.86（≒100/35）倍から3倍に拡大しています。A国との賃金格差の拡大によって，B国の労働者は自分たちが貿易によって損失を被ったと思うかもしれません[7]。

　しかし，図5-5が示すように，A国との賃金格差が拡大したにもかかわらず，B国は貿易利益を得ることができます。B国は国内では比較優位にある農産品の生産に完全特化して輸出する一方で，生産性が高く低価格で供給することが可能なA国の生産者から工業製品を輸入することによって，農産品の国内消費を維持しながら工業製品の国内消費を増加させることが可能となります。賃金格差は，技術水準の低いB国が国際分業に加わるために必要な条件であり，A国との賃金格差を解消するためには，国内の技術水準を向上させて，A国との労働生産性の格差を縮小させるしかありません。このことは，途上国と先進国との所得格差を解消するためには，貿易を制限するよりも，先進国から途上国への技術移転を進めて途上国の生産性を高めることが必要であることを示しています。

5-3　ヘクシャー＝オリーン・モデル

　本節では，ヘクシャー＝オリーン・モデルについて説明します。リカード・モデルとヘクシャー＝オリーン・モデルの最も大きな違いは，リカード・モデルでは生産要素が労働のみであったのに対し，ヘクシャー＝オリーン・モデルでは，生産要素が2種類以上存在することです。

5-3-1　2財2生産要素モデル

　ヘクシャー＝オリーン・モデルでは，労働に加え資本や土地など複数種類の
生産要素の存在を考えています。ここでいう資本とは，工場や生産設備のよう
な工作機械のことを指します。一般的に，農産品や工業製品といった財は，土
地の上に資本（工場・生産設備）を設置し，それを労働者が操作することに
よって生産されます。労働者だけがいても資本がなければ，資本があってもそ
れを操作する労働者がいなければ，生産活動を行うことはできません。

　本節では，労働と資本の2種類の生産要素が存在するモデルについて説明し
ます。2生産要素モデルでは，生産技術は財1単位の生産に労働と資本がそれ
ぞれ何単位ずつ必要であるかによって表現されます。財1単位の生産に必要な
労働量を**労働投入係数**，資本量を**資本投入係数**といいます。

　リカード・モデルでは，農産品や工業製品など個々の財の生産に関する労働
投入係数（労働生産性）が国によって違っていましたが，ヘクシャー＝オリー
ン・モデルでは，個々の財の生産について，どの国も同じ生産技術を持つ（労
働投入係数と資本投入係数が共に等しい）と仮定されています。このため，ヘ
クシャー＝オリーン・モデルでは，リカード・モデルのように国家間の技術力
（労働生産性）の違いが比較優位に影響を与えることはありません。

　ヘクシャー＝オリーン・モデルでは，財ごとの労働投入係数と資本投入係数
の比率の違いに注目します。具体的な例を示します。図5-8（a）は衣服を生
産する縫製工場の写真です。縫製工場ではたくさんの労働者が，ミシンのよう
な小型の機械を用いて衣服の生産を行っています。一方，図5-8（b）は製
鉄所の写真です。製鉄所では大規模な生産設備を少人数の労働者が動かして鉄
鋼製品を生産しています。製鉄所のように，生産に投入される労働者の数に比
べて資本設備の投入規模が大きい生産技術を，**資本集約的**な技術といいます。
一方，縫製工場のように，1人の労働者が操作する資本設備の規模が小さく，
生産量を増加させるために多くの労働者の投入を必要とする生産技術を，**労働
集約的**な技術といいます。

　ヘクシャー＝オリーン・モデルでは，財ごとの生産技術の違いを**要素集約
度**によって区別します。要素集約度とは労働と資本の投入係数の比率であり，

図 5-8 ■要素集約度による生産技術の違い

（a）労働集約的な生産技術　　　　　（b）資本集約的な生産技術

（出所）　（a）ダイキョーオータベトナム社工場（http://www.pointskyward.com/company/ factory.html）
　　　　　（b）神戸製鋼所加古川製鉄所（https://tokaibane.com/bane-tanbo/report/14/614）

次のように定義されます。

$$要素集約度（資本装備率）＝\frac{資本投入係数}{労働投入係数} \tag{5.2}$$

　（5.2）式の右辺は，財 1 単位の生産について 1 単位の労働者が用いる資本の規模と考えることもできるため，**資本装備率**ともいいます。2 つの財の生産技術を比較するとき，要素集約度の高い財を**資本集約財**，要素集約度の低い財を**労働集約財**と呼びます。一般的に，繊維，雑貨などの軽工業は労働集約財，鉄鋼，化学，機械などの重工業は資本集約財と考えられます。

　財市場が完全競争である場合，財の価格は単位生産費と等しくなります。財の単位生産費は，リカード・モデルのときと同様に生産に投入される生産要素への報酬の支払額と等しくなります。労働 1 単位への報酬（労働者価格）を**賃金率**，資本 1 単位への報酬（資本価格）を**レンタル率**とすると，財価格は次のような式で表されます。

$$\begin{aligned}財価格＆＝単位生産費\\ ＆＝賃金率×労働投入係数＋レンタル率×資本投入係数\end{aligned} \tag{5.3}$$

　ヘクシャー＝オリーン・モデルでは，国内で投入可能な生産要素の量が，国によって異なります。国内で利用可能な労働量と資本量をそれぞれ**労働賦存**

量と**資本賦存量**といいます。ヘクシャー＝オリーン・モデルでは，両生産要素の賦存量の比率である**要素賦存比率**が，次のように定義されます。

$$要素賦存比率 = \frac{資本賦存量}{労働賦存量} \tag{5.4}$$

要素賦存比率は，国内の労働者1単位当たりにつき何単位の資本を使用することが可能かを示すものです。要素賦存比率が高い国を**資本豊富国**，低い国を**労働豊富国**といいます。

5-3-2　ヘクシャー＝オリーン・モデルにおける生産可能性曲線

具体的な数値例を使って，ヘクシャー＝オリーン・モデルにおける生産可能性曲線を描いてみましょう。両国における第1財と第2財の労働投入係数と資本投入係数が，表5-5（a）のようになると仮定します。(5.2) 式より，第1財の要素集約度は1／2，第2財の要素集約度は2となることから，第1財が労働集約財であり，第2財が資本集約財であることがわかります。一方，A国とB国の労働賦存量と資本賦存量は表5-5（b）のようになると仮定します。(5.4) 式より，A国の要素賦存比率＝2／3，B国の要素賦存比率＝3／2となることから，A国が労働豊富国，B国が資本豊富国となることがわかります。

A国の生産可能性曲線を描いたものが図5-9（a）になります。直線AA' は，第4章の図4-6のように，労働賦存量と労働投入係数のみを考慮して描かれた生産可能性曲線であり，資本のことは考慮せず，労働賦存量のすべてが生産活動に投入されるときに実現可能な第1財と第2財の生産量の組み合わせを示しています。同様に，直線BB' は資本賦存量と資本投入係数のみを考慮して

表5-5■各財の生産技術と各国の要素賦存状況

（a）各財の生産技術

	第1財 (労働集約財)	第2財 (資本集約財)
労働投入係数	2	1
資本投入係数	1	2
要素集約度 (資本装備率)	$\frac{1}{2}$	2

（b）各国の要素賦存状況

	A国 (労働豊富国)	B国 (資本豊富国)
労働賦存量	900	600
資本賦存量	600	900
要素賦存比率	$\frac{2}{3}$	$\frac{3}{2}$

図5-9■ヘクシャー＝オリーン・モデルの生産可能性曲線

(a) 労働豊富国A国の生産可能性曲線　　(b) 資本豊富国B国の生産可能性曲線

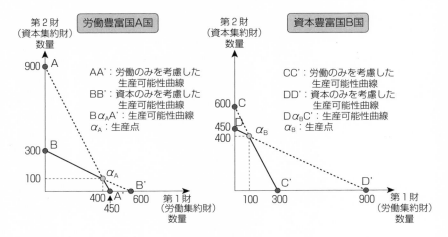

描かれた生産可能性曲線であり，資本賦存量のすべてが生産活動に投入される
ときに実現可能な生産量の組み合わせを示しています。AA' と BB' の外側の
生産量の組み合わせは，その生産に必要な労働もしくは資本が足りずに実現す
ることはできません。

　A国の**生産可能性曲線**は，太線で示された折れ曲がった曲線 $B\alpha_A A'$ となり
ます。この生産可能性曲線上の点 α_A は，国内の労働賦存量と資本賦存量のす
べてが財の生産に投入されているときに実現する生産量の組み合わせを示して
います[8]。生産点 α_A において，A国は労働集約財（第1財）を400単位，資本
集約財（第2財）を100単位生産することになります。この生産量は次の連立
方程式を解くことによって導出されます。

$$2 x_1{}^A + x_2{}^A = 900 \tag{5.5}$$

$$x_1{}^A + 2 x_2{}^A = 600 \tag{5.6}$$

　$x_1{}^A$ と $x_2{}^A$ は，それぞれA国の第1財と第2財の生産量を示しています。
(5.5) 式と (5.6) 式の右辺は，それぞれA国の労働賦存量と資本賦存量になっ
ています。(5.5) 式の左辺は，第1財と第2財の生産活動に投入された労働量

を示しています。第4章の（4.1）式が示すように，財の生産に投入された労働量は，労働投入係数に生産量を掛けたものに等しくなります。このため，第1財の生産に投入される労働量は（労働投入係数2）×（生産量 x_1^A）＝ $2x_1^A$ となり，同じようにして第2財の生産に投入される労働量は x_2^A となります。これを足し合わせたものが，財の生産活動に投入された労働量の合計であり，（5.5）式は，国内の労働賦存量のすべてが財の生産活動に投入されていることを意味しています。このような式を**労働市場の完全雇用条件**といいます。同様に，（5.6）式は**資本市場の完全雇用条件**となります[9]。この連立方程式の解は，労働市場と資本市場の完全雇用が実現する，すなわちすべての生産要素が生産活動に投入されているときに実現する両財の生産量となります。

　同様に，B国の生産可能性曲線を描いたものが図5-9（b）です。図5-9（a）と同様に，CC'とDD'は，それぞれ国内の労働賦存量と資本賦存量のすべてが生産に投入されるときに実現する生産量の組み合わせを示しています。B国の生産可能性曲線は，$D\alpha_B C'$ となります。

　B国の生産点は α_B となり，そのときの財の生産量は，次の連立方程式によって求められます。

$$2x_1^B + x_2^B = 600 \tag{5.7}$$
$$x_1^B + 2x_2^B = 900 \tag{5.8}$$

　x_1^B と x_2^B は，それぞれB国の第1財と第2財の生産量を示しています。労働市場と資本市場の完全雇用条件（5.7）式と（5.8）式より，B国は労働集約財（第1財）を100単位，資本集約財（第2財）を400単位生産することがわかります。

5-3-3　ヘクシャー＝オリーン定理

　図5-9（a）と（b）を比較すると，労働豊富国であるA国では労働集約財の生産量が資本集約財と比べて相対的に大きく，資本豊富国であるB国では資本集約財の生産量が労働集約財と比べて相対的に大きくなることがわかります。このため，閉鎖経済時における両財の価格を比較すると，A国では生産量が多い労働集約財の価格は安くなる一方で，生産量が少ない資本集約財の価

139

格は高くなる傾向にあり，B国についてはその反対となることがわかります。したがって，A国は労働集約財，B国は資本集約財に比較優位を持っており，両国の間で貿易が開始されるとA国は労働集約財，B国は資本集約財を輸出することになります（図5-10）。このことをまとめたものが，次のようなヘクシャー＝オリーン定理となります。

ヘクシャー＝オリーン定理

労働豊富国は労働集約財，資本豊富国は資本集約財に比較優位を持ち，その財を輸出する。

ヘクシャー＝オリーン定理は，各国は相手国に比べて相対的に豊富に存在する生産要素を集約的に投入する財に比較優位を持つことを示しています。リカード・モデルでは，2国間の生産技術（労働生産性）の違いが両国の閉鎖経済時の価格の違いを生み出し，そのことが貿易パターンの決定に影響を与えましたが，ヘクシャー＝オリーン・モデルでは，両国の生産技術に違いがなくても，両国の要素賦存量の違いが両国の財の生産量に影響を与え，そのことが両国の閉鎖経済時の価格と貿易パターンの違いをもたらすのです。

図5-10■ヘクシャー＝オリーン定理

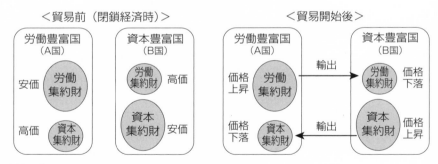

（注）　各財の丸の大きさは生産量の大きさを意味している。

5-3-4　ストルパー＝サミュエルソン定理

次に，生産要素である労働と資本の価格について考えます。労働豊富国であるA国では，閉鎖経済時において労働集約財の価格が資本集約財の価格に対

して相対的に安価になっています。具体的に，A 国の労働集約財（第 1 財）の価格を90円，資本集約財（第 2 財）の価格を150円と仮定します。両財の市場が完全競争であるとき，財の価格と単位生産費について，(5.3) 式が成立しています。両財の労働投入係数と資本投入係数が表 5 - 5（a）であることから，A 国の賃金率を w_A，レンタル率を r_A とすると，次の式が成立します。

$$90 = 2 w_A + r_A \quad （第 1 財価格 = 単位生産費） \tag{5.9}$$
$$150 = w_A + 2 r_A \quad （第 2 財価格 = 単位生産費） \tag{5.10}$$

(5.9) 式と (5.10) 式は，それぞれ第 1 財と第 2 財の価格と単位生産費が等しくなることを示しています。これらの連立方程式を解くと，賃金率 $w_A = 10$円，レンタル率 $r_A = 70$円となります。

　同様に，資本豊富国である B 国の労働集約財（第 1 財）の価格を150円，資本集約財（第 2 財）の価格を90円と仮定すると，B 国の賃金率を w_B，レンタル率を r_B とすると，次の式が成立します。

$$150 = 2 w_B + r_B \quad （第 1 財価格 = 単位生産費） \tag{5.11}$$
$$90 = w_B + 2 r_B \quad （第 2 財価格 = 単位生産費） \tag{5.12}$$

連立方程式を解くと，賃金率 $w_B = 70$円，レンタル率 $r_B = 10$円となります。

　両国の要素価格を比べると，賃金率は労働豊富国である A 国の方が B 国に比べて安価である（$w_A < w_B$）一方で，レンタル率は資本豊富国である B 国の方が A 国に比べて安価である（$r_A > r_B$）ことがわかります。これらのことをまとめたものが図 5 -11となります。図 5 - 9 が示すように，労働豊富国である A 国では，資本集約財と比べて労働集約財が多く生産されるため，閉鎖経済時には，労働集約財の価格が相対的に安くなる一方で，資本集約財の価格は高くなります。労働集約財の価格が安く，資本集約財の価格が高くなるとき，労働集約財の生産に豊富に投入される労働に支払われる賃金率は安くなり，一方で資本集約財の生産に投入されるレンタル率は賃金率と比べて相対的に高くなります。それと同様に考えると，資本豊富国である B 国ではレンタル率は安くなるのに対し，賃金率は相対的に高くなります。

　このことは，次のように考えることもできます。労働豊富国 A 国は，国内

図 5 -11■要素賦存比率と財価格と要素価格の違い（閉鎖経済時）

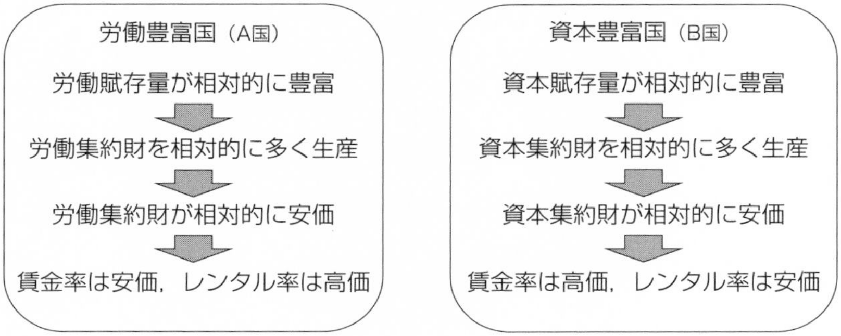

労働豊富国（A国）

労働賦存量が相対的に豊富

労働集約財を相対的に多く生産

労働集約財が相対的に安価

賃金率は安価，レンタル率は高価

資本豊富国（B国）

資本賦存量が相対的に豊富

資本集約財を相対的に多く生産

資本集約財が相対的に安価

賃金率は高価，レンタル率は安価

に豊富に存在している労働の要素価格である賃金率が相対的に安くなる一方で，要素賦存量が相対的に少ない資本の要素価格であるレンタル率は高くなります。そのため，要素価格の安い労働をたくさん投入する労働集約財の価格は安くなる一方で，要素価格の高い資本をたくさん投入する資本集約財の価格は高くなります。反対に，資本豊富国 B 国では，国内に豊富に存在する資本の要素価格が安くなる一方で，労働の要素価格は高くなるため，資本をたくさん投入する資本集約財の価格は安くなる一方で，労働集約財の価格は高くなります。

　両国が貿易を開始すると，両国が直面する財の価格は等しくなります。例えば，貿易開始後の労働集約財（第 1 財）と資本集約財（第 2 財）の価格が共に閉鎖経済時の両国の（財）価格（90円と150円）の中間の120円になったとします。このとき，次の式が成立します。

$$120 = 2w_A + r_A （第 1 財価格 = 単位生産費） \tag{5.13}$$

$$120 = w_A + 2r_A （第 2 財価格 = 単位生産費） \tag{5.14}$$

（5.13）式と（5.14）式は w_A と r_A を使った式になっていますが，w_B と r_B についても同様な式が成立します。この連立方程式を解くことによって，$w_A = w_B$ ＝40円と $r_A = r_B$ ＝40円が成立します。

　貿易開始による財価格と要素価格の変化を示したのが表 5 - 6 です。図 5 -10 が示すように，A 国と B 国が貿易を開始すると，労働豊富国 A 国では労働集約財（第 1 財）の価格が上昇する一方で，資本集約財（第 2 財）の価格が下落

表 5-6 ■貿易開始に伴う要素価格の変化

(a) 閉鎖経済時

労働豊富国（A 国）					資本豊富国（B 国）		
賃金率 10円	第 1 財（労働集約財）				第 1 財（労働集約財）		賃金率 70円
	労働投入係数 2	財価格 90円	<	財価格 150円	労働投入係数 2		
	資本投入係数 1				資本投入係数 1		
レンタル率 70円	第 2 財（資本集約財）				第 2 財（資本集約財）		レンタル率 10円
	労働投入係数 1	財価格 150円	>	財価格 90円	労働投入係数 1		
	資本投入係数 2				資本投入係数 2		

(b) 貿易開始後

労働豊富国（A 国）				資本豊富国（B 国）		
価格上昇 賃金率 40円	第 1 財（労働集約財）		価格上昇	第 1 財（労働集約財）		価格下落 賃金率 40円
	労働投入係数 2	財価格 120円		財価格 120円	労働投入係数 2	
	資本投入係数 1				資本投入係数 1	
価格下落 レンタル率 40円	第 2 財（資本集約財）		価格下落	第 2 財（資本集約財）		価格上昇 レンタル率 40円
	労働投入係数 1	財価格 120円		財価格 120円	労働投入係数 1	
	資本投入係数 2				資本投入係数 2	

します。資本豊富国 B 国ではこれとは反対のことが起こります。その結果，労働豊富国 A 国では賃金率が上昇する一方でレンタル率は下落し，反対に資本豊富国 B 国ではレンタル率が上昇する一方で賃金率が下落します。両国は財の生産について同じ技術を持つため，貿易によって両財の価格が両国で等しくなると，賃金率とレンタル率（労働と資本の要素価格）も等しくなります[10]。

　表 5-6 より，貿易開始による財価格と要素価格の変化について，次のようなことがわかります。A 国では，貿易によって財価格が上昇した労働集約財に集約的に投入されている労働の要素価格が上昇する一方で，価格が下落した資本集約財に集約的に投入されている資本の要素価格は下落しています。B 国でも同様なことが起こっています。このことをまとめたものが，次に示すストルパー＝サミュエルソン定理となります。

ストルパー＝サミュエルソン定理

ある財の価格が上昇（下落）すると，その財に集約的に投入されている生産要素の価格は上昇（下落）する一方で，そうでない生産要素の価格は下落（上昇）する。

5-4　先進国と途上国間の貿易構造

本節では，前節で説明したヘクシャー＝オリーン・モデルを用いて，先進国と途上国との間の貿易構造について説明します。

5-4-1　先進国と途上国の比較優位の違い

日本や欧米諸国のような先進国と中国やインドのような途上国との違いとして，先進国には経済発展の過程で行われた投資の結果，多くの資本が国内に蓄積しているのに対し，途上国には先進国ほど資本が国内に蓄積していないということが挙げられます。このため，ヘクシャー＝オリーン・モデルに当てはめると，先進国は資本豊富国，途上国は労働豊富国と考えることができます。

各国の特定の財についての比較優位の度合いを知る上で重要な経済指標の1つに**貿易特化係数**があります。これは，次のような式によって求められます。

$$\text{貿易特化係数} = \frac{\text{輸出} - \text{輸入}}{\text{輸出} + \text{輸入}} \tag{5.15}$$

貿易特化係数は，特定の財に関する国際競争力を測る指標であり，－1から1の間の数値をとります。もし特定の財について，自国から輸出を行っているけれども外国から輸入をまったく行っていない場合，輸入が0となるため，(5.15) 式より貿易特化係数は1となります。反対に，輸出をまったく行わず輸入しか行っていない場合，輸出が0となるため，貿易特化係数は－1となります。このことより，貿易特化係数が1に近くなるほど，自国はその財の国際競争力が高く比較優位を持ち，－1に近づくほど国際競争力は弱く比較劣位を持つと判断することができます。

貿易特化係数を用いて，製造業に関する先進国と途上国の比較優位構造を観察してみましょう。表5-7は，米国，日本，韓国，タイ，中国，ベトナムの

表5-7■日米とアジア諸国の産業ごとの貿易特化係数（2019年）

米国	繊維	玩具・雑貨	電機・家電	鉄鋼・非鉄	輸送機械	一般機械	化学
	−0.80	−0.48	−0.38	−0.29	−0.26	−0.16	−0.06
日本	繊維	玩具・雑貨	化学	電機・家電	鉄鋼・非鉄	一般機械	輸送機械
	−0.61	−0.41	0.13	0.24	0.28	0.42	0.68
韓国	玩具・雑貨	繊維	鉄鋼・非鉄	一般機械	化学	電機・家電	輸送機械
	−0.40	−0.16	0.18	0.22	0.30	0.40	0.50
タイ	鉄鋼・非鉄	化学	玩具・雑貨	電機・家電	繊維	一般機械	輸送機械
	−0.37	−0.02	0.14	0.20	0.21	0.30	0.43
中国	輸送機械	化学	鉄鋼・非鉄	電機・家電	一般機械	玩具・雑貨	繊維
	−0.07	−0.02	0.16	0.44	0.50	0.77	0.80
ベトナム	化学	鉄鋼・非鉄	輸送機械	一般機械	電機・家電	繊維	玩具・雑貨
	−0.53	−0.36	−0.30	−0.22	0.28	0.39	0.75

比較優位の度合いが強い産業　⟶

（注）　・色が濃い部分は軽工業（繊維，玩具・雑貨）を指す。
　　　　・各産業について原材料 "Primary Goods" を省いて計算している。
（出所）　RIETI（経済産業研究所）"RIETI-TDI2020 STIC13分類データ" より筆者作成

6ヵ国の繊維，玩具・雑貨，鉄鋼・非鉄，化学，一般機械，輸送機械，電機・家電の7つの産業について，それぞれ貿易特化係数の低い順から並べたものです。これらの国のうち米国，日本，韓国は先進国であり資本豊富国，タイ，中国，ベトナムは途上国であり労働豊富国と考えられます。また，7つの産業のうち，繊維と玩具・雑貨といった軽工業は労働集約財，鉄鋼や化学，機械といった重工業は資本集約財と考えられます。

　表5-7を見ると，資本豊富国である米国，日本，韓国は資本集約財の貿易特化係数が労働集約財に比べて高く，これらの財に比較優位を持っていること

がわかります。一方で，労働豊富国であるタイ，中国，ベトナムは先進国と比べて労働集約財の貿易特化係数が高く，これらの財に比較優位を持っていることがわかります。これより，現実の世界でもヘクシャー＝オリーン定理がある程度成立していることがわかります。

5-4-2　経済発展と比較優位の変化

　労働豊富国である途上国は，インフラや工場設備などへの投資によって国内に資本を蓄積させることによって，経済発展を実現します。資本蓄積による国内の資本賦存量の増加は，途上国を労働豊富国から資本豊富国へと変化させます。ヘクシャー＝オリーン定理を考えると，このような労働豊富国から資本豊富国への変化は，その国の比較優位を持つ産業を労働集約財から資本集約財へと変えていくと考えられます。また，その変化の結果として，途上国がそれまで比較優位を持っていた労働集約財が比較劣位に変化することも意味しています（図 5 -12）。

　日本の貿易構成も経済発展と共に変化してきました。終戦後の日本の貿易構造は途上国型であり，1960年時点では，労働集約財である繊維製品が総輸出の約30％を占めていました。しかし，高度経済成長によって資本蓄積が進み，資本集約財である重工業が発展し始めると，日本の繊維製品の国際競争力は衰え，輸出シェアは縮小の一途をたどりました。その代わりに重工業の輸出シェアは

図 5 -12■経済発展に伴う比較優位の変化

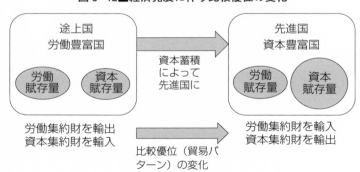

（注）　丸の大きさは要素賦存量の大きさを意味している。

146

拡大し，2018年には総輸出の約60％を電気機器や自動車などの機械製品が占めるようになりました。

　日本に限らず，工業化を実現している多くの国では，まず軽工業の輸出から始まり，資本蓄積と共に重工業の国際競争力が向上する一方で，軽工業の国際競争力は衰退するというような構造変化を経験します。図5-13は，日本，韓国，タイ，そして中国における軽工業と重工業の貿易特化係数の推移を示しています。日本は，1980年にはすでに先進国の仲間入りをしていたため，80年の時点で，すでに重工業の方が軽工業と比べて貿易特化係数は高くなっています。

図5-13■日本・韓国・タイ・中国の軽工業と重工業の貿易特化係数の推移

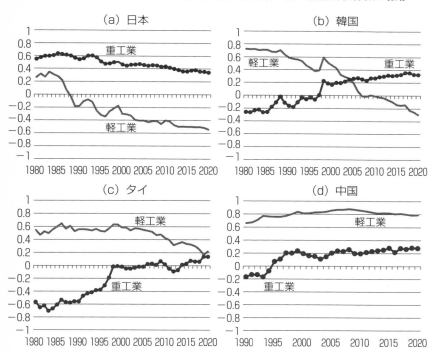

（注）　・軽工業は繊維および玩具・雑貨の合計，重工業は鉄鋼・非鉄，化学，各種機械の合
　　　　計となっている。
　　　　・各産業について原材料 "Primary Goods" は省いて計算している。
（出所）　RIETI（経済産業研究所）"RIETI-TDI2020 STIC13分類データ" より筆者作成

その後，80年代後半には軽工業の貿易特化係数は負の値となり，比較劣位の度合いが強くなる一方で，重工業の貿易特化係数は比較的高い水準で安定しています。

韓国は，80年代初頭においては軽工業の貿易特化係数が高く，一方で重工業の貿易特化係数は負の値でした。しかし，その後の経済発展と共に軽工業の貿易特化係数が低下する一方，重工業の貿易特化係数は上昇し，その結果，2004年に貿易特化係数の大小関係が逆転しました。現在では，韓国は日本と同様に自動車やハイテク製品（半導体など）を多く輸出している先進国型の貿易構造となっています。

タイも，韓国と同様に80年代初頭は軽工業の貿易特化係数が高く，重工業の貿易特化係数は負の値でしたが，経済発展の進展によってその差は縮まっています。しかし，まだ貿易特化係数の大小関係が逆転するには至っていません。最後に中国についてですが，鉄鋼や機械など多くの工業製品で輸出超過にあることから重工業についても貿易特化係数は正の値となっていますが，軽工業の方がはるかに高い貿易特化係数の値を示しており，まだ途上国型の貿易構造であることがわかります。

5-4-3　先進国と途上国の貿易がもたらす所得分配効果

前節で示したストルパー＝サミュエルソン定理は，財価格の変動によって所得が増加する生産要素保有者と減少する生産要素保有者が存在するという所得分配効果を明らかにしています。この定理を用いると，資本豊富国である先進国と労働豊富国である途上国が貿易を行うときに両国で起こる所得分配効果について理解することができます。

表5-6が示すように，労働豊富国と資本豊富国が貿易を行うと，労働豊富国では労働集約財の価格が上昇し，資本集約財の価格が下落することによって，労働の要素価格である賃金率が上昇する一方で資本の要素価格であるレンタル率は下落します。資本豊富国ではこれと反対のことが起こり，賃金率が下落する一方でレンタル率が上昇します。

これは，先進国と途上国との間の貿易が，労働者と資本の保有者である資本家（しほんか）との間の所得分配に影響を与えることを示しています。それをまとめたもの

表 5-8 ■先進国と途上国との貿易によって生じる所得分配効果

	労働者	資本家
労働豊富国 （途上国）	所得増加	所得減少
資本豊富国 （先進国）	所得減少	所得増加

が表 5-8 です。**資本豊富国である先進国と労働豊富国である途上国が貿易を行うとき，利益を得るのは先進国の資本家と途上国の労働者ですが，その一方で損失を被るのは先進国の労働者と途上国の資本家となります。**もちろん，リカード・モデルと同様に，両国は貿易を行うことによって生産可能領域よりも購買可能領域を拡大させることができるために国全体としては貿易利益を得ることができます。ただし，第 3 章で説明した余剰分析のときと同様に，**国全体の利益はすべての国民の利益となるわけではない**のです。

ストルパー＝サミュエルソン定理は，途上国との貿易の拡大が先進国内の所得格差の拡大の原因になっているという議論の根拠としてよく取り上げられます。これは，労働者と資本家との間の格差だけではなく，労働者間の格差の問題にも関係しています。ここで，学歴が高いもしくは一定期間の教育訓練を受けて専門的なスキルを持つ**熟練労働者**と，学歴が低く教育訓練も十分に受けていない**単純労働者**（未熟練労働者）を生産要素とするヘクシャー＝オリーン・モデルを考えます。

この枠組みでは，先進国は教育水準の高い熟練労働者が多く存在する「熟練労働豊富国」であり，途上国は単純労働者が比較的多く存在する「単純労働豊富国」と見なすことができます。ヘクシャー＝オリーン定理を考慮すると，先進国は熟練労働集約的な財（高度な技術を要する製品）に，途上国は単純労働集約的な財（標準的な技術で製造される製品）に比較優位を持つとされます。そして，ストルパー＝サミュエルソン定理を考慮すると，両国の貿易が拡大すると，先進国の熟練労働者の所得が増加する一方で単純労働者の所得が減少すると考えられます。このような所得の変化は，先進国内の所得格差の拡大を意味します。

図 5 -14■先進諸国におけるジニ係数の変化

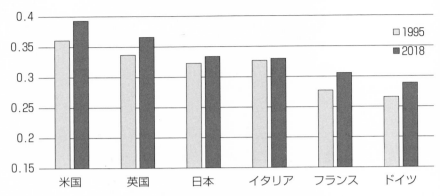

　図 5 -14は，主要先進国について，国内の所得格差を示す指標であるジニ係数の1995年と2018年の値を示しています[11]。図より，先進諸国のジニ係数が1995年から上昇しており，国内の所得格差が拡大していることがわかります。この事実とストルパー＝サミュエルソン定理を結びつけて，貿易自由化による途上国との貿易の増加が所得格差拡大の原因であるとして，貿易自由化に対して批判的な意見を述べる論者もいます。ただし，国内の所得格差は，貿易自由化の影響だけでなく，技術進歩による機械化の進展や教育・労働環境の変化など複数の要因に影響を受けるため，貿易自由化が先進国内の所得格差の拡大の原因となっているのかどうかについては，今なお論争が続いています[12]。

　また，貿易自由化によって国内の所得格差が拡大する可能性があるとしても，政府は貿易によって利益を得た高所得者に課税し，所得の減少や失業に直面した低所得者に対して生活支援や失業保険などを提供する**所得再分配政策**を行うことで，国内の所得格差を縮小することができます。貿易自由化の利益は，国全体の経済的利益を増加させるため，政府が適切な所得再分配政策を導入することで，理論上は貿易自由化によって国民全員に利益をもたらすことが可能です。実際に，米国では貿易自由化に伴う輸入の増加によって損失を被った労働

表 5 - 9 ■所得再分配政策によるジニ係数の変化（2018年）

	日　　本	米　　国	英　　国	イタリア	フランス	ド イ ツ
ジニ係数（A） （所得再分配政策前）	0.50	0.51	0.51	0.51	0.53	0.49
ジニ係数（B） （所得再分配政策後）	0.33	0.39	0.37	0.33	0.30	0.29
ジニ係数改善率 （A－B）/A	33.3%	22.3%	28.7%	35.4%	43.1%	41.5%

（出所）　OECD（経済協力開発機構）"OECD. Stat"より筆者作成

者を支援する制度として，貿易調整支援制度と呼ばれる制度があります[13]。

　表 5 - 9 は，先進国において政府が所得再分配政策を行う前後のジニ係数を比較したものです[14]。この表から，政府の所得再分配政策によって国内の所得格差が縮小していることがわかります。このため，たとえ貿易自由化が国内の所得格差の拡大に影響を与えていたとしても，政府が適切に所得再分配政策を行うことで，経済的利益をより多くの人々に行き渡らせることが可能です。貿易自由化を国民全員の利益とするためには，政府の所得再分配政策を充実させていく必要があります。

（注）
1　ブライアン・カプラン（2009）『選挙の経済学』日経 BP 社より。
2　貿易開始後の農産品と工業製品の価格が共に150円となる場合，第 4 章の（4.9）式より，A 国の農産品と工業製品の生産者が労働者に提示する賃金率はそれぞれ150円（＝価格150円÷労働投入係数 1 ）と75円（＝価格150円÷労働投入係数 2 ）となります。このことより，貿易開始後にすべての労働者は農産品の生産者の下で働くことになります。その結果，A 国は農産品の生産に完全特化して B 国に農産品を輸出します。B 国についても同様です。
3　図 5 - 2 における両国の消費量は，第 4 章の注16と同様に，国民が工業製品と農産品の消費によって得られる効用関数を（農産品の消費量）×（工業製品の消費量）と仮定したときに得られるものです。以下の数値例についても同様です。
4　ケース 1 のときのように，A 国が工業製品，B 国が農産品に絶対優位を持っている場合も，A 国は工業製品，B 国は農産品に比較優位を持つということができます。
5　A 国と B 国の労働賦存量に差をつけていますが，これは貿易を開始したときに

両国が比較優位を持つ財に完全特化するために必要な仮定です。両国の労働賦存量がほぼ同量となる場合，労働生産性の低いＢ国が比較優位を持つ農産品の生産に完全特化したときに，両国の消費者の需要を満たすだけの生産が実現できない可能性があります。この場合，Ｂ国が農産品の生産に完全特化した上で，Ａ国が工業製品と農産品の両方を生産することになります。このときも国際分業の利益は発生しますが，本文ではわかりやすく説明するために，両国が完全特化するケースについて説明します。

6 第4章で示したように，両国の生産可能性曲線の傾きは閉鎖経済時の（農産品価格）／（工業製品価格）にマイナスをつけたものに等しくなります。

7 貿易開始後にＡ国とＢ国の賃金格差は必ず拡大するわけではありません。貿易開始後の農産品の国際価格は，閉鎖経済時の両国の農産品価格の間に定まります。例えば，農産品の国際価格が90円となる場合，Ｂ国の賃金率は45円になります。このときＡ国とＢ国の賃金格差は約2.67（≒120/45）倍となるため，貿易開始によって両国の賃金格差は縮小します。

8 生産可能性曲線上の直線$B\alpha_A$上の点における生産量の組み合わせでは，国内の資本賦存量のすべてが財の生産に投入されていますが，労働賦存量の一部が生産活動に投入されずに余ってしまいます。反対に，直線$\alpha_A A'$上の点における生産量の組み合わせでは，労働賦存量のすべてが財の生産に投入されていますが，資本賦存量の一部が生産活動に投入されずに余ってしまいます。このため，点α_Aだけが，国内に存在するすべての生産要素が生産活動に投入される時の生産量の組み合わせとなります。

9 （5.5）式と（5.6）式は，それぞれ図5-9（a）の労働のみを考慮した生産可能性曲線AA'と，資本のみを考慮した生産可能性曲線BB'を表す式となっています。

10 ヘクシャー＝オリーン・モデルにおいて，貿易開始後に両国の生産要素の価格が等しくなることは，要素価格均等化定理と呼ばれています。

11 ジニ係数は，国内の所得分配の不平等度を表す指標であり，0から1の値を取ります。値が高くなるほど，所得格差は大きいとされています。

12 経済産業省が発表した『通商白書2017』のpp.187-189では，世界各国の国内の所得格差拡大の要因に関する分析が紹介されています。その分析によると，近年の先進国の所得格差の拡大は，技術進歩（総資本蓄積やGDPに占める情報通信技術（ICT）投資の比率の増加）や直接投資の受入れ増加が原因であり，貿易自由化（貿易額のGDPに対する比率の増加や関税削減）は国内の所得格差の縮小要因になっているという結果が示されています。

13 貿易調整支援制度では，通常より手厚い失業保険の給付や失業期間中の医療保険料支払に対する補助などの所得補償と，失業者に対する雇用訓練の提供や転職・転居時の技術的・金銭的な支援などの調整支援が行われています。

14 所得再分配政策前のジニ係数は，労働賃金率や資本レンタル率などの生産要素市場における要素価格から得られる所得を基に測定されます。これに対し，所得

再分配政策後のジニ係数は，要素価格から得られる所得に政府からの純移転所得
（政府からの現金給付の受取額から政府への税金の支払額を差し引いたもの）を加
えた可処分所得を基に測定されます。

■練習問題■

1. 次の文について，正しいものには○，誤っているものには×と答えなさい。

① ある国がＸ財の生産技術に絶対優位を持つとき，Ｘ財の労働投入係数は貿易相手国のそれに比べて大きくなる。

② ある国が貿易相手国に対してＸ財の生産技術に比較優位を持つとき，Ｘ財の生産技術に関しても必ず絶対優位を持つ。

③ Ａ国とＢ国の生産可能性曲線が下図のようになるとき，Ａ国は農産品，Ｂ国は工業製品に完全特化して貿易することで共に貿易利益を得ることができる。

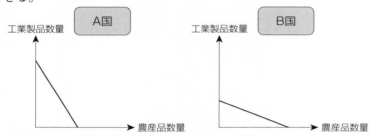

④ Ａ国とＢ国の農産品と工業製品の労働投入係数が表１のようになるとき，Ａ国は農産品，Ｂ国は工業製品に比較優位を持つ。

	Ａ国	Ｂ国
農産品	1	4
工業製品	5	2

表1

⑤ Ａ国とＢ国の農産品と工業製品についての労働投入係数が表２のようになるとき，Ａ国は農産品，Ｂ国は工業製品に比較優位を持つ。

	Ａ国	Ｂ国
農産品	1	2
工業製品	3	4

表2

⑥ Ａ国とＢ国の農産品と工業製品についての労働投入係数が表２のようになるとき，Ａ国の賃金率はＢ国の賃金率の２倍以上３倍以下になる。

⑦　貿易相手国に対してすべての財について絶対優位を持つとき，その国の賃金率は必ず相手国よりも高くなる。

⑧　貿易利益を得るためには，少なくとも1つの財については貿易相手国より労働生産性が高くなければならない。

⑨　第1財の労働投入係数が5，資本投入係数が3である一方で，第2財の労働投入係数を3，資本投入係数を6とすると，第1財は資本集約財となる。

⑩　A国は労働賦存量が200単位，資本賦存量が100単位である一方，B国は労働賦存量が300単位，資本賦存量が200単位であるとする。両国の生産技術が同一である場合，両国が貿易を行うと，A国は労働集約財の輸出国となる。

⑪　ヘクシャー＝オリーン定理によると，労働豊富国は労働集約財を輸入し，資本豊富国は資本集約財を輸入する。

⑫　ストルパー＝サミュエルソン定理によると，貿易自由化によって資本集約財の価格が下落すると，レンタル率は上昇するが，賃金率は下落する。

2．次の文章の空欄に当てはまる語句を答えなさい。ただし，③と⑭には「高く」もしくは「低く」が，⑦には「自国」もしくは「外国」のいずれかの語句が入る。また，違う番号に同じ語句が入ることもあるので気をつけること。

　リカード・モデルでは，2国間の（　①　）の違いによって貿易パターンが決まると考えられている。リカード・モデルでは，（　①　）は（　②　）の値によって表されており，（　②　）の値が小さくなるほど，その財の労働生産性が（　③　）なると考えられている。

　今，X財とY財の2財が存在し，自国と外国の両財の（　②　）の値が表Aのようになっていると仮定する。このとき，自国は外国よりも（　④　）財の労働生産性が高く，一方で外国は自国と比べて（　⑤　）財の労働生産性が高いということになる。そのため，自国は（　④　）財，外国は（　⑤　）財に（　⑥　）優位を持つことがわかる。

　これに対し，X財とY財の（　②　）が表Bのようになると仮定すると，両財の生産について（　⑦　）が（　⑥　）優位を持つが，労働生産性の差が

X財では（ ⑧ ）倍，Y財では（ ⑨ ）倍であることから，（ ⑦ ）は（ ⑩ ）財に（ ⑪ ）優位を持つことがわかる。また，両国の賃金率を比較すると（ ⑦ ）の賃金率は相手国に比べて（ ⑫ ）〜（ ⑬ ）倍（ ⑭ ）なる。

	X財	Y財
自国	3	2
外国	2	4

表A

	X財	Y財
自国	2	9
外国	1	3

表B

3．次の文章の空欄に当てはまる語句を答えなさい。ただし，⑦と⑧には「上昇」もしくは「下落」のいずれかの語句が入る。

A国とB国の労働と資本の賦存量，および第1財と第2財の労働投入係数と資本投入係数が，それぞれ表1と表2のようになると仮定する。このとき，A国は（ ① ）豊富国，B国は（ ② ）豊富国となり，第1財は（ ③ ）財，第2財は（ ④ ）財となる。両国が貿易を行うとき，A国は第（ ⑤ ）財を，B国は第（ ⑥ ）財を輸出するという貿易パターンが実現する。また，B国と貿易を始めることによって，A国では賃金率が（ ⑦ ）し，レンタル率が（ ⑧ ）する。

	A国	B国
労働賦存量	200	400
資本賦存量	400	600

表1

	第1財	第2財
労働投入係数	4	1
資本投入係数	1	4

表2

第6章

国際労働移動

<本章のねらい>

●国際労働移動が労働者の受入国と送出国にもたらす経済的利益と所得分配効果について理解する。

  ☞ポイント：（労働受入国）資本家の所得増加，労働者の所得減少，総所得増加
       （労働送出国）労働者の所得増加，資本家の所得減少，総所得増加

●国際労働移動が労働者の受入国と送出国にもたらすその他の影響について理解する。

  ☞ポイント：（労働受入国）経済成長，財政に与える影響
       （労働送出国）第二次所得収支（労働者送金），頭脳流出，
            頭脳還流

●欧米諸国および日本の外国人労働者受入れ政策の動向について理解する。

  ☞キーワード：選択的移民政策，ポイント制，労働市場テスト，不法移民，
       技能実習制度，特定技能

　本章では，国際労働移動がもたらす経済的影響について説明していきます。前章までの国際貿易モデルでは，輸出や輸入といった国境を越えた財の売買に焦点を当ててきましたが，労働や資本といった生産要素は国境を越えて移動することはできないと考えていました。しかし，第1章でも説明したように，国境を越えて外国で働く労働者は着実に増加しており，外国人労働者の受入れに関連する政策は国の重要政策の1つとなっています。

　2019年4月，日本は出入国管理法を改正し，「特定技能」という新しい在留

資格を制定することで外国人労働者の受入れを拡大する方針を打ち出しました。一方で，これまで多くの移民を受入れてきた欧米諸国では，新たなる移民や難民の受入れに賛成・反対する政治勢力との間の対立が激化しています。米国では，不法移民の取り扱いについて，厳しく取り締まるか，または米国市民権を付与する道を作るのかという意見の対立が存在しています。英国では，2016年の国民投票でEU離脱が決定したとき，東欧からの移民への反発が離脱派勝利の要因の1つとされていました。また，EU諸国でも，反移民を掲げる極右政党が影響力を増しています。本章では，欧米諸国や日本における外国人労働者や移民の受入れ政策についても説明していきます。

6-1　マグドゥーガル・モデルによる分析

　本節では，生産要素の国際移動がもたらす経済的影響を分析するためのモデルである**マグドゥーガル・モデル**を使って，国際労働移動が受入国と送出国の双方に与える経済的影響について説明します。これまでの貿易モデルとは異なり，マグドゥーガル・モデルは2国1財2生産要素モデルです。話を単純にするため，財は1種類のみと仮定します。生産要素に関しては，前章で示したヘクシャー＝オリーン・モデルと同様に，労働と資本の2種類の生産要素が存在すると仮定します。

6-1-1　収穫逓減の生産技術

　マグドゥーガル・モデルでは，これまで使ってきた貿易モデルと異なる生産技術の設定を使います。リカード・モデルおよびヘクシャー＝オリーン・モデルでは，1単位当たりの財の生産に投入される労働や資本の量（労働投入係数と資本投入係数）は固定されており，生産量に関係なく一定と仮定されていました。このような生産技術は，**収穫一定の生産技術**と呼ばれています。

　これに対し，マグドゥーガル・モデルでは，**収穫逓減の生産技術**を仮定します。収穫逓減の生産技術とは，生産要素の投入量が増えるほど，生産要素の投入をさらに増やしたときの生産量の増加が少なくなっていくというものです。

　具体的に見ていきましょう。表6-1は，労働投入量と財の生産量との関係

表 6 - 1 ■労働投入量と財の生産量との関係

（a）収穫一定の生産技術（労働投入係数＝1/10）

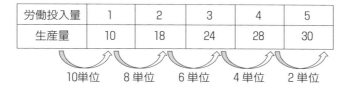

労働投入量	1	2	3	4	5
生産量	10	20	30	40	50

10単位　10単位　10単位　10単位　10単位

（b）収穫逓減の生産技術

労働投入量	1	2	3	4	5
生産量	10	18	24	28	30

10単位　8単位　6単位　4単位　2単位

が，収穫一定の生産技術と収穫逓減の生産技術でどのように異なるのかを示しています。表 6 - 1 （a）は，収穫一定の生産技術を使っている（労働投入係数が 1 /10と固定されている）ときの労働投入量と財の生産量の関係を示しています。労働投入係数が 1 /10ということは， 1 単位の労働を投入したときの財の生産量は10単位となります。そして，労働投入を 1 単位増やすたびに財の生産量は10単位ずつ増えていきます。このため，労働投入が 2 単位であれば20単位， 3 単位であれば30単位の財が生産されるというように，労働投入を 2 倍， 3 倍にすると生産量も 2 倍， 3 倍に増えていきます。

　一方，収穫逓減の技術を用いる場合，労働投入量が増えるに従って，生産量の増加分は10単位， 8 単位， 6 単位…と減少していきます（表 6 - 1 （b））[1]。このため，労働投入量を 2 倍にしても，生産量は 2 倍に増加しません。例えば，労働投入量を 1 単位から 2 単位と倍に増やしても，生産量は10単位からその 2 倍以下の18単位にしか増加しません。このように，生産要素の投入を増やすほど，生産量が増加しにくくなる生産技術を収穫逓減の生産技術といいます。生産要素の投入を 1 単位増加するときの財の生産量の増加分のことを**限界生産物**といいます。収穫逓減の生産技術では，労働投入量が増えるほど労働の限界生産物が低下することになります（**限界生産物逓減**）。

図 6 - 1 ■限界生産物曲線と限界生産物価値曲線

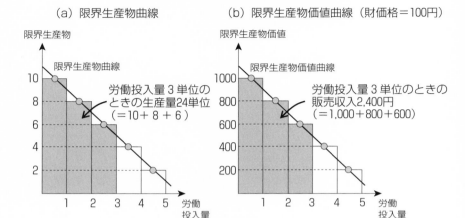

（a）限界生産物曲線　　　　　　　（b）限界生産物価値曲線（財価格＝100円）

　限界生産物に財価格を掛けた値を**限界生産物価値**といいます。限界生産物価値は，生産要素の投入を１単位増加するときに，財の販売収入がどれだけ増加するのかを示しています。

限界生産物価値＝財価格×限界生産物　　　　　　　　　　　　　　　（6.1）

　図 6 - 1 （a）と（b）は，表 6 - 1 （b）で示された労働投入量と労働の限界生産物，そしてそれをもとに求められた労働投入量と限界生産物価値との関係を，第 3 章の余剰分析のときのように棒グラフで図示したものです。棒グラフを近似した曲線が，**限界生産物曲線**と**限界生産物価値曲線**となります。限界生産物逓減の生産技術を用いているため，限界生産物曲線のグラフは右下がりとなります。限界生産物価値は限界生産物に財価格を掛けたものなので，限界生産物価値曲線のグラフは，限界生産物曲線のグラフと同様に右下がりの曲線となります。

　注目すべき点は，限界生産物曲線と限界生産物価値曲線の下側の面積が，労働投入量に対応する生産量と販売収入にそれぞれ等しくなるところです。例えば，図 6 - 1 （a）の棒グラフについて，労働投入量 3 単位までの面積（掛けの部分の面積）を合計すると10＋8＋6 ＝24となります。表 6 - 1 （b）を見ると，

労働投入量3単位のときの財の生産量は24単位となっており，棒グラフの面積と一致することがわかります。同様に，限界生産物価値曲線の下側の面積は，労働投入量に対応する財の販売収入に一致することがわかります。財価格が100円の場合，この財の生産によって得る販売収入は100×24＝2,400円となりますが，図6−1（b）より，限界生産物価値曲線の労働投入量3単位までの棒グラフの面積を合計すると，やはり2,400円となります。このように，財の生産量や販売収入を面積で表すことができるのが，限界生産物曲線や限界生産物価値曲線の便利なところなのです。

6−1−2 賃金率の決定と，労働者と資本家の間の所得分配

財の生産者は，利潤が最大になるように，財の生産量と生産要素の投入量を決定します。財の生産コストは生産要素に支払う報酬（ほうしゅう）の合計となるため，生産者の得る利潤は，次の式で表されます。

利潤＝販売収入−生産コスト
＝財価格×生産量−（賃金率×労働投入量＋レンタル率×資本投入量）
(6.2)

生産要素の投入を1単位増加させるときの利潤の変化は，生産要素の投入を1単位増加させたときの販売収入と生産コストの増加の差額となります。生産要素の投入を1単位増加させたときの販売収入の増加は，限界生産物価値と等しくなり，生産コストの増加は生産要素1単位に対する報酬の支払，すなわち要素価格に等しくなります。このため，次の式が成立します。

生産要素の投入を1単位増加するときの利潤の変化
＝限界生産物価値−要素価格
(6.3)

（6.3）式より，生産者が生産要素の投入を増加するか減少するかの判断は，限界生産物価値と要素価格の大小関係によって決まることがわかります。限界生産物価値が要素価格を上回る場合，生産要素の投入を増やすと利潤が増加するため，生産者は生産要素の投入を増やす選択をします。反対に，限界生産物価値が要素価格を下回る場合，生産要素の投入を増やすと利潤が減少してしま

図6-2 ■労働投入量の決定と所得分配

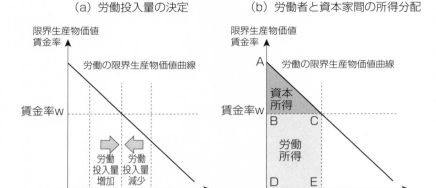

（a）労働投入量の決定　　　　（b）労働者と資本家間の所得分配

うので，生産者は生産要素の投入を減少させる選択をします。このように，限界生産物価値と要素価格の値が異なる限り，生産者は生産要素の投入量を変えることによって利潤を増加させます。このため，利潤が最大となり，生産者が生産要素の投入量を変更する必要がなくなる生産量では，次の式が成立します。

　限界生産物価値＝要素価格　　　　　　　　　　　　　　　　　　　（6.4）

　(6.4) 式に従って，賃金率が w で固定されている場合に，労働投入量がどのようにして決まるのかを示したものが図6-2（a）です。労働投入量が L^+ となるとき，限界生産物価値は賃金率を上回っているため，生産者は労働投入量を増やします。一方，労働投入量が L^{++} となると，限界生産物価値が賃金率を下回るため，生産者は労働投入量を減少させます。このような労働投入量の調整が続くと，最終的に労働投入量は賃金率と限界生産物価値が等しくなる水準である L^* となり，このときに生産者の利潤は最大となります。

　図6-2（b）は，労働投入量が L^* となったときに，生産活動に参加した労働者の得る所得と，資本提供者である資本家の得る所得が，どれほどの大きさになるかを図示しています。財市場が完全競争となる場合，生産者の得る利潤

はゼロとなるため，財の販売収入は生産コストと等しくなります。生産コスト
は，生産活動に生産要素を供給した労働者と資本家への報酬（賃金率とレンタ
ル率）の合計となるので，財の販売収入は労働者と資本家の得た所得（労働所
得と資本所得）の合計と等しくなり，次の式が成立します。

財の販売収入＝労働所得＋資本所得 (6.5)

図 6-1 （b）で示したように，財の販売収入は限界生産物価値曲線と労働
投入量がわかれば導出することができます。これより，図 6-2 （b）の場合，
労働投入量が L^* であるため，財の販売収入は ACED となります。労働投入
1 単位当たりの賃金率が w，労働投入量が L^* であるため，労働所得（＝賃金
率 w ×労働投入量 L^* ）の大きさは BCED となります。(6.5) 式より，財の販
売収入から労働所得を差し引いたものが資本所得となります。このため，資本
所得は，販売収入 ACED から労働所得 BCED を差し引いた ACB に等しくな
ります。このように，財の販売収入から得られる所得は，労働者と資本家の間
で図 6-2 （b）のように分配されることになります。このように，限界生産
物価値曲線を用いることで，財の販売収入だけでなく，その収入が労働者と資
本家の間でどのように分配されるのかもわかるのです。

6-1-3　国際労働移動がもたらす経済的影響

図 6-2 （b）で示された図を使って，国際労働移動がもたらす経済的影響
について説明します。A 国と B 国の 2 つの国があり，どちらの国も 1 種類の
財を生産している状況を考えます。A 国と B 国では労働賦存量が異なり，A
国の方が B 国よりも労働賦存量が多いと仮定します。つまり，両国の労働賦
存量をそれぞれ L^A, L^B とすると，$L^A > L^B$ になると仮定します。

国際労働移動が自由化される前の，両国の総所得と生産要素間の所得分配を
示したのが図 6-3 です。図 6-3 （a）では，A 国の限界生産物価値曲線が描
かれています。A 国の労働賦存量 L^A がすべて生産活動に投入されるとき，A
国の賃金率は w_A となり，生産された財の販売収入は ACED となります。こ
の販売収入は労働者と資本家に分配され，労働所得は BCED，資本所得は
ACB となります。そして，両者の所得を足し合わせた ACED が A 国の総所

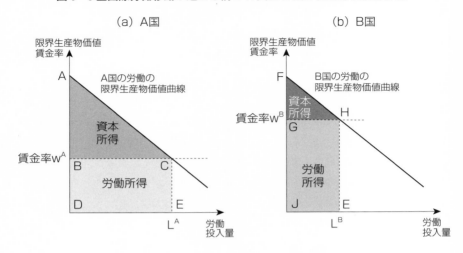

図6-3 ■国際労働移動が起こる前のA国とB国の総所得と所得分配

(a) A国 　　　　　　　　　　　　(b) B国

得となります。同様に，図6-3 (b) では，B国の限界生産物価値曲線が描か
れており，B国の労働賦存量 L^B がすべて生産活動に投入されるとき，B国の
賃金率は w_B，総所得は FHEJ となり，労働所得は GHEJ，資本所得は FHG と
なります。

　両国間で労働移動が自由化されたときの経済的影響を示したものが図6-4
です。図6-4 (a) と (b) は，図6-3 (b) のB国の図を左右反転させ，図
6-3 (a) のA国の図と両図にある点Eが重なるように向かい合わせてくっ
つけたものです。このとき，横軸の長さは，両国の労働賦存量 L^A と L^B を足
し合わせた世界全体の労働人口と等しくなります。図6-4 (a) は，両国間の
労働移動が自由化される前の状況を示しています。このとき，B国の賃金率は
A国よりも高くなります（$w_B > w_A$）。このため，国際労働移動が自由化され
ると，A国の労働者は，自国の国内よりも賃金率の高いB国で働こうとして
移動するでしょう。

　国際労働移動が自由化された後の状況を示したのが，図6-4 (b) です。A
国からB国へと労働者が移動すると，A国で生産活動に投入される労働者の
数は減少する一方で，B国でのそれは増加します。その結果，A国の賃金率は
上昇し，B国の賃金率は減少します。このように，A国からB国へ移動する

図6-4 ■国際労働移動が経済に及ぼす影響

（a）労働移動自由化前

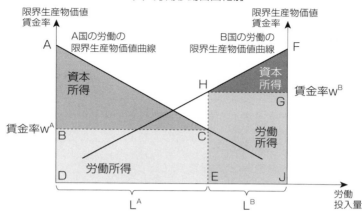

（b）労働移動自由化後

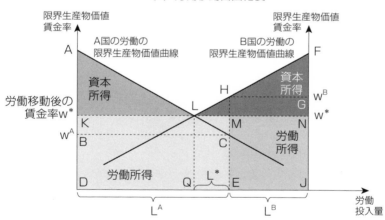

労働者が増えるほど，両国間の賃金格差は縮小していきます。最終的に，A
国からB国へL*単位の労働者が移動すれば，両国の労働賃金はw*と等しく
なり，その時点でA国からの労働移動は終わります。

　図6-4（b）より，国際労働移動が自由化された後の両国の所得は次のよ
うになります。まず，A国の労働者L^A単位のうち，L*単位の労働はB国へ

移動します。これらの労働者は外国の生産者に賃金率 w*で雇われており，労働によって得た所得 LMEQ を本国に送金しています。これは A 国の総所得の一部となります。一方，A 国内に残る $L^A - L^*$の労働者も，国内で賃金率 w*を得ているため，その所得は KLQD となります。このため，A 国の労働者全体が得る所得は，両者を合計した KMED となります。一方，A 国での労働投入が $L^A - L^*$，賃金率が w*となることから，A 国内の総生産額は ALQD となり，資本家の得る所得は AKL となります。これらのことから，次の式が示すように，労働移動が発生した後に A 国が得る総所得は ALMED となります。

> **労働移動後の A 国の総所得**
> ＝労働所得 KMED＋資本所得 AKL
> ＝国内生産額 ALQD＋B 国で働く労働者からの送金 LMEQ
> ＝ALMED （＝労働移動前の所得 ACED＋増加分 LMC）　　　　　(6.6)

　一方，B 国では，財の生産に投入される労働量は，元々 B 国にいる労働者 L^B に A 国から移動してきた労働者 L^* を加えた $L^B + L^*$ となります。このため，B 国内での総生産額は FLQJ となります。このうち，B 国内の労働者の得る所得は MNJE，資本家の得る所得は FLN となり，これらの所得の合計が B 国の総所得 FLMEJ となります。一方，国内生産額のうち LMEQ は A 国から来た労働者が本国に送金するために B 国の総所得には含まれません。以上のことを次の式にまとめます。

> **労働移動後の B 国の総所得**
> ＝労働所得 MNJE＋資本所得 FLN
> ＝国内生産額 FLQJ－A 国から来た労働者の所得 LMEQ
> ＝FLMEJ （＝労働移動前の所得 FHEJ＋増加分 HLM）　　　　　(6.7)

　これまで説明してきた国際労働移動の経済的影響をまとめたものが表 6-2 です。A 国では，国全体の総所得が増加する一方で，労働所得は増加するが資本所得は減少するという**所得分配効果**が起こります。その理由は，次のようなものです。国際労働移動が自由化されると，A 国の労働者の一部は，自国よりも賃金率の高い B 国へと移動して働くことを選びます。そうすると，A

表 6 − 2 ■国際労働移動がもたらす経済的影響

(a) A 国（労働送出国）

	国内で働く 労働量	国内生産額	B 国からの 送金受取	労働所得	資本所得	総所得
労働移動 自由化前	L^A	ACED		BCED	ACB	ACED
労働移動 自由化後	$L^A - L^*$	ALQD （減少）	LMEQ	KMED （増加）	ALK （減少）	ALMED （増加）

所得分配効果　　　　国際労働
　　　　　　　　　　移動の利益

(b) B 国（労働受入国）

	国内で働く 労働量	国内生産額	A 国への 送金支払	労働所得	資本所得	総所得
労働移動 自由化前	L^B	FHEJ		GHEJ	FHG	FHEJ
労働移動 自由化後	$L^B + L^*$	FLQJ （増加）	LMEQ	NMEJ （減少）	FLN （増加）	FLMEJ （増加）

所得分配効果　　　　国際労働
　　　　　　　　　　移動の利益

国内で働く労働量は減少し，A 国内の賃金率は上昇します。つまり，A 国か
ら B 国への労働移動によって，実際に B 国に移動した労働者だけでなく，A
国に残った労働者の賃金率も上昇します。一方，国内で働く労働者数が減少す
ることによって国内での財の総生産量が減少したことに加え，賃金率が上昇し
たため，A 国の資本家の所得は減少します。しかし，資本所得の減少よりも
労働所得の増加の方が大きくなるため，国全体の総所得は図 6 − 4 （b）の
LMC の大きさだけ増加することになります。

　一方，A 国から労働者を受け入れる B 国では，国全体の総所得は増加する
一方で，労働所得は減少するが資本家の所得が増加するという**所得分配効果**が
起こります。A 国からの労働者の流入は，労働投入の増加を通じて B 国内に
おける財の総生産額を増加させますが，国内で働く労働者の増加によって賃金

率が下落するため，もともとＢ国にいた労働者の労働所得は減少します。一方，財の生産額が増加する一方で賃金率は下落するため，資本家の得る所得は増加します。このように，Ｂ国では労働所得が減少する一方で資本所得は増加しますが，資本所得の増加が労働所得の減少を上回るため，総所得は図6-4（b）のHLMの大きさだけ増加することになります。

このように，**国際労働移動の自由化は，受入国と送出国の両国に総所得が増加するという経済的利益をもたらす一方で，利益を得る経済主体と損失を被る経済主体が存在するという所得分配効果も発生させます。**

なぜ，国際労働移動によって両国の総所得が増えるのでしょうか？　それは，Ａ国からＢ国への労働者の移動によって世界全体の生産額が増加するからです。図6-4（b）を使って，具体的に見ていきましょう。Ａ国からＬ*の労働者がＢ国に移動すると，Ａ国では労働投入が減少するために生産額はLCEQ減少します。一方で，Ｌ*の労働者がＡ国から流入してきたことにより，Ｂ国の生産額はHLQE増加します。両者を比較すると，Ａ国の生産額の減少よりもＢ国の生産額の増加の方がHLCだけ大きいことがわかります。これが，国際労働移動による世界全体の生産額の増加となります。これは，Ａ国で行われていた限界生産物価値の低い生産活動が，国際労働移動を通じてＢ国内の限界生産物価値の高い生産活動に転換されたことによって生じたものです。この世界全体の生産額の増加HLCの内，LMCがＡ国の取り分を示し，HLMがＢ国の取り分を示します。以上のことをまとめたのが，次の式です。

国際労働移動による世界全体の総生産額（総所得）の増加 HLC
＝Ｂ国の生産額の増加 HLQE－Ａ国の生産額減少 LCEQ
＝Ａ国の総所得増加 LMC＋Ｂ国の総所得増加 HLM　　　　　　(6.8)

このように，国際労働移動の自由化は，国際分業の場合と同様に，世界全体の所得の増加を通じて各国の総所得を増加させるという経済的利益をもたらします。しかし，その裏側では所得分配効果が存在し，国全体の利益＝国民全員の利益ではないことに注意が必要です。

6-2　外国人労働者が受入国にもたらす経済的影響

　本節と次節では，外国人労働者（移民）の受入国と送出国に分けて，外国人
労働者がもたらす経済的影響について説明します。まず，本節では受入国につ
いて説明します。

6-2-1　労働市場への影響

　外国人労働者の受入れを議論する際に最も重要な論点となるのは，国内の労
働者の雇用や賃金に対する影響です。前節のマグドゥーガル・モデルが示すよ
うに，外国人労働者の受入れは，受入国の賃金率を引き下げ，労働所得を減少
させる影響をもたらします。

　ハーバード大学のボージャス教授は，マグドゥーガル・モデルと同様のモデ
ルを用いて，米国への移民が米国経済にもたらした影響を推計しました（表
6-3）[2]。それによると，移民受入れによって，米国の総生産額は約2兆1,000
億ドル増加しましたが，その98％が移民自身の所得となっており，米国の総所
得の増加は502億ドル（対GDP比0.28％）となっていました。一方，労働者と
資本家との間の所得分配効果について見ると，移民受入れによって労働所得が
5,157億ドル減少したのに対し，資本所得は5,659億ドル増加したという結果が
得られました。このような，総所得が増加する一方で，労働者から資本家への
所得分配効果が起こるという結果は，前節のマグドゥーガル・モデルで示した

表6-3 ■移民受入れが米国経済にもたらした経済的影響（2015年）

（億ドル）

総生産の増加	21,040
移民の取り分	20,538
労働所得の減少	5,157
資本所得の増加	5,659
総所得の増加	502

（出所）　ボージャス（2017）『移民の政治経済学』白水社，p.160 表8-1より

結果と一致しています。

　このように，移民や外国人労働者の受入れは経済全体に利益をもたらす一方で，大きな所得分配効果をもたらしており，その受入れの是非について国内での論争を引き起こす原因となっています。特に，労働者の中には，自身の賃金や雇用に悪影響が及ぶことを不安に思い，移民や外国人労働者の受入れ拡大に対して強く反対する人々も多くいます。

　ただし，労働市場の統計データを用いた実証研究によると，移民や外国人労働者の流入が国内労働者の賃金に与える影響は，賃金引下げ効果はあるものの，その規模は極めて限定的であることが示されています[3]。

　その理由の1つに，マグドゥーガル・モデルではすべての労働者が同様な能力を持つと考えられていましたが，実際の労働市場では，前章でも述べたような熟練労働者や未熟練労働者など，労働者の中にも多様性が存在することが挙げられます。同じ種類の労働者同士は仕事を奪い合うライバル関係にありますが，異なる種類の労働者は仕事を分担し合う関係にあります。どの産業でも，高度な専門性を要する熟練労働者の仕事と，専門性の低いマニュアル化された単純労働者が担当する仕事があります。単純労働者だけでは産業は成り立ちませんし，熟練労働者だけでも同様です。

　ここで，前節で示した労働と資本の2生産要素から構成されたマグドゥーガル・モデルを，熟練労働者と単純労働者の2生産要素モデルと置き換えて考えてみます。そうすると，外国からどのような種類の労働者を受け入れるかによって，国内の労働者に与える影響が異なることがわかります。それを示したのが表6-4です。外国からの熟練労働者の受入れの拡大は，国内の熟練労働者の所得を押し下げる影響をもたらす一方で，単純労働者の所得を押し上げる効果があります。反対に，外国からの単純労働者の受入れの拡大は，国内の単純労働者の所得を減少させる一方で，熟練労働者の所得を増大させることにな

表6-4■外国人労働者の種類と受入国の労働所得に与える影響

	単純労働者	熟練労働者
熟練労働者の受入れ拡大	所得増加	所得減少
単純労働者の受入れ拡大	所得減少	所得増加

ります。このように，外国人労働者の受入れが国内の労働市場に与える影響は
どのような労働者を外国から受け入れるのかによって異なってくるのです。

6-2-2　経済成長に与える影響

　経済成長(けいざいせいちょう)は，労働や資本といった生産活動に投入される生産要素量の増加と，
同量の生産要素の投入でもより多くの生産が可能となる生産技術（生産性）の
向上によってもたらされると考えられています。このため，外国人労働者の受
入れは労働人口の増加を通じて自国の経済成長率を高めると考えられます。例
えば，オーストラリアは，新型コロナウイルスの感染拡大が起こるまで25年以
上景気後退を経験したことがないという世界最長の景気拡大を達成しました。
その成功の要因の１つに，積極的な移民受入れ政策によって，労働人口が他の
先進諸国の２倍のペースで増加したことが挙げられています。移民の受入れは
単に労働人口の増加のみならず，住宅や消費などの総需要の増加を通じて経済
活動の活発化にも貢献したといわれています。

　労働人口の問題は，少子高齢化(しょうしこうれいか)の進行によって労働人口が減少へと向かう日
本をはじめとする先進国にとっては，極めて重要な問題です。図6-5は，日
本の潜在成長率(せんざいせいちょうりつ)の推移を，労働寄与度(きよど)，資本寄与度およびTFP（総要素生産(そうようそせいさん)
性(せい)）の寄与度の３つに分解して示したものです[4]。図より，90年代後半以降，
労働寄与度は成長率に対してマイナスの影響を与えていることがわかります。
その背景には，少子高齢化に伴う労働人口の減少があります。このため，自国
民の労働人口の減少を埋め合わせる方策の１つとして，外国人労働者の受入れ
拡大の必要性が指摘されています。

　また，高度な技能や専門的能力を持った熟練労働者の受入れの拡大は，国内
の技術革新(ぎじゅつかくしん)（イノベーション）の促進による生産性（TFP）の上昇を通じて，
受入国の経済成長を促進すると考えられています。例えば，米国の有名IT企
業の多くが立地するシリコンバレーでは，技術系の労働者の59％が移民によっ
て占められており，世界中から集まった人材が米国のハイテク産業の発展を支
えています[5]。

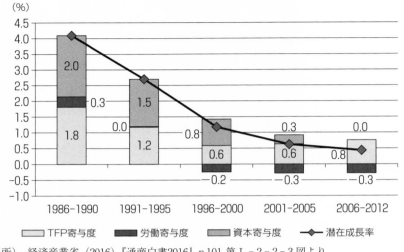

図 6-5 ■日本の潜在成長率の要因分解

(%)

- TFP寄与度
- 労働寄与度
- 資本寄与度
- ◆ 潜在成長率

(出所) 経済産業省 (2016)『通商白書2016』p.101 第 I - 2 - 2 - 3 図より

6-2-3　財政に与える影響

　移民受入れに反対する論者がよく指摘する点として,「貧しい国からやってくる移民は先進国の福祉や医療など社会保障制度にただ乗りすることを目的にしている」という意見があります。移民や外国人労働者は,生産者に労働力を提供する労働者としての役割だけでなく,その国で生活する市民としての側面も持ちます。このため,彼らの生産活動への貢献と同じく,社会保障や公共サービスの受給,さらには納税など,財政への影響についても考慮する必要があります。

　移民や外国人労働者は,所得税や消費税の納税を通じて受入国の財政に貢献しています。さらに,労働力の受入れに伴う国内生産や所得の増加は政府の税収を増やすため,移民や外国人労働者の財政への貢献は,彼ら自身の納税額以上の影響を持っています。

　一方で,言語や文化,生活習慣の違う移民や外国人労働者,およびその家族に対する教育・医療福祉・住宅などの公共サービスの提供は,自国民へのサー

172

ビス提供よりもコストが高くなると考えられます。また，受入国の社会にうま
く適応できず，政府の提供する健康保険や失業手当などの社会保障給付に依存
するような移民や外国人労働者が増加すれば，財政が悪化する可能性は高まる
と考えられます。

　このように，移民や外国人労働者の受入れが受入国の財政を改善させるか悪
化させるかは，彼らがもたらす税収増加による便益（ベネフィット）と，公共
支出増加による負担の大小関係によって決まります。一般的に，受入国の言語
で意思疎通が可能であり，法制度，文化や社会習慣への適応性が高い高度人材
や，若年労働者の受入れは，受入国の財政を改善する可能性が高いと考えられ
ています。これまでの実証研究では，移民の受入れによって受入国の財政が改
善するとした研究もあれば，悪化するとした研究もあり，実際の財政への影響
は，受入国の税・社会保障制度の仕組みや移民の特性（年齢・能力・文化的適
応度）などによって変わると考えられます[6]。

6-3　送出国における経済的影響

　次に，自国の労働者を外国に送り出すことが送出国にもたらす影響について
説明します。

6-3-1　労働者送金がもたらす利益

　表6-5は，外国で働く労働者からの送金受取りの対 GDP 比を示しています。

表 6-5 ■労働者送金の対 GDP 比（2019年）

トンガ	37.2%	ホンジュラス	21.5%	パキスタン	6.9%
タジキスタン	28.0%	ジャマイカ	16.2%	バングラデシュ	5.2%
キルギス	27.2%	ウクライナ	10.3%	ベトナム	5.1%
ソマリア	24.3%	カンボジア	9.8%	メキシコ	3.1%
ネパール	24.1%	フィリピン	9.3%	インド	2.9%
レソト	22.3%	スリランカ	7.6%	日本	0.1%

（出所）　世界銀行 "World Bank Open Data" より筆者作成

図6-6 ■途上国への資金流入の推移（経路別）

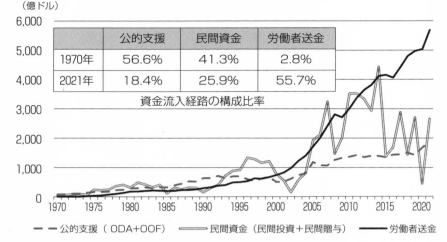

（注）　・ODA は政府開発援助（Official Development Assistance），OOF はその他公的資金
　　　　（Other Official Flows）の略。
　　　・公的支援と民間資金は，OECD 開発援助委員会加盟国（DAC: Development
　　　　Assistance Committee）からのもののみ。
　　　・公的支援と民間資金は支払純額（ネット）ベース。
　　　・労働者送金は世界銀行で中所得国と低所得国と分類された国の受取の合計。
（出所）　OECD "OECD. Stat" と世界銀行 "World Bank Open Data" より筆者作成

　一部の国では外国で働く労働者からの送金が対 GDP 比で20％を超えており，
その送金が国を支える大きな収入源となっていることがわかります。2019年に
労働者からの送金が対 GDP 比20％を超える国は11ヵ国，5％を超える国は
61ヵ国存在しています。アジアでは，パキスタン，バングラデシュ，スリラン
カなど南アジアの国々や，ネパール，フィリピン，カンボジアなど東南アジア
の国々で労働者送金の対 GDP 比が高くなっています。こうした外国で働く労
働者からの送金は，本国にいる家族の生活費や子供たちの教育費として活用さ
れ，送出国の経済を支える大きな力になっています。
　労働者を外国に送り出す国にとって，外国で働く労働者からの送金は海外か
ら資金を導入する際の重要な資金入手経路となっています。図6-6は，途上
国に流入する資金を公的支援（政府による開発支援），民間資金（民間投資と

表6-6 ■ インドとフィリピンの経常収支の構成（2021年）

（単位：億ドル）

			インド	フィリピン
経常収支			−334.2	−59.4
	貿易・サービス収支		−740.4	−387.7
		貿易収支	−1,767.2	−528.1
		サービス収支	1,026.8	140.4
	第一次所得収支		−376.2	33.2
	第二次所得収支		782.4	295.0

（出所）　IMF "Balance of Payments and International Investment Position statistics" より筆者作成

民間贈与の合計），労働者送金に分けて，その大きさの推移を示しています。

　1970年時点では，途上国に流入する資金の半分以上は先進国政府からの開発援助によって賄われていました。しかし，90年代半ばころから国際資本移動の自由化を受けて民間の金融機関や企業の投資資金の流入が増え始めました。そして2000年代に入ると先進国へと渡る労働者が増えたことから労働者送金が急激に増え始めました。その後，民間資金の流入は2014年に資源価格が下落してから減少に転じたものの，労働者送金は伸び続け，今では途上国に流入する資金の半分以上は外国で働く労働者からの送金が占めるようになりました。

　労働者送金は国際収支にも大きな影響を与えています。表6-6は，インドとフィリピンの経常収支の構成を示しています。両国とも貿易収支で大きな赤字を計上していますが，サービス収支と第二次所得収支の黒字によって，貿易赤字の大部分が相殺されていることがわかります。両国の第二次所得収支黒字の大半は外国で働く労働者からの送金が占めており，これら労働者の送金が両国の経常収支赤字の規模を抑制していることがわかります。

6-3-2　頭脳流出と頭脳還流

　労働者を送り出す途上国では，高い専門能力を持つ高度人材や教養レベルの高い熟練労働者が自国から外国に移住することによって，自国の経済発展が阻害されてしまうという「**頭脳流出**」の問題が指摘されています。実際に，一部

の途上国では，教師や医師，看護師，エンジニア，パイロットなどの専門職を担える人材が，高収入を得ることができる先進国に移住することで，国内でこれらの職種の人材が不足するという問題が起こっています。

しかし，このような頭脳流出に関する議論には反論もあります。1つは，外国で将来高収入を得る可能性があるということは，専門能力を取得することによって将来得られると予想される所得を引き上げるため，途上国の人々が専門能力を取得する誘因（インセンティブ）を引き出すというものです。このため，外国で働ける機会の存在は，長期的には国内の高度人材や熟練労働者の供給の増加につながると考えられます。もう1つは，「頭脳還流」として知られるもので，一度外国で経験を積んだ高度人材や熟練労働者が，その技術や知識を国内に持ち帰って国内経済に貢献するというものです。これらの人材は，国内の人材に外国での経験で得たことを伝えたり，外国での経験を生かすビジネスを新たに国内に立ち上げたりするという形で，自国の経済発展への貢献が期待できると考えられています。

6-4　先進国における外国人労働者受入れ政策

本節では，主に先進国を対象に外国人労働者（移民）受入れ政策の動向について説明します。貿易政策については，グローバルな自由貿易体制を維持するための国際組織であるWTO（世界貿易機関）の下で各国の貿易政策に関するルールが定められています。しかし，外国人労働者の受入れ政策については，WTOのような世界規模で合意された国際ルールは存在せず，各国が国内の社会・経済情勢に応じて外国人労働者の受入れに関する制度を独自に制定しています。

一般的に，各国は労働者の専門的能力に基づいて受入れ制度を使い分けています。6-2節で示したように，労働者を熟練労働者と単純労働者に分けた場合，熟練労働者は経済成長や財政への貢献度が高いため，受入国の得る経済的便益は大きいと考えられます。その一方で，単純労働者の受入れ拡大は，国内の単純労働者の所得の減少が予想されるため，国内の労働者から強い反発を受ける傾向にあります。

　このため，**多くの国の外国人労働者受入れ政策に共通して見られるのは，高度な技能を持つ熟練労働者に対しては積極的な受入れ体制を整える一方で，単純労働者に対しては国内で人手不足が顕著な分野に限定して受入れを認めるような制度を導入しているところです。**このような，労働者の能力や職種に応じて異なる受入れ制度を設ける外国人労働者受入れ政策のことを，**選択的移民政策**といいます。

6-4-1　熟練労働者の受入れ制度

　欧米諸国では，熟練労働者の受入れについて，対象となる外国人労働者に一定水準以上の要件を求めています。まず，1つ目は労働者自身の能力水準に関する要件です。例えば，米国では大卒以上の教育資格が必要とされており，ドイツでは大卒以上の教育資格または公認の職業訓練資格を持つことが求められています。同様に，オーストラリアでは教育資格の必要要件はありませんが，従事予定の職務に関する2年以上の実務経験が要求されています。

　次に，雇用条件に関する要件です。一部の高度人材を除き，国内で働く外国人労働者は原則として雇用主が事前に確定している必要があり，求職目的の滞在は許可されていません[7]。受け入れる雇用主は，外国人労働者の入国後，雇用関係の終了まで受入れ先としての責任を負うことになります。また，国内の労働者にとって不利益とならないように，雇用主には同様な職務に従事する国内労働者と同等な賃金を外国人労働者に支払うことが受入れの条件とされています。

　これらの要件が満たされる場合，熟練労働者は外国での労働が許可されます。滞在期間については，最初から永住権が与えられるケースもありますが（アメリカ，オーストラリア），一般的には，一定の期間が制定され，その後の延長で所定の滞在期間を経たのちに永住権の申請が認められます。イギリス，オランダ，カナダ，オーストラリア，ニュージーランドなどの国々では，外国人労働者に対して学歴や収入，年齢，就労経験などに応じてポイントを付与し，一定水準のポイントを満たすことで永住権や在留資格を与える**ポイント制**を採用しています。

　このように，欧米諸国では一定水準以上の要件を満たす熟練労働者の受入れ

を行っていますが，同時に国内の労働者の賃金水準や雇用に悪影響が及ばないための対策も講じられています。米国では，1年当たりの熟練労働者の受入れ数に上限が設定されています。また，外国人労働者の雇用を希望する雇用主に対して，国内で一定期間の求人募集を行い，国内で人材を確保することが困難であることを証明する**労働市場テスト**を行うことが要求される国もあります（米国，オーストラリア，オランダなど）。その一方で，国内の労働状況を分析して労働力不足が生じている職種を特定し（**労働力不足職種リスト**），受入れ基準の緩和などの優遇措置を導入している国もあります（英国，オーストラリアなど）。

6-4-2　単純労働者の受入れ制度

先進国では，自国の労働者が就労を敬遠し人手不足が問題となっている一部の職種（農業，食品加工，建設業，清掃業，介護など）について，滞在期間終了後に本国に帰国することを条件とした外国人労働者の受入れを認めています。

米国では，熟練労働者と同様に，国内での確保が難しい業種の単純労働者や季節労働者の受入れを行っています。ただし，熟練労働者の受入れ同様，自国民労働者の雇用や賃金に悪影響が出ないよう，雇用主に対しては労働市場テストの実施や十分高い賃金の支払が求められています。農業の季節労働に関しては，受入れ人数に制限はありませんが，外国人労働者に対して住宅を提供し，交通費も負担する必要があります。また，滞在期間については原則1年（最長3年）と制限されています。

このように，単純労働者の受入れには厳しい条件が適用されているため，低賃金で働く単純労働者を求める国内の雇用主の要望には十分こたえることができていません。この需要と供給のギャップを埋めているのは，政府の公式な受入れ制度を経由せずに働く外国人労働者の存在です。米国では，不法に入国したり，短期就労ビザの滞在期間が過ぎた後も国内に滞在し続けている**不法移民**が，国内の単純労働の仕事に多く従事しています。2017年の時点で，米国内の不法移民の数は1,000万人を超え，そのうちの約750万人が労働に従事しています。これは米国の労働力の4.6％を占めています。特に，農業や建設業などの分野では，不法移民が労働力の10％以上を占めており，不法移民はすでに米国

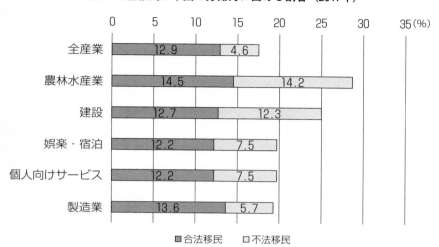

図6-7■移民が米国の労働力に占める割合（2017年）

（出所）　ピュー研究センター（pew research center）"A majority of Americans say immigrants mostly fill jobs U.S. citizens do not want." 2020年7月より筆者作成

において不可欠な労働力となっています（図6-7）。

　不法移民の取り扱いについては，米国内で意見の対立が見られます。トランプ前大統領（2017-2021）は，国内の犯罪やテロの予防，米国民の雇用の確保を目的に，就任直後にメキシコとの国境沿いでの「壁」建設と不法移民の取り締まり強化の大統領令に署名し，不法移民に対して厳しい姿勢を打ち出しました。これに対し，トランプ氏の後任であるバイデン大統領は，すでに米国内で生活する不法移民に米国市民権を得る道を開く移民法案の改革を推進していますが，議会の反対は根強く，実現には至っていない状況です。

　欧州主要国では，2004年以降にEUに加盟した東欧諸国からの移民が国内の単純労働の仕事に多く従事しています。EUでは加盟国間の労働移動が自由化されており，EU域内からの労働者に対して，EU域外からの外国人労働者に適用されるような受入れるための条件や受入れ数の上限を設ける政策は適用できません。

　EU域内の東欧諸国からの移民の存在は，英国が2016年の国民投票においてEU離脱を決定したときに大きな影響を与えました。英国は2008年のリーマ

図6-8 ■英国への外国人労働者の純流入数の推移

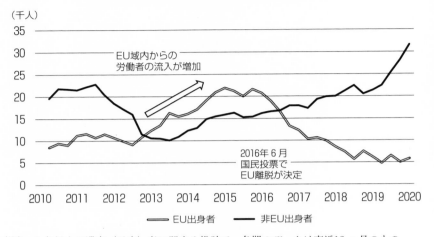

（千人）

- EU域内からの労働者の流入が増加
- 2016年6月国民投票でEU離脱が決定

―― EU出身者　　―― 非EU出身者

（注）　1年以上の滞在（予定）者に関する推計で，各期のデータは直近12ヵ月のもの。
（出所）　Office for National Statistics 'Migration Statistics Quarterly Report' より筆者作成

ン・ショック以降の景気悪化により，国内の労働者を保護するためにEU域外からの労働者の受入れを制限していました。しかし，EU域内国からの移民については，政府は制限を課すことができず，豊かな英国での就労を目指してEUに加盟している東欧諸国からの労働者の流入が増加するようになりました（図6-8）。

　図6-9は，当時の英国で働く労働者の出身国別平均賃金を示しています。英国はインドなど旧植民地国家などから多くの移民を受け入れていますが，これらの国から流入する労働者は英国国民と同等もしくはそれ以上の平均賃金を受け取っています。これは英国がEU域外からの移民についてはポイント制を導入し，一定水準以上の能力を持つ労働者を受け入れ，雇用主にも一定水準以上の賃金の支払を要求していたことが原因だと考えられます。一方で，東欧諸国からの移民の平均賃金は英国国民や他の地域からの移民の3分の2以下であり，多くの労働者が低賃金の単純労働に従事していることがわかります。

　低賃金で働く東欧諸国からの移民の増加により，英国国民の単純労働者の賃金が押し下げられ，雇用も奪われているとの不満が広まるようになりました。

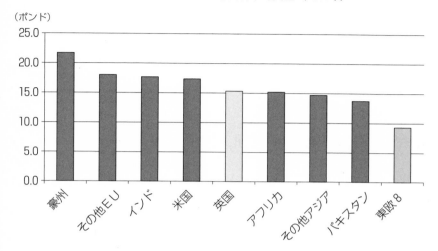

図6-9■英国における出身国別平均賃金（2014年）

（注）　・男性労働者の時間給。
　　　　・東欧8は，2004年にEUに加盟した東欧8ヵ国（ポーランド，チェコ，スロバキア，スロヴェニア，ラトヴィア，リトアニア，エストニア，ハンガリー）を指す。
（出所）　経済産業省『通商白書2017』p.59 図Ⅰ-2-2-2-14より筆者作成

　この状況に対して，英国内のEU離脱派は，東欧諸国からの移民を制限するためにはEUから離脱する必要があると主張しました。これに対し，EU残留派は，若くて質の高い労働者が東欧諸国から流入することは，英国全体のGDPを向上する要因となっていると反論しました。また，地方の農村地域などでは，最低賃金で働く東欧諸国からの移民が現地で重要な支えとなっており，これらの移民がいなければ地域経済が維持できなくなる可能性があると主張しました。財政面についても，EU離脱派は，東欧からの移民の増加が医療や学校などの公共サービスの予算を圧迫していると指摘しましたが，EU残留派は，これらの移民は納税を行っており，財政面ではプラスの影響があると主張しました。
　東欧からの移民が英国経済にもたらした経済的影響についての実証研究では，東欧からの移民が英国経済に便益をもたらしているのかどうかについては，明確な結論は得られていない状況です。しかし，国民投票の結果，英国はEUからの離脱を決定しました。その後，EU域内からの労働者の流入は急速に減少

181

していくことになりました。

2020年末に EU から正式に離脱した後，英国は外国人労働者の受入れ制度を改正し，EU 域外からの労働者と同様の制度が EU からの労働者にも適用されることとなりました。しかし，東欧諸国からの労働者の離職や帰国が続く中，これまで東欧諸国からの労働者が多く従事していた運輸・倉庫業や建設業，介護業などでは今後労働力不足が懸念されています。

6-5　日本における外国人労働者受入れ政策

本節では，日本における外国人労働者の実態と外国人労働者受入れ政策の歴史について説明します。

6-5-1　日本における外国人労働者受入れの実態

第1章の図1-5で示したように，日本は欧米諸国に比べると移民が人口に占める割合はまだまだ低い水準にあります。しかし，少子高齢化に伴う人手不足の影響によって国内で働く外国人労働者の数は近年急速に増加しており，現在では世界有数の移民受入れ国になっています（第1章表1-3）。厚生労働省による「外国人雇用状況」によると，日本で働く外国人労働者は2008年には約49万人でしたが，2022年には約180万人となっており，この15年近くで3倍以上に増加しています。

図6-10は，日本で働く外国人労働者の国籍と在留資格の分布を示しています。図6-10（a）は，外国人労働者の出身国籍別の比率を示しています。これを見ると，日本で働く外国人の約4分の3は中国やベトナムなどのアジア諸国から来た労働者で占められていることがわかります。また，ブラジルやペルーなどの南米からの労働者も約10%を占めており，一方で欧米先進国からの労働者の割合は低いことがわかります。

図6-10（b）は在留資格別の分布を示しています。日本で働く外国人労働者が持つ資格は大きく分けて5つあります。「身分に基づく在留資格」は，長期間（原則10年以上）日本に滞在・就労した後に政府から永住を許可された永住者と，政府に定住を許可された定住者（主に日系3世），および日本人もし

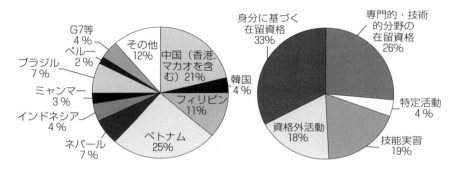

図6-10■日本国内で働く外国人労働者の分布（2022年）

（a）国籍別　　　　　（b）在留資格別

（注）　G7等はフランス，アメリカ，イギリス，ドイツ，イタリア，カナダ，オーストラリア，ニュージーランド，ロシアをいう。
（出所）　厚生労働省『外国人雇用状況』より筆者作成

くは永住者の配偶者を指します。この在留資格では就労に関する制約がないために，職種に関係なく自由に働くことができます。「専門的・技術的分野の在留資格」は，就労目的での滞在を許可されたものであり，企業に雇用される技術者・事務職や語学教師，通訳・翻訳，コック，パイロット，教育関係者，研究者，医療関係者，会計士，弁護士などの専門的な技能を有する労働者がこの分野に含まれます。この在留資格で滞在する労働者は，在留資格で認められた範囲内での就労が許可されています。

　「技能実習」とは，1993年に創設された技能実習制度によって就労を認められた者たちを指します（制度については後で説明します）。「資格外活動」とは，留学のように本来就労を目的としない在留資格で入国してはいるが，一定条件の下での就労が認められている者たちを指します。留学生の場合は，学費や生活費を稼ぐために週28時間以内の労働（アルバイト）が認められています。最後，「特定活動」は，特定の国との経済連携協定（EPA）に基づいて受け入れられた介護福祉士や看護師およびワーキングホリデーによる滞在者などを指します。

6-5-2　日本における外国人労働者受入れ政策の歴史

　日本政府は，1966年に雇用対策法を制定した際に，外国人労働者の受入れに対する基本方針を「専門的・技術的分野の外国人の就業者を促進する一方，外国人労働者の受け入れ範囲を安易に拡大すべきではない」として，専門的能力の高い熟練労働者の受入れは積極的に行う一方で，その他の単純労働者の受入れについては慎重な姿勢を示していました。

　しかし，1980年代後半のバブル経済による好景気の下で人手不足に悩む経済界の要望を受けて，政府は89年に入管法（出入国管理及び難民認定法）を改正しました。この改正によって，過去に南米（ブラジルやペルー）に移住した日本人の孫である日系3世に対して「定住者」としての在留資格を与え，日本での就労を認めました。南米からやってきた日系3世の多くは，建設現場や工場などで単純労働に従事しました。

　1993年には，**技能実習制度**が導入されました。この制度は，途上国への技術移転を推進することを目的に設立されたものであり，途上国から若者を受け入れ，雇用主との雇用関係の下で労働しながら日本の技術や技能を実践的に学ぶことを可能とするものです。技能実習生は一定期間（当初は3年，現在は最長5年に延長）の実習を終えた後に，本国への帰国が義務付けられています。

　この制度は，途上国の若者に対して，彼らの本国の経済発展に貢献できる技術や技能を日本で修得させるという国際協力の趣旨に基づいて導入されました。しかし，実際にはアジアの途上国から賃金の安い単純労働者を呼び寄せる手段として利用されています。技能実習生は農業や製造業などの人手不足に悩む地域や業界にとって，すでになくてはならない労働力となっています。

　2012年には，外国からの高度人材の受入れを増加させる目的で，他の欧米諸国と同様な**ポイント制に基づく在留資格の優遇措置**を導入しました。この制度では，「学術研究活動」「高度専門・技術活動」「経営・管理活動」の就労資格のある外国人労働者について，学歴，職歴，年収，研究実績などの項目ごとにポイントを設定し，一定のポイントに達した外国人に対して，様々な優遇措置（複数の在留活動の許可，在留期間の優遇，永住許可条件の緩和，配偶者の就労許可，親族や家事使用人の帯同など）が提供されます。2022年末時点で約1

万8,000人（外国人労働者の約１％）の外国人が高度人材と認定されています。

このように，日本はこれまで様々な政策によって外国人労働者の受入れを拡大してきました。日本政府は熟練労働者（高度人材）の受入れは積極的に行う一方，単純労働者の受入れには慎重な姿勢を示していましたが，実際の制度の変遷を見ると，日系３世の受入れや技能実習制度の導入など，事実上単純労働者の受入れを拡大する政策も実施されていました。また，資格外活動によって労働に従事する留学生は，コンビニや物流，飲食店，宿泊業など，技能実習生の受入れが認められていないサービス関連産業の単純労働（アルバイト）に従事する者が多く，日本で働く外国人労働者の４割以上が実質的な単純労働者となっています（図６-10（b））。

しかし，これらの制度については問題点も指摘されています。技能実習生については，地域経済や産業を支える貴重な労働力とされる一方で，賃金・残業代の未払いや，劣悪な労働環境，旅券（パスポート）取り上げなど，雇用主とのトラブルも多く報告されています。技能実習生は受入れ先の雇用主を変更する自由がないため，受入れ先での待遇に不満を持つ実習生が失踪し，不法滞在者となる事例も後を絶ちません。

また近年，学業よりも就労を目的とした「出稼ぎ留学生」が増えており，より良い稼ぎを求めて留学先から失踪して不法滞在者となる事例や，入学金や授業料目当てに偽装留学生を受け入れ，不法就労を助長するような悪質な日本語学校も増えているとの指摘もあります。

そのような中で，人手不足に悩む業界の要望を受けて，日本政府はこれまでの外国からの単純労働者受入れに対する慎重な方針を転換し，2019年に「専門的・技術的分野の在留資格」に新たなカテゴリーとして**特定技能**を追加しました。この新たな制度は，事実上外国から単純労働者を受け入れるための枠組みになっています。

「特定技能」の在留資格は１号と２号に区分されています。特定技能１号は，業界が指定する技能試験と日本語試験に合格することが資格付与の条件となっています。ただし，技能実習を終えた技能実習生が同じ業種に移行する場合は試験が免除されています。実際，現時点では技能実習から移行した労働者が特定技能の労働者の約８割を占めています。特定技能の在留資格を持つ労働者は，

転職が可能であり，最長5年の滞在が認められています。政府は人手不足が深刻な農業，漁業，介護，建設，造船，宿泊，外食など12分野において，2022年末時点で13万人（外国人労働者の約7％）を超える労働者を特定技能の資格で受け入れています。

　一方，特定技能2号の在留資格は，より高い技能を持っていると認められる労働者に与えられるもので，在留期間の上限がなく，永住権の取得も可能です。2019年の制定当初は建設と造船の2分野に限られていましたが，2023年に特定技能1号を最初に取得した労働者の滞在期限が迫ったことを受けて，特定技能1号の在留資格を与えている介護以外の11分野についても特定技能2号の在留資格が認められることになりました[8]。

（注）
1　表6-1（b）は，資本投入量を一定の値に固定した上で，労働投入量だけを変化させたときの財の生産量を示しています。資本投入量が変化すると表6-1（b）の値も変化します。
2　ジョージ・ボージャス（2017）『移民の政治経済学』白水社，pp.158-162より。
3　ベンジャミン・パウエル（2016）『移民の経済学』東洋経済新報社，pp.20-26より。
4　労働投入は就業者数に就業時間を掛け合わせたものであり，資本投入は企業や政府が保有する設備（資本ストック）の量を示しています。TFP（全要素生産性：Total Factor Productivity）は，労働や資本がGDP（国内総生産）を生み出す際の効率性を示し，技術革新の程度を表しています。潜在成長率は労働投入，資本投入，TFPの3つの要素の平均的な水準の変化に基づく実質GDPの増加率を示しており，潜在成長率＝労働寄与度（労働投入の増加の貢献）＋資本寄与度（資本投入の増加の貢献）＋TFPの寄与度（TFP上昇の貢献）となります。
5　"Silicon Valley Competitiveness and Innovation Project-2020 Report" より。
6　移民が財政に与える影響に関する研究動向については，ベンジャミン・パウエル（2016）『移民の経済学』第3章や，ジョージ・ボージャス（2017）『移民の政治経済学』第9章，萩原（2014）「人口減少下における望ましい移民政策－外国人受け入れの経済分析をふまえての考察－」RIETI（経済産業研究所）Discussion Paper Series 14-J-018を参照。
7　ただし，ドイツでは，ドイツ語能力や自ら生計を維持できることを条件に，求職を目的とした6ヵ月の滞在が認められています。
8　介護については，すでに「専門的・技術的分野の在留資格」の中に介護のカテゴリーが存在していたため，特定技能2号のカテゴリーに介護は含まれませんでした。

■練習問題■

1．次の文について，正しいものには○，誤っているものには×と答えなさい。

① 国際労働移動によって，労働受入国の資本家は経済的利益を得る。

② 国際労働移動が発生すると，労働者の国外流出によって労働送出国の総所得は減少してしまう。

③ 外国人労働者の流入は，その労働者が熟練労働者である場合は経済成長を促進させる効果を持つが，単純労働者である場合は経済成長を促進させる効果を持たない。

④ 外国からの熟練労働者の流入は，国内の単純労働者の所得を増加させる効果を持つ。

⑤ 外国からの移民の増加は移民に対する公共サービス提供を増加させるため，移民が流入するほど受入国の財政は悪化することになる。

⑥ 一部の途上国では，外国で働く労働者からの送金が経常収支の大きな黒字要因となっている。

⑦ 国際労働移動の増加は，先進国の高度人材が途上国の高度人材に職を奪われるという頭脳流出問題を引き起こしている。

2．国際労働移動について，次の文の空欄に当てはまる語句を答えなさい。

　図1において，A国の労働賦存量を MO，B国の労働賦存量を OP とする。労働の国際移動が自由でないとき，労働賃金はA国では w^A，B国では w^B となり，A国の総所得は（　①　），B国の総所得は（　②　）となる。労働の国際移動が自由化されると，（　③　）国から（　④　）国への労働移動が発生し，その移動量は（　⑤　）となる。この労働移動によって，A国の労働所得は移動前の（　⑥　）から（　⑦　）へと変化する。一方，資本所得は（　⑧　）から（　⑨　）へと変化する。これらのことから，A国の総所得は（　⑩　）に変化する。同様に，B国では労働所得は（　⑪　）から（　⑫　）へ，資本所得は（　⑬　）から（　⑭　）へと変化し，総所得は（　⑮　）に変化することになる。最後に，世界全体で見ると，国際労働移動の自由化は世界全体の総所得を（　⑯　）だけ増加させる。

図1

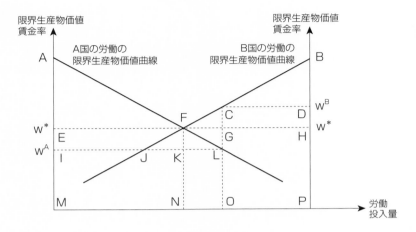

3．次の文章の空欄に当てはまる語句を答えなさい。

外国人労働者の受入れは，受入国の経済成長，労働市場および財政に影響を
及ぼす。経済成長に及ぼす影響としては，労働人口の増加や，熟練労働者の増
加による（　①　）の上昇などを通じて，経済成長を促進する効果を持つ。財
政に及ぼす影響は，国内の生産の増加に伴う（　②　）増加の効果がある一方
で，社会保障や公共サービスの提供などの（　③　）の増加もあるため，良い
影響となるか悪い影響となるかははっきりとはしない。

外国人労働者の受入れが受入国の労働者に及ぼす影響は，受け入れる労働者
が単純労働者か熟練労働者かによって異なる。外国からの熟練労働者の受入れ
は，国内の（　④　）労働者の所得を増加させる一方で，（　⑤　）労働者の
所得を減少させる影響を及ぼす。

一方，労働者を外国に送り出す国は途上国であることが多く，外国で働く労
働者からの送金が経常収支内の（　⑥　）収支の黒字要因となることから，
労働移動の増加は途上国の経済収支赤字の改善に寄与し，重要な外貨獲得手段
となっている。その反面，多くの国内の優秀な人材が外国に渡ることから
（　⑦　）の問題が懸念されている。

第7章

為替レート

<本章のねらい>

●為替レートの定義について理解する。

  ☞キーワード：通貨の増価・減価，自国通貨（外貨）建てレート，実効為替レート

●為替レートの変動が経済に与える影響について理解する。

  ☞ポイント：自国通貨の減価は，1）貿易収支を改善する，2）外貨資産の自国通貨建て収益率を上昇させる（為替差益），3）外貨建て債務の返済負担を増やす。

●為替レートの変動に影響を与える要因について理解する。

  ☞ポイント：経常収支黒字，金融収支赤字，投機家の自国通貨増価の予想に基づく投機取引，自国の物価上昇率（インフレ率）の低下，外貨準備の取り崩し，金融引締め政策は，自国通貨の増価要因となる。

　本章と次章では，為替レートについて取り上げます。為替レートとは，自国通貨と外国通貨の交換比率を指し，貿易や国際投資など外国との経済取引全般に関係する重要な経済指標です。為替レートの変動は外国との経済取引を行うすべての経済主体の利益や行動に大きな影響を与えます。

　為替レートの水準は，為替市場における自国通貨と外国通貨の需要と供給によって決まります。通貨はあらゆる経済取引で使用されるため，その需要と供給は国境を越えるあらゆる経済取引に影響を受けます。このため，為替レートに影響を与える要因は多岐にわたり，為替レートの変動を正確に予測すること

は非常に困難です。

　本章では，為替レートの変動が経済に及ぼす影響と，為替レートを変動させる要因について説明します。

7-1　為替レートとは

　本節では，為替レートに関する基本知識について説明します。

7-1-1　為替レートの変動に関する基本用語

　表7-1は，主要国の使う通貨の単位について示したものです。**為替レート**とは，2つの通貨を交換（両替）する際の比率のことをいいます。例えば，1ドル100円という為替レートは，日本の通貨（円）と米国の通貨（米ドル）との交換比率を示しており，100円を両替すれば1ドルを得ることができる，もしくは1ドルを両替すれば100円を得ることができるということを意味します。

　為替レートは変動します。例えば，1ドル100円から1ドル120円に為替レートが変動したとします。このような為替レートの変化は，円安ドル高といいます。円安は円の価値が安くなること，ドル高とは米ドルの価値が高くなることを意味します。

表7-1■主要国の通貨の単位

日本	円	英国	ポンド	インド	ルピー	ブラジル	レアル
米国	米ドル	**韓国**	ウォン	**メキシコ**	メキシコ・ペソ	**アルゼンチン**	アルゼンチン・ペソ
中国	人民元	**ロシア**	ルーブル	**インドネシア**	ルピア	**トルコ**	トルコ・リラ
EU（独，仏，伊など）	ユーロ	**オーストラリア**	オーストラリア・ドル	**カナダ**	カナダ・ドル	**サウジアラビア**	リヤル
スイス	スイス・フラン	**南アフリカ**	ランド	**タイ**	バーツ	**ベトナム**	ドン

　では，なぜ1ドル100円から120円へと変動すると円安ドル高となるのでしょうか？　これは，為替レートを1ドル紙幣の円で表示された値段と考えるとわかりやすくなります。1ドル100円という為替レートは，1ドル紙幣に100円という値札が付いており，100円持っていけば1ドル紙幣と交換する（1ドル紙幣を買う）ことができるということを意味しています。

　為替レートが1ドル100円から120円へ変動するということは，以前は100円の値札が付いていた1ドル紙幣の値札が120円へと変わったことを意味しています。同じ1ドル紙幣なのに値段が100円から120円へと上昇したということは，1ドル紙幣が値上がりした（価格が高くなった）ことを意味します。このため，1ドル100円から120円への為替レートの変化は「ドル高」というのです。米ドルの価格が高くなったということは，反対にいうと円の価格が安くなったことを意味するので，「円安」とも表現できます。この両者が合わさったものが「円安ドル高」となります。反対に，1ドル120円から100円へと為替レートが変化する場合，1ドル紙幣の値札が120円から100円になったことを意味し，ドル紙幣が値下がりした，つまり「円高ドル安」となります（図7-1）。

　為替レートの変化については，**増価**もしくは**減価**という表現も使用されます。円高ドル安は円の価値が上昇する一方で米ドルの価値が下がることを意味しているので「米ドルに対して円が増価する」もしくは「円に対して米ドルが減価する」と表現することができます。

図7-1■為替レートの変化

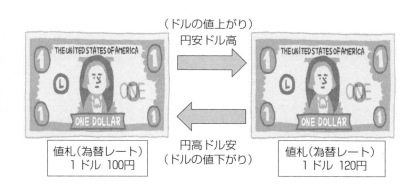

（ドルの値上がり）
円安ドル高

円高ドル安
（ドルの値下がり）

値札（為替レート）
1ドル 100円

値札（為替レート）
1ドル 120円

１ドル100円や１ドル120円のように，１ドルが何円と交換できるかを示す為替レートのことを**円建て（自国通貨建て）レート**といいます[1]。反対に，１円0.01ドルや１円0.015ドルのように，１円が何ドルと交換できるのかという形で示された為替レートのことを**ドル建て（外貨建て）レート**といいます。

７-１-２　円の対米ドルレート変動の歴史

　図７-２は，米ドルの円建て為替レートの推移を示しています。グラフ上での値が小さくなるほど，円は米ドルに対して増価している（円高ドル安になる）ことになります。

　日本は，第２次世界大戦後１ドル360円に為替レートを固定する固定相場制度を採用していましたが，1971年に起こったニクソン・ショックをきっかけとして，1973年に変動相場制度へと移行しました。その後，一時的に円安へと動く時期もあったものの，長期的に見ると円は増価していきました。

　特に，1985年９月の**プラザ合意**後には円は急速に増価し，わずか１年の間に

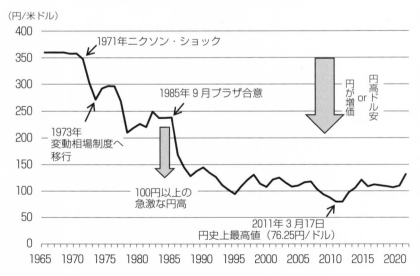

図７-２■日本円の対米ドル為替レートの推移

（注）　為替レートの値は期間中の平均値。
（出所）　BIS（国際決済銀行）"Statistics"より筆者作成

円は100円近く増価しました[2]。その後，1ドル100〜120円ほどの水準で為替レートは推移していましたが，2008年のリーマン・ショックをきっかけに，さらに円は増価し，「超円高」と呼ばれるような状況となりました。そして，2011年3月には円は史上最高値（1ドル76.25円）に達しました。その後，2012年12月の第2次安倍政権成立直後に日銀総裁に任命された黒田東彦氏が大胆な金融緩和政策を行ったことによって円は減価に転じ，1ドル100円台へと回復しました。その後，為替レートは安定していましたが，2022年に入って為替レートは大きく円安へと動いています。

7-1-3　実効為替レート

円とドル，円とユーロ，円と人民元，円とポンドなど，一国の通貨とすべての外国通貨との間に為替レートは存在しています。これら無数にある外国通貨との為替レートは，すべてが同一方向に変動しているわけではありません。例えば，円がドルに対しては増価している一方で，同時にユーロに対しては減価していることがあります。このような場合，総合的に見て円が外国通貨に対して増価しているのか減価しているのかを判断するためには，別の為替レートの指標が必要となります。

それが実効為替レートと呼ばれるものです。実効為替レートとは，自国通貨と主要取引相手国の各通貨との間の為替レートを貿易額に基づいたウェイトにより加重平均して指数化したものです。これにより，貿易額の多い国との通貨に対する為替レートの変動が高く評価され，貿易額が少ない国との通貨に対する為替レートの変動は控えめに評価されます。この手法によって，特定の国の通貨が外国通貨に対して総合的に見て増価しているか減価しているかを判断することができます。

実効為替レートは，各国の為替レートの変動を比較する際によく利用されます。図7-3は，リーマン・ショック（2008年9月）以降の日本円，米ドル，ユーロの実効為替レートの変動を示しています。実効為替レートは，基準点となる時期（この場合は2008年9月）における数値を100とし，数値が上昇（下落）するときには通貨が増価（減価）していると判断されます[3]。図7-3より，リーマン・ショックが発生した直後から2011年ごろまでの期間を見ると，日本

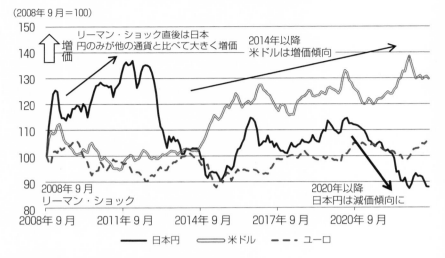

図7-3 ■日本円，米ドル，ユーロの実効為替レートの推移

（注）　Monthly Data: Broad Indices を用いている。
（出所）　BIS（国際決済銀行）"Statistics"より筆者作成

円は米ドルやユーロに比べて大きく増価していることがわかります。その後，2013年に入ると日本円は大きく減価し，リーマン・ショック前の水準に戻りました。しかし，2014年に入ると，米ドルの実効為替レートが増価傾向に転じました。日本円も2014年末ごろから米ドルと同じように増価傾向を示していましたが，2020年中ごろからは日本円は減価傾向に転じ，米ドルとの実効為替レートの水準の差が大きく開いています。ユーロの実効為替レートは，日本円や米ドルと比べて安定しており，現在でもリーマン・ショック前とほぼ同じ水準の実効為替レートを保っています。このように，各国の為替レートの動向を比較する際に実効為替レートは便利な指標となります。

7-2　為替レートの変動が経済に与える影響

　本節では，為替レートの変動が経済に与える影響について説明します。まず貿易への影響について説明し，続いて国際投資や為替投機の収益，そして対外

債務の返済負担に与える影響について説明します。

7-2-1　貿易に与える影響

　為替レートは貿易から生じる利益や貿易量に影響を与えます。まず輸出に与える影響から説明します。日本国内での販売価格が100万円の車を米国に輸出する場合を考えます。米国の消費者は米ドルを用いて車を購入するため，この車を米国で販売する際には，米ドル表示（ドル建て）の価格を米国の消費者に提示する必要があります。円と米ドルの為替レートが1ドル100円である場合，この車を米国で販売して100万円の収入を得るためには，米国の消費者に1万ドルの価格を提示する必要があります[4]。

　このような100万円の収入を得るための米国でのドル建ての販売価格は，為替レートによって変動します。例えば，1ドル200円の場合，100万円の販売収入を得るためには米国での販売価格は5,000ドル，1ドル50円の場合は米国で

図7-4■為替レートの変動が貿易に与える影響

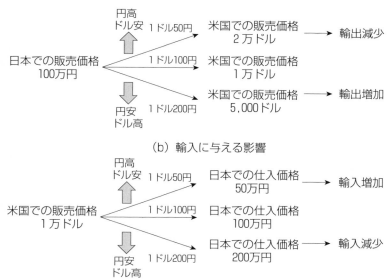

（a）輸出に与える影響

円高
ドル安　1ドル50円　米国での販売価格　→　輸出減少
　　　　　　　　　　2万ドル

日本での販売価格　1ドル100円　米国での販売価格
100万円　　　　　　　　　　　　1万ドル

円安　1ドル200円　米国での販売価格　→　輸出増加
ドル高　　　　　　　5,000ドル

（b）輸入に与える影響

円高
ドル安　1ドル50円　日本での仕入価格　→　輸入増加
　　　　　　　　　　50万円

米国での販売価格　1ドル100円　日本での仕入価格
1万ドル　　　　　　　　　　　　100万円

円安　1ドル200円　日本での仕入価格　→　輸入減少
ドル高　　　　　　　200万円

の販売価格は2万ドルとなります（図7-4（a））。

　米国での販売価格の変化は，米国での販売量，すなわち日本からの輸出量に影響を与えます。1ドル100円から200円に為替レートが変動する（円安ドル高が起こる）場合，同じ自動車の価格を1万ドルから5,000ドルに値下げしても100万円の収入を得ることができるため，米国での自動車の販売価格は引き下げられ，日本からの販売（輸出）量は増加します[5]。反対に，為替レートが1ドル100円から50円に変動する（円高ドル安が起こる）場合，米国での販売価格を2万ドルまで引き上げないと，車1台当たりの販売収入は100万円になりません。しかし販売価格を引き上げると，販売（輸出）量は減少します（図7-4（a））。

　次に，為替レートが輸入に与える影響について考えます。米国で1万ドルで販売されている車を，日本で輸入販売する輸入業者について考えます。為替レートが1ドル100円の場合，輸入業者が米国の自動車会社に1万ドル支払うためには，100万円が必要です。つまり，円建ての輸入車の仕入価格は100万円となります。輸入車の仕入価格は，為替レートの変動に影響を受けます。例えば，円安ドル高が進み1ドル200円となる場合，仕入価格は200万円に上昇します。仕入価格が上昇すると，それに対応して輸入車の販売価格を引き上げる必要があり，その結果，国内での販売（輸入）量は減少します。反対に，円高ドル安が進み1ドル50円となる場合，仕入価格は50万円となります。このため，国内での販売価格を引き下げることで，輸入量は増加します（図7-4（b））。

　これらのことから，為替レートが貿易量と貿易収支に与える影響は次のようにまとめられます。**自国通貨の減価は，輸出の増加と輸入の減少を通じて自国の貿易収支を改善する要因となります。反対に，自国通貨の増価は，輸入の増加と輸出の減少を通じて自国の貿易収支を悪化させる要因となります**[6]。

　図7-5は，日本の貿易収支と，円の米ドルに対する為替レートの推移を示したものです。図より，一定期間円高が進行すると，それと少し遅れて貿易収支の悪化が起こる傾向にあることが見て取れます[7]。

　次に，為替レートの変動が国内の企業や消費者に与える影響について考えます。例として，自国通貨が減価する場合について考えます（図7-6）。図7-4（a）が示すように，自国通貨の減価によって輸出企業は輸出を拡大し，

図 7 - 5 ■日本円の対米ドル為替レートと貿易収支の推移

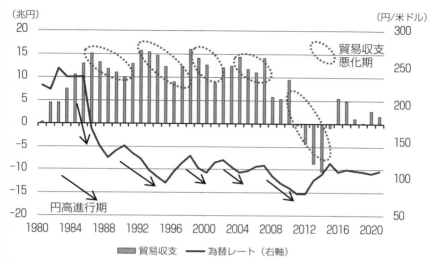

（出所）　内閣府『令和 4 年度　年次経済財政報告』p.361 より筆者作成

図 7 - 6 ■自国通貨の減価が経済に及ぼす影響

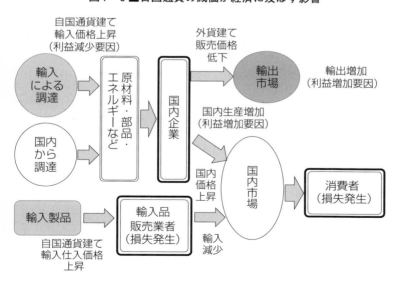

その結果として利益を増加させることが可能です。また，図7-4（b）が示すように，自国通貨の減価によって輸入品の価格は上昇するため，輸入関税が課された場合と同様に，国内市場で輸入品と競争している国内企業は価格を引き上げることによって利益を得ることができます。

　しかし，輸入品を販売している国内企業（輸入家具や雑貨などの販売店など）は，自国通貨の減価による輸入品の仕入価格の上昇によって損失を被ることになります。また，国内企業は，生産に必要な原材料や部品，エネルギーなどの一部を外国からの輸入に依存しています。このため，自国通貨の減価はこれらの価格の上昇を通じて生産コストの増加をもたらします。

　このように，自国通貨の減価が企業に与える影響は，企業がどのような貿易を行っているかによって異なります。輸出比率が高いか，もしくは国内市場で外国製品と競争している企業は，自国通貨の減価による輸出の増加や輸入製品の価格上昇を通じて利益を得ることができます。しかし，原材料やエネルギーなどの輸入依存度が高い企業や，国内市場で輸入品を販売している企業などは，自国通貨の減価によって逆に損失を被る可能性があります。

　一方，輸入品の価格上昇とそれに伴う国内製品価格の上昇は，物価の上昇を通じて消費者に損失をもたらします。ただし，輸出の増加や輸入の減少に伴う国内生産の増加によって所得が大きく増加する場合，購買力が向上し，物価上昇による損失を上回る利益を得る可能性も考えられます。

7-2-2　為替差益と為替差損

　次に，為替レートの変動が対外投資からの収益に及ぼす影響について説明します。国内資産に投資する場合，為替レートの変動が投資した資産の収益率に直接影響を与えることはありません。しかし，外国資産に投資する場合，その収益率は為替レートの変動によって影響を受けます。

　例として，100万円の資金を米国で発行されている金利年5％の債券に投資するときの収益率について考えます。米国で発行されている債券は，米ドルで表示されており，米ドルで金利が支払われているためドル建て債券と呼びます。一方，日本国内で発行されている債券は円建て債券となります。

　ドル建て債券を購入するためには，まず100万円の資金を米ドルに両替する

　必要があります。債券購入時点における米ドルの為替レートが 1 ドル100円で
あったと仮定します。このとき，100万円の資金で 1 万ドルのドル建て債券を
購入できます。金利が年 5 ％であるため， 1 年後にこの債券の元利合計は1.05
万ドルとなります[8]。

　 1 年後に受け取る1.05万ドルを日本円に両替したときに得る収入は， 1 年後
の米ドルの為替レートによって決まります。 1 年後の為替レートが債券購入時
と同じく 1 ドル100円である場合，1.05万ドルを円に両替すると105万円となり
ます。しかし， 1 ドル120円となる場合は126万円に， 1 ドル80円となる場合は
84万円になります。

　このことより，ドル建て債券を円建てで評価した収益率（円建て収益率）が
為替レートの変動に影響を受けることがわかります。為替レートが債券購入時
の 1 ドル100円から変動しない場合，このドル建て債券の円建て収益率は 5 ％
となり，ドル建て債券の金利と等しくなります[9]。しかし，為替レートが債券
購入時から円安ドル高へと変化して 1 ドル120円となる場合，円建て収益率は
26％となり，購入時のドル建て債券の金利を大きく上回ります。反対に，為替
レートが債券購入時から大きく円高ドル安へと変化して 1 ドル80円となる場合，
収益率は－16％となり，購入時のドル建て債券の金利を下回るどころか損失が
発生することになります。

　このように，ドル建て債券の円建て収益率は，購入時点からの為替レートの
変動によって高くなることもあれば低くなることもあります。まとめると，購

図 7 - 7 ■為替レートの変動と外貨建て債券の自国通貨建て収益率

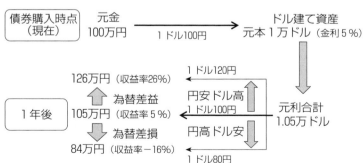

入時と比べて外国通貨が増価（自国通貨が減価）すると，外貨建て債券の自国通貨建て収益率は高くなります。反対に，外国通貨が減価（自国通貨が増価）すると，外貨建て債券の自国通貨建て収益率は低くなり，場合によってはマイナスの収益率となることもあります。このような為替レートの変動による外貨建て債券の収益の増加（減少）を**為替差益（差損）**といいます（図7-7）。

外貨建ての債券の自国通貨建て収益率は，次の式によって求められます[10]。

外貨建て債券の自国通貨建て収益率
≒外貨建て債券の収益率＋自国通貨の減価率（or 外国通貨の増価率）

(7.1)

先ほどの数値例に適用すると，1年間で1ドル100円から1ドル120円と20％の円安ドル高（自国通貨の減価率＝20％）となる場合，金利5％のドル建て債券の円建て収益率は5＋20＝25％となり，図7-7で示した収益率とほぼ同じになります[11]。同様に，1ドル80円と20％の円高ドル安（自国通貨の減価率＝－20％）となる場合，ドル建て債券の円建て収益率は5－20＝－15％となり，やはり図7-7で示した収益率とほぼ同じになります。

このように，外貨建て資産の収益率は，将来の為替レートの水準がどうなるのかによって影響を受けます。そのため，その購入の選択は，将来の為替レートの動向についてどのような予想を持つのかによって変わってきます。例えば，自国通貨建て債券と外貨建て債券の2種類の債券への投資を考えるとします。為替レートが変動しない（もしくは固定されている）場合，両債券の金利を比較して金利が高い方に投資することが最適となります。しかし，将来外国通貨が増価（自国通貨が減価）すると予測する場合，為替差益が期待できるため，両債券の金利が同じであるときはもちろん，外貨建て債券の金利が低くても，外貨建て債券に投資する方が高い収益を見込めることになります。反対に，将来外国通貨が減価（自国通貨が増価）すると予測する場合，為替差損を回避するために金利が同じであれば自国通貨建て債券に投資することが適切となります。ただし，外貨建て債券の金利が将来生じる可能性のある為替差損を十分に上回るほど高い場合には，外貨建て債券に投資する方が適切となる可能性があります。

　しかし，現時点で将来の為替レートの動向を予測することは不可能です。このため，外貨建て債券への投資に対する収益率を投資時点で正確に予測することは困難です。実際の為替レートの変動が予想と異なる場合，為替差損を被る可能性があります。これを**為替リスク**といいます。投資家や金融機関としては，自国通貨建て債券の収益率は，為替レートの変動に影響を受けず，為替リスクがないため，リスクを回避して収益を安定させることを重視する場合，自国通貨建て債券の金利に大きな差がない場合には，為替リスクの影響を受けない自国通貨建ての債券への投資を優先すると考えられます。

7-2-3　為替投機

　為替差益を狙って通貨の売買を行うことを，**為替投機（とうき）**といいます。例えば，円ドルレートが1ドル100円のときに，100円を1ドルに交換したとします。この1ドルを，為替レートが1ドル101円に変動したときに売却すると101円とな

図7-8 ■為替投機

（a）自国通貨の減価（円安）を予想するときの為替投機

（b）自国通貨の増価（円高）を予想するときの為替投機

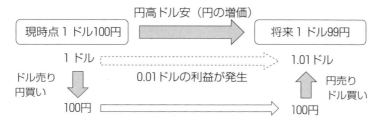

り，1円の利益が生じます（図7-8（a））。反対に，1ドル100円のときに，
1ドルを100円に交換し，為替レートが1ドル99円に変動したときにその100円
を売却すると約1.01（＝100/99）ドルとなり，約0.01ドルの利益が生じます（図
7-8（b））。

　つまり，将来自国通貨が減価する（円安になる）と予想する場合は，現時点
で外貨（米ドル）を購入し，予想通りに自国通貨が減価した（円安ドル高に
なった）ときに外貨を売却すれば為替差益を得ることができます。反対に，将
来自国通貨が増価すると予想する場合は，現時点で自国通貨を購入し，予想通
りに自国通貨が増価したときに自国通貨を売却すれば為替差益を得ることがで
きます。

　このように，将来の為替レートの変動を正確に予測できるのであれば，為替
投機は大きな利益を生み出す可能性があります。しかし，予測が外れれば大き
な損失を被る可能性があるため，為替投機はリスクの高い取引といえます。

7-2-4　為替レートの変動と外貨建て債務

　次に，為替レートの変動が外国から資金を調達する借り手に与える影響につ
いて説明します。外国からの借入である対外債務には，金利の支払や元本返済
を自国の通貨で行う自国通貨建て債務と，特定の外貨で行う**外貨建て債務**の2
種類があります。外貨建て債務にはドル建てやユーロ建てなどがあります。

　外貨建て資産への投資と同様に，外貨建てで資金を借り入れる際にも為替リ
スクがあります。例えば，日本の企業が金利5％で1万ドルを外貨（ドル）建
てで借り入れる場合を考えます。この企業は，金利として500ドル（1万ドル
の5％）の支払をし，元本を返済する際には1万ドルを返済する必要がありま
す。借入を行った企業は，日本で資金を使うために借り入れた1万ドルを円に
両替しなければいけません。借り入れた時点での米ドルの為替レートが1ドル
100円であれば，この企業は100万円の資金を得ることができます。為替レート
が1ドル100円から変動しない場合，この企業は金利500ドルを支払うために5
万円を，1万ドルの債務を返済するためには100万円を必要とします。この債
務の負担は，日本の金融機関から金利5％で100万円を円建てで借り入れる場
合と同様になります。

　しかし，外貨建て債務の負担は為替レートの変動によって変わります。為替レートが 1 ドル200円に減価したとします。そうすると，金利500ドルの支払に必要な金額は10万円となり，債務の返済に必要な金額は200万円となります。ここで注目すべきことは，外貨建ての金利と元本の金額は変わっていないにもかかわらず，借り手にとっての返済負担が増大することです。このことから，**外貨建て債務の返済負担は自国通貨の為替レートが減価するほど大きくなる**ことがわかります。途上国では，外貨建て（主にドル建て）で外国から資金調達を行う企業や金融機関が多く，こうした国で通貨の大幅な減価が起こると，債務の返済負担が増大し，その結果企業の倒産や金融機関の破たんといった事態が生じる可能性があります。

7-3　為替レートの変動に影響を与える要因

　本節では，為替レートの変動をもたらす経済的要因について説明します。為替レートの水準は，**外国為替市場**で決まります。外国為替市場は，民間銀行，為替ブローカー，輸出入業者，商社など国際貿易に関与する民間企業，そして通貨当局（中央銀行）が参加する市場です。新聞やテレビのニュースなどで日々報道される為替レートは，民間銀行や為替ブローカーが取引するインター・バンク市場で成立する為替レートのことを指します。

　為替レートは，外国為替市場における自国通貨と外国通貨の需要と供給が等しくなるように決まります。自国通貨を外国通貨に交換する場合，自国通貨を為替市場で売却してその対価として外国通貨を購入します。このとき，自国通貨の供給と外国通貨の需要が同時に生じることになります。外国通貨の需要（自国通貨の供給）の増加は，自国通貨に対する外国通貨の相対価値を上昇させるため，外国通貨が増価（自国通貨が減価）する要因となります。反対に，外国通貨を自国通貨に交換することは，自国通貨の増価（外国通貨の減価）要因となります。

　外国通貨と自国通貨の交換は，国境を越えるあらゆる経済取引に関連しているため，為替レートの変動に影響を与える要因は実にたくさんあります。為替レートの変動に影響を与える経済取引を大きく分けると，1）**経常取引**（貿易

など），2）**資本取引**（国際投資など），3）**投機取引**の３つとなります。経常取引は，貿易や対外資産の収益の支払，労働者の国際送金など，主に経常収支の計上項目に関連する取引を指します。資本取引は，対外投資や対外借入など，金融収支の計上項目に関連する取引を指します。そして，投機取引は，前節で説明した為替投機を目的とした通貨の売買のことを指します。

7-3-1　経常収支と為替レート

　まず，経常取引が為替レートに与える影響について説明します。自国から外国に財を輸出するとき，財の代金は外国通貨で支払われるため，自国の輸出業者は外国通貨を自国通貨に交換することによって販売収入を得ることになります。外国通貨を売却して自国通貨を得ていることから，外国為替市場では自国通貨への需要と外国通貨の供給が発生しています。反対に，外国から財を輸入する場合，輸入業者は自国通貨を外国通貨に交換して代金を支払うため，外国為替市場では外国通貨への需要と自国通貨の供給が発生しています。これらのことから，外国から代金を受け取る取引である輸出は自国通貨の増価要因，外国へ代金を支払う取引である輸入は自国通貨の減価要因となることがわかります。

　貿易収支は輸出と輸入の差額であり，輸出が輸入を上回れば黒字となります。このため，貿易収支の黒字は，自国通貨の増価要因が減価要因を上回ることから，自国通貨を増価させる要因となります。このことは，サービス収支や第一次所得収支など経常収支に関するすべての取引について適用されます。つまり，**経常収支の黒字は自国通貨の増価要因となり，赤字は自国通貨の減価要因となる**のです。

図7-9■為替レートの自動調整機能

　前節で説明したように，為替レートの変動は輸出品や輸入品の価格の変化を通じて貿易収支に影響を与えます。このため，経常収支の黒字もしくは赤字によって起こる為替レートの変化は，貿易収支への影響を通じて経常収支にも影響を与えることになります。このことを図示したものが図7-9です。経常収支黒字は自国通貨を増価させる一方で，自国通貨の増価は輸出の減少と輸入の増加（図7-4）を通じて貿易収支を悪化させ，結果として経常収支黒字を縮小させます。同様に，経常収支赤字による自国通貨の減価は貿易収支の改善を通じて経常収支赤字を縮小させます。このように，経常収支の黒字もしくは赤字を原因とする為替レートの変動が，経常収支の黒字や赤字の拡大を抑制するように働くことを**為替レートの自動調整機能**といいます。

7-3-2　金融収支と為替レート

　次に，資本取引が為替レートに与える影響について説明します。対外投資を行う場合，自国通貨を外国通貨に交換する必要があります。このとき，外国為替市場において外国通貨に対する需要と同時に自国通貨の供給が発生します。このため，対外投資の増加は自国通貨の減価要因となります。反対に，外国からの投資資金の流入（対内投資もしくは対外借入の増加）は自国通貨の増価要因となります。

　一般的に，国際投資を行う金融機関や投資家は，金利の高い国に投資を行う傾向にあります。これは金利の高い資産への投資から高い収益率を得ることができるからです。このため，金利の高い国は外国からの投資資金の流入が増加し，その結果として通貨が増価する傾向があります。一方，金利の低い国では，国内の金融機関や投資家が金利の高い外国へと投資を向ける傾向があるため，通貨が減価する可能性が高くなります。

　また，金融機関や企業は，好景気であったり高い経済成長が見込めたりする国に投資する傾向にあります。なぜなら，そのような国への投資からは高い収益が期待できるからです。このため，景気の良い国や経済成長率の高い国の通貨は，対内投資（外国からの資金流入）の増加によって増価する傾向があります。反対に，景気が悪く不況に陥る国では，国内から資金が流出することによって通貨が減価する傾向にあります。

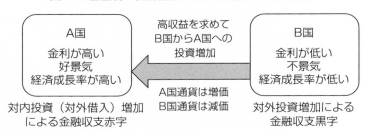

図 7 -10■金利・経済情勢の違いと為替レートの変動

　対外投資の増加は金融収支を改善させる一方で，対内投資や対外借入など外国からの資金流入の増加は金融収支を悪化させます。このことから，**金融収支の黒字は自国通貨の減価要因となる一方で，金融収支の赤字は自国通貨の増価要因となる**ことがわかります。以上のことをまとめたものが図 7 -10です。

　経常収支黒字が自国通貨を増価させ，経常収支赤字が自国通貨を減価させる影響を持つことから，経常収支と金融収支の黒字・赤字が為替レートに与える影響は正反対であることがわかります。第 2 章で説明したように，経常収支と金融収支は連動しており，経常収支が黒字（赤字）であるときは金融収支も黒字（赤字）となります。そのため，国際収支の観点から見ると，為替レートの増価圧力と減価圧力は同じようにかかっていると考えられます。このため，実際の為替レートの変動は，経常収支と金融収支のどちらの影響力が強く働いているのかによって決まってきます。

　国際資本移動の自由化が進み，国境を越えた投資資金の動きの規模が大きくなった現在では，金融収支の動向が為替レートに強い影響を及ぼすことがあります。例えば，国際的な金融機関や投資家が，ある国について将来高い経済成長が見込めると判断したとします。このとき，その国が外国からの投資の受入れに関する規制を緩め国際資本移動の自由化を進めていると，外国から多額の投資資金が流入する可能性があります。その結果，金融収支の赤字が拡大し，それによって投資受入国の通貨は増価します。外国からの投資資金の流入が増えると投資受入国の経済は活性化し，国内投資や消費といった内需が拡大していきます。内需が拡大すると，外国製品の輸入が増加し，以前は外国に輸出向けに生産していた国内企業も国内市場へと供給を切り替えるために，輸入が増

図7-11■国際投資（金融収支）が為替レートに影響を与えるケース

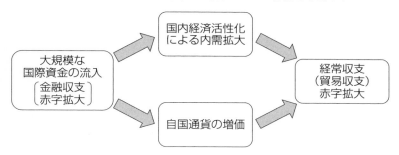

加し，輸出が減少します。さらに，対内投資の増加による自国通貨の増価も貿易に対して同様な影響を与えるため，投資受入国の貿易収支（経常収支）は金融収支と同様に悪化することになります。このように，大規模な国際投資の動きによって為替レートが変動するときには，経常収支が悪化しているにもかかわらず為替レートが増価するといった事態が生じることがあります（図7-11）。

7-3-3　将来の為替レートの変動に対する予想がもたらす影響

　前節で説明したように，投機取引とは為替レートの変動を利用して為替差益を得るために自国と外国の通貨を交換する取引です。このような投機取引も為替レートの変動に影響を与えます。例えば，図7-8（a）が示すように，将来自国通貨が減価すると予想する場合，投機取引によって利益を得るために，現時点で自国通貨を売却して外国通貨を購入する取引が行われます。この取引は自国通貨の減価（外国通貨の増価）要因となります。反対に，将来自国通貨が増価すると予想する場合は，現時点で外国通貨を売却して自国通貨を購入する取引が発生するため，自国通貨の増価（外国通貨の減価）要因となります（図7-8（b））。

　このように，将来の為替レートの変動を予想して行われる投機取引は，その取引自体が為替レートの変動に影響を与えます。将来の為替レートの変動の方向（通貨の減価または増価）に対する投機家（投機取引を行う金融機関や投資家）の見解が分かれる場合や，確信を持って予測することが難しい状況では，為替レートの変動に対する予想が外れて為替差損が発生することを恐れて，大

図7-12■為替レート変動に対する予想の自己実現

規模な投機取引は避けられることが一般的です。しかし，市場に参加する多くの投機家が為替レートの変動方向について一致した予想を共有し，その予想が実現すると強く確信する場合，大規模な投機取引が行われ，それによって為替レートも実際に大きく変動することがあります。

　そのとき起こる為替レートの変動は，直前の投機家たちの予想に従ったものとなります。例えば，多くの投機家がある国の通貨が減価すると予想した場合，その通貨に関する投機取引は，その通貨を減価させる大きな要因となり，実際にその通貨を減価させます。反対に，通貨の増価を予想する場合も同様です。このように，多くの投機家が一致する為替レートの変動に対する予想を持つと，その予想が投機取引によって実現する可能性が高まります（図7-12）。このような現象を**予想の自己実現**といいます。このような投機取引によって引き起こされる為替レートの変動は，次章で説明する通貨危機が発生する際にも重要な役割を果たすことになります。

7-3-4　購買力平価説

　最後に，長期的な為替レートの動向を説明する**購買力平価説**について説明します。購買力平価説は，2国間の物価水準の違いが為替レートに影響を与えるという考え方です。通常，物価水準はその国の通貨の購買力を示す指標と考えられています。通貨の購買力とは，一定の通貨量で購入できる商品（財）の量を指します。物価の高い国では，高い価格，すなわち多額のお金（通貨）を支払わなければ商品を購入できません。このことは，一定の数量の商品を購入するために多額の通貨が必要であるということを示しており，この国の通貨の

購買力が低いことを意味します。反対に，物価の安い国は，少ない通貨で同じ商品を購入することができるため，通貨の購買力が高いといえます。

　購買力平価説について説明する前に，その基礎となる一物一価の法則について説明します。日本で価格 p 円で売られている商品が，米国では p＊ドルで販売されているとします。このとき，米ドルの円建て為替レートを 1 ドル S 円とすると，円建てで評価したこの商品の米国での販売価格は S × p＊円となります。もし，米国での販売価格が日本での販売価格 p 円を上回る場合，日本でその商品を購入し，米国で販売すれば価格差分の利益を得ることができます。このように，同一の商品について，価格の安い国で購入して価格が高い国で販売することによって価格差分の利益を得ようとする取引のことを，**裁定取引**といいます。このような裁定取引が行われると，この商品の日本での価格は上昇し，米国での価格は下落するために，最終的に両国での販売価格は等しくなります。このように，同一の商品に関して裁定取引が行われる場合，長期的に同じ通貨で評価した両国での価格は等しくなるというのが**一物一価の法則**です。この法則が成立しているとき，次の式が成立します。

$$p = S \times p^*\qquad(7.2)$$

　この一物一価の法則を，両国の物価水準に当てはめたものが，次の**購買力平価式**です。

$$P = S \times P^*\qquad(7.3)$$

P は日本の物価水準，P＊は米国の物価水準を表します。(7.3) 式より，米ドルの円建て為替レート S は，次のように両国の物価水準の比率として表されます。

$$\text{米ドルの円建て為替レート } S = \frac{\text{日本の物価水準 } P}{\text{米国の物価水準 } P^*}\qquad(7.4)$$

(7.4) 式より，日本の物価水準 P の上昇は円の減価（S の上昇）を，米国の物価水準 P＊の上昇は円の増価（S の下落）を引き起こすことがわかります。この理由は，次のように説明できます。日本の物価水準が米国と比べて高くなると，同じ製品でも日本での価格が米国に比べて高くなるため，日本の米国からの輸入が増加し，貿易収支が悪化します。このため，円は減価します。日本の

物価水準が米国よりも低くなる場合は，それと逆の効果が生じ，日本の貿易収支の改善によって円が増価することになります。

購買力平価式は，2国間のインフレ率（物価上昇率）の違いが為替レートの変動に与える影響を示しています。(7.4) 式より，日本のインフレ率（Pの上昇率）が米国のインフレ率（P*の上昇率）よりも高くなるとき，円は減価（Sが上昇）することがわかります。このことから，**インフレ率の高い国の通貨は減価する傾向にあるのに対し，インフレ率が低い国の通貨は増価する傾向にあ**る**ことがわかります。**

図7-13は，企業物価指数（企業間で取引される財の価格を用いて導出された物価指数）を基に導出された購買力平価と実際の米ドルの円建て為替レートの推移を示しています。多少の違いはあるものの，円ドルレートの長期的な変動は，購買力平価の動きに連動していることがわかります。1970年代以降，米

図7-13■購買力平価と円の対米ドル為替レート

（注）　購買力平価は1973年基準。
（出所）　国際通貨研究所「主要通貨購買力平価（PPP）」より筆者作成

国のインフレ率は一時期を除いて常に日本よりも高く，そのようなインフレ率の差が，円が長期的に見て米ドルに対して増価傾向にあった大きな要因であったと考えられます。

　購買力平価は中長期の為替レートの動向を予測するための指標として利用されます。例えば，購買力平価の水準と比べて為替レートが急激に円高方向に進んだ場合，為替レートは本来の水準を大きく超えて円高に進み過ぎていると判断できます。そのとき，このような過剰な円高は持続的ではなく，将来的には購買力平価の水準に戻る可能性は高いため，為替レートが円安方向に変動することが予想されます。反対に，購買力平価に対して為替レートが大きく円安方向に進んでいる場合，中長期的にはどこかのタイミングで円高方向への反転が起こると予想できます。図7-13が示すように，2022年以降，円の対米ドル為替レートは購買力平価から大きく円安方向に変動しています。購買力平価説に基づいて予測するならば，このような過剰な円安は長続きせず，いずれかの時点で為替レートは円高方向に反転する可能性が高いと予測できます。

7-4　為替レートに影響を与える政策

　本節では，為替レートに影響を与える政策について説明します。為替レートに影響を与える政策には，政府が外貨準備を用いて外国為替市場に直接介入する政策と財政・金融政策があります。

7-4-1　外貨準備を用いた外国為替市場への介入

　外貨準備とは，第2章でも説明したように，通貨当局（中央銀行もしくは政府）が保有する外貨資産のことをいいます。金融収支の中の一項目である**外貨準備増減**は，一定期間内に政府が外貨資産をどれだけ売買したのかを示す指標です。

　政府が外貨資産を購入し外貨準備を増加させることを，外貨準備の**積み増し**といいます。政府の対外資産の購入は金融収支の黒字要因であるため，**外貨準備の積み増しは自国通貨の減価要因となります**。具体的には，政府は外貨資産を購入する際には，保有する自国通貨を外貨に交換する必要があり，その際に

図7-14■日本の外貨準備増減と円の対米ドル為替レートの推移

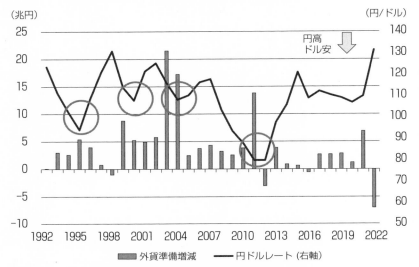

（出所）　日本銀行「時系列統計データ　検索サイト」より筆者作成

　自国通貨の供給と外国通貨に対する需要が生じるため，自国通貨は減価するのです。反対に，政府が保有する外貨資産を売却して外貨準備を減少させることを外貨準備の取り崩しといいます。政府による対外資産の売却は金融収支の赤字要因であるため，**外貨準備の取り崩しは自国通貨の増価要因となります**。具体的には，政府は外貨資産を売却することによって得た外国通貨を自国通貨に交換することによって，自国通貨を増価させるのです。

　このように，政府は外貨準備増減の操作を通じて為替レートに影響を与えることができます。図7-14は，日本の外貨準備増減と日本円の対米ドルレートの推移を示したものです。円高の進行がある程度進むと（図7-14内の丸で囲んだ時点），政府が外貨準備を大きく積み増している（外貨準備増減の黒字が大きくなる）ことがわかります。これは，政府が外貨準備積み増しによって円高の進行を防ごうとしていたことを示しています。

7-4-2 金融政策と為替レート

金融政策には，中央銀行が貨幣供給量を増加させる**金融緩和政策**と，貨幣供給量を減少させる**金融引締め政策**があります。貨幣供給量の変化は金融市場における市場金利（利子率）の変動を通じて景気に影響を与えます。通常，金融政策は中央銀行による政策金利の操作によって実施されます。金融緩和政策では，中央銀行は政策金利を引き下げ，金融引締め政策では政策金利を引き上げます[12]。金融緩和政策による貨幣供給量の増加は国内の市場金利を引き下げる効果を持ち，それによって国内投資が活発になることで国内の景気は拡大します。金融引締め政策は市場金利を上昇させて国内投資を抑制することで，過熱した景気を緩和し物価上昇を抑制します。

金利の変動は，国際資本移動を通じて為替レートに影響を与えます（図7-10）。具体的には，**金融緩和政策による国内金利の低下は自国通貨の減価要因**となり，一方で**金融引締め政策による国内金利の上昇は自国通貨の増価要因**となります。為替レートは2国間の通貨の交換比率であるため，外国の金融政策もまた自国の為替レートに影響を与えます。例えば，円の対米ドル為替レートを考える場合，日本銀行の金融緩和政策は円安ドル高の要因となりますが，一方で米国の中央銀行であるFRB（連邦準備銀行：Federal Reserve Bank）による金融緩和政策は円高ドル安要因となります。

図7-15は，2000年以降の日本と米国の政策金利と円の対米ドル為替レートの変動を示しています。日本の政策金利は，1991年のバブル崩壊に伴う景気悪化を受けて引下げが続き，1998年にはゼロ金利政策が導入されるに至りました。そのため，2000年以降の日本の政策金利はほぼゼロ金利水準を維持しています。

一方，米国の政策金利は，1990年代後半には5％を超える水準に維持されていましたが，2001年にITバブルが崩壊して景気が悪化すると，FRBは大胆に政策金利を引き下げる金融緩和政策を実施しました。その結果，日米の政策金利の差が急速に縮まったため，為替レートは円高ドル安へと変動しました。その後，米国の景気が回復すると，FRBは再び政策金利の引上げに転じたため，円高ドル安の動きは止まり，円安ドル高へと反転しました。

しかし，2008年にリーマン・ショックが発生すると，金融危機に伴う景気の

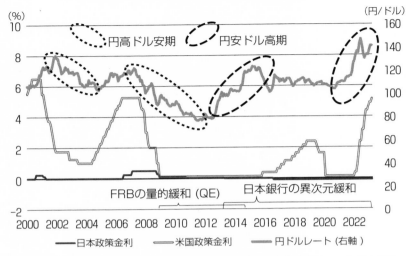

図 7 -15■日米の政策金利と円の対米ドル為替レートの推移

(注)　日本の政策金利は無担保コール翌日物を使用。米国の政策金利は FF 金利を使用。
(出所)　BIS（国際決済銀行）"Statistics" より筆者作成

悪化に対処するため，FRB は再び大胆な政策金利の引下げを行いました。その結果，為替レートは再び円高ドル安へと反転しました。さらに FRB は政策金利をゼロにするだけでなく，直接市場に資金を供給する**量的緩和政策**というこれまで以上の大規模な金融緩和政策を導入しました。そのため，為替レートは大きく円高ドル安へと動き，円は史上最高値を記録しました。

　その後，FRB が米国の景気回復を受けて量的緩和政策の終了時期を探る動きを見せた（2014年10月に米国の量的緩和政策は終了する）ことに加えて，2013年に日本銀行総裁に就任した黒田東彦氏が異次元金融緩和という量的緩和政策を新たに導入したことで，円高ドル安の動きは収束しました。そして，日米の中央銀行の金融緩和政策への姿勢の違いが，為替レートを大きく円安ドル高方向へと動かす要因となりました。

7 - 4 - 3　財政政策と為替レート

　財政政策には，景気拡大を実現させるために財政支出の増加や減税を行う**拡**

張<ruby>ちょう</ruby>的財政政策と，過熱した景気を抑制するために財政支出の減少や増税を行

う緊縮<ruby>きんしゅく</ruby>的財政政策があります。

　財政政策が為替レートに及ぼす影響は，金融政策と比べると少し複雑です。拡張的財政政策は財政赤字の増加をもたらします。第 2 章で説明した貯蓄投資バランスの観点から考えると，財政赤字の増加は経常収支を悪化させるため，自国通貨の減価要因となります。一方，財政赤字は金融市場で国債を発行することによって賄われるため，資金需要の増加を通じて金融市場の金利を上昇させます。国内の市場金利上昇に応じた外国からの資金流入は，自国通貨の増価要因となります。このため，拡張的財政政策が為替レートに及ぼす影響は，減価要因と増価要因のどちらが大きいのかによって決まります。政策を行う国が国際資本移動を自由化しており，市場金利の上昇に反応して大規模な外国資金の流入が発生する場合，拡張的財政政策は自国通貨の増価要因となります。反対に，その国が国際資本移動を厳しく規制している場合，拡張的財政政策は自国通貨の減価要因となります。緊縮的財政政策については，その反対が成立します（図 7 -16）。

　財政政策による為替レートの変動は，財政政策の効果そのものにも影響を及ぼします。国際資本移動が自由化されていて，拡張的財政政策が自国通貨を増価させる場合，それによって生じる輸出の減少と輸入の増加は総需要を減少させます。すると，それに伴って国内生産と雇用は減少するため，拡張的財政政策の景気拡大効果は弱められます。このように，国際資本移動が自由化されており，市場金利の変動に応じて大量の資金が国境を越えて移動する場合，財政政策はその効果を発揮しづらくなります[13]。

図 7 -16■財政政策が為替レートに及ぼす影響

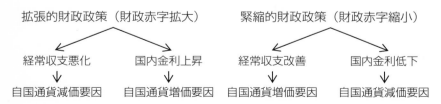

拡張的財政政策（財政赤字拡大）　　　緊縮的財政政策（財政赤字縮小）

経常収支悪化　　　国内金利上昇　　　経常収支改善　　　国内金利低下

自国通貨減価要因　自国通貨増価要因　自国通貨増価要因　自国通貨減価要因

7-5　2022年以降の円安の進行

　2022年に入ってから，円の対米ドル為替レートは大きく円安ドル高の方向に変動しました。2022年1月に1ドル115円ほどだった円の為替レートは，10月には1ドル150円近くまで減価しました（図7-17（a））。急速な円安の進行に対し，日本政府と日本銀行は9月と10月に外貨準備を取り崩して為替市場に介入しました（図7-14）。これにより，一時的に円高ドル安へと為替レートは反転しましたが，2023年に入り再び為替レートは円安ドル高の方向に変動しています。

　この為替レートの変動の最大の要因は，日本と米国の金融政策の違いです。米国では，2021年に入り新型コロナウイルスの感染拡大に対応して定められた行動制限を緩和したことやエネルギー価格の上昇などの影響を受けてインフレ率（消費者物価の上昇率）がFRBが目標としている2％を超えて大きく上昇しました（図7-17（b））。そのため，2022年に入るとFRBはインフレ抑制のために政策金利を大胆に引き上げていきました（図7-17（c））。

　これに対し，日本では行動制限の緩和が米国よりも遅れたこともあり，インフレ率の上昇は米国よりも遅れて発生し，その規模も米国に比べると小さいものでした。そのため，日本銀行は2013年以降行っている異次元金融緩和を継続し，政策金利はマイナス0.1％と極めて低い水準に抑え続けられました。その結果，2022年に入り為替レートは大きく円安ドル高へと変動しました。

　もう1つの大きな円安ドル高要因は，貿易収支の変化です。エネルギー価格は2021年頃から上昇していましたが，2022年のロシアのウクライナ侵攻によってエネルギー価格の上昇はさらに強まり，食料価格も大きく上昇しました。その影響によって，日本の貿易収支は2022年に入り，赤字へと転換しました（図7-17（d））。第一次所得収支の黒字が大きいため，経常収支の赤字化は免れましたが，貿易収支の赤字化に伴う経常収支黒字の縮小は円安ドル高の動きを後押ししました。

　円安の進行により，輸出や直接投資により国外に設立した国外子会社の円建ての利益が増加したために，日本企業の利益は大企業を中心に増加しました。

図7-17■2021年以降の円の対米ドル為替レートの変動

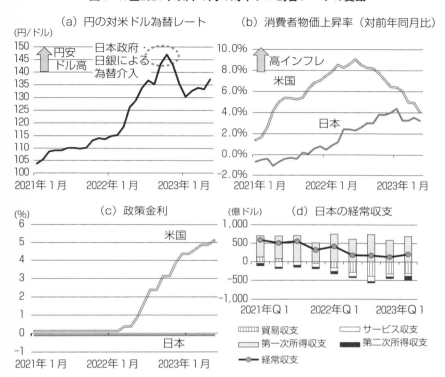

(注)　日本の経常収支は四半期（3ヵ月）ごとの値，その他は月ごとの値。
(出所)　IMF（国際通貨基金）"International Financial Statistics", "Balance of Payments and International Investment Balance Position Statistics" より筆者作成

しかし，それとは対照的に国内市場向けの販売比率の高い農業や製造業においては，原材料やエネルギーの輸入コストの上昇が大きな負担となりました。さらに，エネルギー価格や食料価格の上昇による消費者物価の上昇は，消費者にとっては大きな負担となりました（図7-6）。

　今後，円の対米ドル為替レートはどのように変動するでしょうか？　金融政策と国際収支の2つの観点から予測してみましょう。金融政策については，2022年の大胆な政策金利の引上げによって米国のインフレ率は低下し始めています。このため，FRBの政策金利の引上げもどこかで終了すると考えられます。

一方，日本では日本銀行の総裁が新しく植田和男氏に代わったことを受けて，10年近く続けられた異次元金融緩和が修正される可能性が高いと予想されています。米国の政策金利の引上げが終わり，日本銀行が金融緩和を弱めれば，為替レートは円高ドル安へと反転する可能性が高くなります。

　国際収支の観点から見ると，円安の進行は輸入の減少と輸出の増加により貿易収支を改善する効果を持ちます（為替レートの自動調整機能）。しかし，今回の貿易収支赤字の拡大はエネルギーや食料など，価格上昇によって簡単に輸入量を減少させることができない財の価格が上昇したことによって起こりました。そのため，これらの財の国際価格が下落しない限り，貿易収支の赤字は簡単には縮小しないでしょう。しかし，米国の大幅な物価上昇は，米国製品の価格を相対的に高くする一方で日本製品の価格を相対的に安くします。このため，日本製品の国際競争力が向上し，貿易収支は改善すると期待されます。現在の為替レートは購買力平価と比べて大幅に円安へと変動しているため，購買力平価説を考えると，中長期的には為替レートは円安ドル高へと反転する可能性が高いと考えられます（図7-13）。

（注）
1　この場合の自国通貨建てというのは，日本人の視点から見た場合を指します。次に述べる外貨建ても同じです。
2　プラザ合意とは，ニューヨーク州のプラザ・ホテルで開催された先進5ヵ国（米国，英国，西ドイツ，フランス，日本）の蔵相・中央銀行総裁会議で，協調的な米ドル安路線を図るとの合意が成立した出来事を指します。
3　図7-3では，3つの通貨のグラフを1つの図に重ねて表示していますが，各通貨の実効為替レート値の大小関係には意味はありません。どの通貨も2008年9月の平均値を100としてその基準値に対する相対値がどのように動いているのかを示しています。このため，2008年9月にはどの通貨の値も100となりますが，この時点で3つの通貨が同じ価値であったわけではないことに注意が必要です。
4　為替レートが1ドル100円のとき，100円と1ドルの価値が等しくなるので，100円の1万倍の金額である100万円は，1ドルの1万倍すなわち1万ドルと価値が等しくなります。このように，日本円でx円の金額をドル建ての金額に直す場合は，為替レートが1ドルy円のときにはx/yドルとなります。
5　米国での販売価格を1万ドルに維持すると，販売（輸出）量は変わりませんが，日本円での販売収入は200万円となるため，円建ての輸出による利益は増加します。輸出企業は，図7-4（a）のように，円安に応じて米国での販売価格を引き下げ

て輸出量を増やすことも可能ですが，販売価格の引下げ幅を小さくして，車1台当たりの円建ての利益を増加させることも可能です。

6　貿易収支の改善とは，貿易黒字の拡大もしくは貿易赤字の縮小を意味しています。貿易収支の悪化はその反対です。

7　為替レートの変動と貿易収支の変化に「ズレ」が生じるのは，輸出や輸入の取引契約は為替レートの変動に対してすぐに取り消したり変更したりすることができないためです。

8　元金xドルで金利が年r％のとき，1年後の金利収入はx×（r/100）ドルとなります。このため，元利合計はx＋x×（r/100）＝x×（1＋r/100）ドルとなります。本章の例の場合，元金1万ドルで金利年5％であるため，金利収入は1万×（5/100）＝1万×0.05＝0.05万ドルとなるため，1年後の元利合計は1.05万ドルとなります。

9　収益率＝（元利合計－元金）×100/元金となります。このため，100万円の元金が1年後に105万円となった場合，収益率は（105万－100万）×100/100万＝5％となります。

10　(7.1) 式は，次のようにして導出されます。元金x円，外貨建て債券の金利が年r％，現在の為替レートが1ドルe円，1年後の為替レートを1ドルE円とします。このとき，元金x円によってx/eドルの外貨建て債券を購入することができます。この外貨建て債券の1年後の元利合計は，（x/e）×（1＋r/100）ドルとなります。これを1ドルE円の為替レートで円に両替すると，E×（x/e）×（1＋r/100）円となります。これより，円建ての収益率を求めると

$$\frac{E\left(1+\frac{r}{100}\right)\frac{x}{e}-x}{x}\times100=\frac{E}{e}\left(\frac{E-e}{E}\times100+r\right)$$ となります。為替レートの変動が微小であるとき（eとEが極めて近い値となるとき），この式の近似値は$\frac{E-e}{E}\times100+r$となるため，(7.1) 式が導出されます。

11　注10で示したように，(7.1) 式は為替レートの変動が微小なときに成立する式です。そのため，本文の数値例のように20％の円高や円安となる場合は，(7.1) 式から導出される収益率の近似値と実際の収益率との間にズレが生じます。

12　政策金利とは，各国の中央銀行が設定する短期金利のことを指します。日本では無担保コール翌日物レート，米国ではフェデラル・ファンドレート（FF金利）が政策金利として扱われています。

13　マクロ経済学で学習するIS-LM曲線分析に国際資本移動を導入して拡張したマンデル＝フレミングモデルでは，国際資本移動が完全に自由となり，国際資金が少しでも金利の高い国へと一斉に移動する場合，財政政策は国内生産や雇用に対してまったく効果を持たなくなることが示されています。

■練習問題■

1．次の文について，正しいものには○，誤っているものには×と答えなさい。

① 1ドル200円から1ドル180円へと為替レートが変化するとき，円は米ドルに対して減価している。

② 米国から自動車を購入するとき，日本の消費者にとっては円高ドル安に為替レートが変動する方が望ましい。

③ 輸出比率が低く原材料を輸入に依存している生産者にとっては，自国通貨の減価は望ましくない。

④ 自国通貨の増価は，国内物価を上昇させる要因となる。

⑤ 金利が同じであるユーロ資産と円資産の購入を考える場合，将来円高ユーロ安になると予想するならばユーロ資産を購入する方が得である。

⑥ 外貨建て債務を多く抱える国にとって，自国通貨の減価は望ましくない。

⑦ 外国からの投資を多く受け入れたい国にとっては，自国通貨は減価傾向にあることが望ましい。

⑧ 輸入の増加は，その国の通貨を増価させる要因となる。

⑨ 外国で働いている労働者からの送金の増加は，その国の通貨を増価させる要因となる。

⑩ 外国からの投資資金流入の増加は，その国の通貨を増価させる要因となる。

⑪ 市場に参加する大半の投機家が将来為替レートは円高ドル安に変動すると予想すると，為替レートは円安ドル高へと変動する可能性が高くなる。

⑫ 購買力平価説によると，自国で物価が下落し，外国で物価が上昇している場合，自国通貨は増価する。

⑬ 政府による外貨準備の積み増しは，自国通貨の増価要因となる。

⑭ 金融緩和政策は，自国通貨の増価要因となる。

⑮ 国際資本が国内金利の変化に応じて大きく流入もしくは流出するような環境である場合，拡張的財政政策は自国通貨の増価要因となる。

2．次の文章の空欄に当てはまる語句を答えなさい。ただし，③，⑤，⑥以外

の空欄には減価もしくは増価のいずれかから選択して答えなさい。

　為替レートの変動は貿易や国際投資に大きな影響を与える。輸出を行う場合，自国通貨が（　①　）すると利益を得ることができるが，輸入を行う場合は，自国通貨が（　②　）すると利益を得ることができる。

　外国資産に投資する場合，自国通貨建てで換算した資産収益率は，外国資産自体の収益率に（　③　）を足し合わせたものに等しくなる。このため，自国通貨が将来（　④　）すると予想する場合，投資家は為替（　⑤　）を期待できるために積極的に対外投資を行う。

　為替（　⑤　）を得ることを目的に通貨の交換を行うことを（　⑥　）取引という。この取引では，例えば自国通貨が（　⑦　）すると予想する場合，現時点で自国通貨を購入し，予想が実現した後にそれらを売却することによって利益を得ることができる。

　一方，外貨建ての債務を多く抱えている企業にとっては，自国通貨の（　⑧　）は，自国通貨建ての債務返済負担が重くなることを意味している。

3．次の文の空欄に当てはまる語句を答えなさい。ただし，⑤と⑦以外の空欄には減価もしくは増価のいずれかから選択して答えなさい。

　一般的に，経常収支を改善するような出来事は，自国通貨の（　①　）要因となる一方で，金融収支を改善するような出来事は，自国通貨の（　②　）要因となる。さらに，多くの投機家が自国通貨の減価を予想することは自国通貨の（　③　）要因となる。

　Ａ国とＢ国が存在しており，Ａ国の金利がＢ国の金利よりも高い場合，Ａ国の通貨はＢ国の通貨に対して（　④　）すると考えられる。また，Ａ国の物価上昇率がＢ国の物価上昇率を上回るとき，（　⑤　）説に従うと，Ａ国の通貨はＢ国の通貨に対して（　⑥　）すると考えられる。

　政府や通貨当局による（　⑦　）の積み増しは自国通貨の（　⑧　）要因となる。マクロ経済政策が為替レートに与える影響としては，金融引締め政策は自国通貨の（　⑨　）要因となる。財政政策に関しては，国際資本移動の自由化が進んでいるほど，緊縮的財政政策は自国通貨の（　⑩　）要因となる可能性が高くなる。

第8章

為替相場制度と国際資本移動

<本章のねらい>

●為替相場制度とはどのような制度か理解する。

　☞ポイント：固定相場制度，変動相場制度，通貨同盟（共通通貨）

●固定相場制度，変動相場制度のメリット・デメリットについて理解する。

　☞ポイント：為替リスク，外貨建て債務，金融政策の自律性，資本逃避，投機攻撃，通貨危機，為替レートの自動調整機能，国際金融のトリレンマ

●為替相場制度と国際資本移動が世界経済に及ぼす影響について理解する。

　☞ポイント：中南米累積債務危機，アジア通貨危機，グローバル・インバランス，人民元切上げ問題，リーマン・ショック，欧州ソブリン危機

　本章では，為替レートに関する制度について説明します。前章で説明したように，為替レートはあらゆる対外取引と関連するために，為替レートに関する制度は国の経済にとって極めて重要なものとなります。

　為替レートを管理する制度のことを為替相場制度といいます。為替相場制度は国によって異なり，同じ国でも時期によって変化しています。また，為替相場制度に関する国際的なルールである国際通貨体制も長い歴史の中で大きく変化してきました。本章では，まず為替相場制度の種類と国際通貨体制の歴史について簡単に説明し，その後各為替相場制度の長所と短所について説明します。さらに，為替相場制度と国際資本移動が世界経済に与える影響について説明します。

8-1 為替相場制度の種類

　本節では，世界にどのような為替相場制度が存在しているのかについて説明します。

8-1-1 変動相場制度と固定相場制度

　一般的に，為替相場制度は**変動相場制度**と**固定相場制度**の2種類に分かれます。日本円の外国通貨に対する為替レートは，前章で説明したように，貿易や国際投資など様々な要因によって日々変動します。このように外国為替市場の需要と供給の変動によって為替レートが変動することを許容する制度を**変動相場制度**といいます。一方，政府が為替市場に介入することによって自国通貨の為替レートを特定の水準に固定する制度を**固定相場制度**といいます。

　表8-1は，2021年8月時点での世界各国の為替相場制度の分布をIMF（国際通貨基金：International Monetary Fund）の分類に基づいて示したものです。変動相場制度を採用している国は64ヵ国，固定相場制度を採用している国は65ヵ国，そして両制度の中間に位置付けられる中間的制度を採用している国は52ヵ国が存在しています。表8-1より，日本と同様に変動相場制度を採用している国は世界全体の約3分の1に過ぎないことがわかります。

　変動相場制度は，政府の介入の程度に応じてさらに「自由フロート」と「フロート」に分類されます。自由フロートを採用している国の政府は，原則として外国為替市場に介入を行わない方針を取る傾向があり，一方でフロートを採用している政府は，自由フロートの政府に比べてより積極的に為替市場への介入を行う傾向にあります。

　日本や米国，EU諸国など多くの先進国は自由フロートを採用しています。これに対し，変動相場制度を採用している途上国の多くはフロートを採用しています。

　固定相場制度は，ペッグ制，カレンシーボード，独自の法定通貨の放棄（ドル化，ユーロ化）の3つに分類することができます。**ペッグ制**は，特定の外貨（ドルやユーロ），または通貨バスケット（複数の通貨を合成して作った仮想的

表8−1■為替相場制度の分布

変動相場制度	自由フロート（32ヵ国・ユーロ圏19ヵ国を含む）	日本，米国，ユーロ，英国，カナダ，オーストラリア，メキシコ，チリなど
	フロート（32ヵ国）	ブラジル，インド，韓国，インドネシア，南アフリカ，トルコ，タイなど
中間的制度	クローリング・ペッグなど（52ヵ国）	中国，アルゼンチン，ベトナム，スイス，シンガポールなど
固定相場制度	ペッグ制（40ヵ国）	ドルペッグ：サウジアラビア，イラクなど ユーロペッグ：デンマークなど
	カレンシー・ボード（11ヵ国）	ドル：香港など ユーロ：ブルガリアなど
	独自の法定通貨の放棄（14ヵ国）	ドル化：エクアドル，パナマなど ユーロ化：コソボ，モンテネグロなど

（注）　・中間的制度は "Stabilized arrangement"，"Crawling Peg"，"Crawl-like arrangement"，"Pegged exchange rate within horizontal bands" に分類された国。
　　　　・Other management arrangement" に分類された12ヵ国は表からは除いている。

（出所）　IMF *Annual Report on Exchange Arrangements and Exchange Restrictions 2021* より筆者作成

な通貨）に対する自国通貨の為替レートを一定水準に固定する制度であり，最も一般的な固定相場制度です。

　ペッグ制の代表的なものに，米ドルとの為替レートを固定する**ドルペッグ制**があります。原油市場がドル建てで取引されるため，原油を輸出する中東諸国の多くはドルペッグ制を採用しています。一方，EU加盟国ではあるもののユーロを採用していないデンマークや，旧フランスの植民地であったアフリカの一部の国は，ユーロとの為替レートを固定するユーロペッグ制を採用しています。

　ペッグ制よりも厳格な固定相場制度に，政府に対して自国通貨と外国通貨との為替レートの遵守を法律で義務付ける**カレンシー・ボード制度**があります。さらに，自国の法定通貨を放棄して，ドル（もしくはユーロ）を公式通貨として採用する**ドル化（ユーロ化）**という制度を採用している国もあります。この場合，自国通貨が存在しなくなるため，為替レートそのものが存在しなくなっ

ています。このため，ドル化（ユーロ化）は最も厳格な固定相場制度と考える
ことができます。

8-1-2　中間的制度

　中間的制度とは，固定相場制度のように為替レートを完全に固定することは
ありませんが，政府が外国為替市場に介入して為替レートの変動幅を一定範囲
内に収める制度です。例えば，クローリング・ペッグ（Crawling Peg）制度は，
基本的には固定相場制度を採用しながら，小刻みに固定為替レートの水準を定
期的に調整することで，長期的に為替レートの変動を許容する制度となってい
ます。

　中国の為替相場制度はクローリング・バンド（Crawl-like arrangement）制
度と呼ばれるものです。この制度では，毎日の外国為替市場の取引が始まる直
前に政府によって基準となる人民元の為替レートが決められ，市場参加者はそ
の為替レートの上下２％以内の範囲で人民元と主要通貨との取引が認められ
ています。ただし，日々の為替レートの水準は固定されず，政府の判断や市場
の状況によって変動します。このため，厳密な意味では固定相場制度ではなく，
為替レートの変動をある程度許容していると考えられます。

8-1-3　通貨同盟（共通通貨の採用）

　複数の国が共通の通貨を採用することを**通貨同盟**といいます。最も代表的な
通貨同盟に**ユーロ**があります。ユーロは，ドイツ，フランス，イタリアをはじ
めとする EU 加盟国のうち20ヵ国（2023年９月現在）が使用している共通通貨
です[1]。これらの国は，ユーロが導入される以前は，マルク（ドイツ），フラ
ン（フランス），リラ（イタリア）など，独自の通貨を用いていましたが，欧
州統合の過程の中で共通通貨ユーロの導入が決定され，1999年に正式に導入さ
れました。

　通貨同盟では，加盟国間で共通通貨を使用するため為替レートそのものがな
くなります。このため，ドル化と同様に，加盟国間では厳密な固定為替相場制
度を採用していることになります。一方，通貨同盟加盟国と非加盟国との間で
は為替レートは存在しており，ユーロは他通貨に対しては変動相場制度を採用

しています。このように，通貨同盟に加盟している国は，加盟国と非加盟国に対して異なる為替相場制度を採用していると考えることができます。

　共通通貨には，ユーロの他に中部アフリカ CFA フラン（カメルーン，中央アフリカ，チャド，コンゴなど 6 ヵ国が使用），西部アフリカ CFA フラン（コートジボワール，セネガル，マリなど 8 ヵ国が使用），東カリブドル（ドミニカ，グレナダなど 8 ヵ国・地域が使用）があります[2]。

8 - 2　国際通貨体制の歴史

　本節では，各国の為替相場制度や国際的な為替取引に関する国際ルールである**国際通貨体制**の歴史について簡単に説明します。

8 - 2 - 1　国際金本位制

　世界初の国際通貨体制としては，19世紀後半に確立された**国際金本位制**が挙げられます。国際金本位制は，各国政府が自国通貨と金との交換レート（金平価）を固定し，国際取引の際には各国通貨の金平価から為替レートが導出されるという，実質的な固定相場制度でした。例えば，金本位制の下で日本は 1 円＝金約11.574グレインという金平価を採用しており，米国は 1 ドル＝金約23.22グレインの金平価を採用していました。このため，両国が貿易を行うときは 1 ドル＝約 2 円（≒23.22/11.574）の為替レートで円と米ドルの交換が行われていました。国際金本位制による為替レートの安定は，貿易や国際投資を促進し，世界経済のグローバル化を推進する大きな要因となりました。

　しかし，第 1 次世界大戦の勃発によって，各国は一時的に金本位制を停止せざるを得ませんでした。大戦後，各国は金本位制を復活させたものの，戦争で疲弊した経済では，金本位制の維持が困難になっていました。その後，1929年の世界大恐慌をきっかけに，各国は次々と金本位制から離脱し，国際通貨体制は崩壊しました。

8 - 2 - 2　ブレトンウッズ体制

　第 2 次世界大戦が終わる直前の1944年 7 月，米国ニューハンプシャー州のブ

レトンウッズに連合国の代表が集まり，大戦後の国際通貨制度が定められました。この制度は，**ブレトンウッズ体制**と呼ばれています。

　ブレトンウッズ体制では，各国は固定相場制度を採用することが求められました。ただし，戦前の固定相場制度を支えた金本位制が維持できなかったことを踏まえて，金平価の維持を義務付けられるのは，大戦によって世界の金の大半を保有することになった米国のみとなり，各国は米ドルとの為替レートを固定化するという**金ドル本位制**が採用されました。具体的にいうと，米国は米ドルの金平価を金１オンス＝35ドルに維持する一方で，日本は１ドル360円に米ドルとの為替レートを固定するというように，各国は米ドルとの為替レートを固定することによって，自国通貨の価値を保持しました。

　米国以外の各国は，米ドルに対する為替レートを定められた為替レートの上下１％以内に維持することを義務付けられましたが，経済状況の変化によって固定為替レートの維持が困難となったときには，為替レートそのものを変更することが認められました。自国通貨を減価させるような為替レートの変更を**平価切下げ**，増価させる変更を**平価切上げ**といいます。さらに，各国の固定相場制度の維持を支援する国際機関として**IMF（国際通貨基金）**が設立されました。

　金ドル本位制やIMFによって支えられた固定相場制度は，為替レートの安定化を通じて，自由貿易を促進するGATTと共に国際貿易の拡大を支えました。

　しかし，ブレトンウッズ体制は，1971年に米国がドルと金の交換を停止したことによって終焉を迎えることになりました（**ニクソン・ショック**）。その後1973年には，主要先進国は現在の変動相場制度へと移行しました。

　米国や日本を含む主要先進国が現在の変動相場制度を導入したのは，ブレトンウッズ体制が崩壊した1970年代初頭であり，変動相場制度の歴史はまだ50年ほどでしかありません。当初は，先進国のみが変動相場制度を採用していましたが，国際資本移動が活発になった90年代以降は，途上国でも変動相場制度を採用する国が増加し，現在に至っています。

8-3　固定相場制度

本節では，固定相場制度のメリットとデメリットについて説明します。

8-3-1　固定相場制度のメリット

固定相場制度を採用する1つ目のメリットは，**為替リスクを取り除くことによって貿易や国際投資が活発化する**ことです。前章で説明したように，為替レートの変動は，貿易，国際投資，そして対外借入を行う経済主体の収益に大きな影響を及ぼします。特に，外国為替市場が十分に発展していない途上国などでは，市場に為替レートの決定を委ねると，短期的に為替レートが激しく変動する可能性が高まります。急激な為替レートの変動は為替リスクを増大させ，貿易や国際投資の阻害要因となります。このため，貿易と国際投資を促進するためには，為替リスクを取り除く固定相場制度の方が，変動相場制度よりも望ましいと考えられます。

固定相場制度を採用する2つ目のメリットは**物価水準の安定**です。資源や生活必需品の多くを輸入に依存する国にとって，為替レートの変動が輸入物価に影響を及ぼすと，国内の物価水準が不安定になり，マクロ経済の運営を困難なものとします。特に，自国通貨の急激な減価は，輸入物価の上昇による国内消費者の購買力の低下や，原材料や部品の輸入コストの上昇を通じて，景気の悪化要因となります（前章の図7-6）。このため，インフレ率が低く通貨価値の安定しているドルやユーロのような通貨と自国通貨との為替レートを固定することは，国内の物価を安定させ，マクロ経済の安定化につながると考えられます。

3つ目のメリットは，**外貨建ての対外債務の返済負担の安定化**です。自国通貨の減価は，外貨建ての対外債務を抱える企業や金融機関に対して，自国通貨建ての金利支払や債務借り換え時の負担を増加させることになります。このため，自国通貨の急激な減価は，企業や金融機関の資金繰りに深刻な悪影響を及ぼし，経済危機の原因となる可能性があります。特に，国内の金融市場が十分発達しておらず外国資金への依存度が高い途上国にとって，為替レートが安定

することはとても重要です。

　このように，為替レートの変動が貿易や投資，マクロ経済に及ぼす悪影響を取り除くことが固定相場制度のメリットであり，国内の経済基盤が脆弱であり，経済発展を実現するために外国との貿易や国際投資の受入れが必要な途上国ほど，そのメリットは大きいと考えられます。

8-3-2　固定相場制度維持のための政策

　固定相場制度には様々なメリットがありますが，この制度を維持するためには政府（通貨当局）が常に外国為替市場に介入し，指定された為替レート（固定為替レート）の下で自国通貨と外国通貨の需要と供給が等しくなるように調整しなければなりません。

　固定相場制度を維持するための政策には，外貨準備を活用した為替介入，国際投資に影響を与える金融政策，そして固定為替レートそのものを変更する平価切上げ・切下げがあります。

　まず，外貨準備を活用した為替介入は次のように行われます。外国為替市場で外国通貨の需要が供給を上回る場合について説明します。このとき，為替市場では外国通貨が不足するため，政府の介入がなければ外国通貨は増価（自国通貨は減価）することになります。このような自国通貨に対する減価圧力がかかる中で，固定為替レートを維持しようとする場合，政府は為替市場に外国通貨を供給して需要と供給のバランスを取る必要があります。必要な外国通貨を調達するために，政府は外貨準備を売却し（取り崩し）ます。外貨準備を売却して得た外国通貨を為替市場に供給し，自国通貨を購入することで，固定為替レートを維持することができるのです。

　反対に，為替市場で外国通貨の供給が需要を上回る場合，為替市場では外国通貨が売れ残り，政府の介入がなければ外国通貨は減価（自国通貨は増価）することになります。このような自国通貨の増価圧力がかかる場合，政府は市場で余った外国通貨を自国通貨で購入することによって固定為替レートを維持します。政府は購入した外国通貨を使って外貨資産を購入します。これが外貨準備の積み増しとなります。

　このように，**政府は自国通貨に減価圧力がかかる場合は外貨準備を取り崩す**

ことで，増価圧力がかかる場合は外貨準備を積み増すことで為替レートの変動を防ぎます。

　しかし，このような外貨準備を活用した為替介入は，為替レート変動の強い圧力が持続すると，継続することは困難になります。例えば，自国通貨の減価圧力を防ぐために外貨準備を取り崩し続けると，最終的に外貨準備がなくなる（外貨準備が枯渇する）ため，政府は自国通貨の減価を防ぐことができなくなってしまいます。

　さらに，外貨準備の増減を伴う為替介入は，国内の貨幣供給量に変化をもたらすことから，国内景気に副作用を及ぼす可能性があることにも注意が必要です。例えば，政府が自国通貨の減価を防ぐために外貨準備を取り崩し，調達した外国通貨を使って自国通貨を購入する場合，政府は市場から貨幣（自国通貨）を購入することになるため，国内の貨幣供給量は減少します。これは金融引締め政策と同様な影響を国内に及ぼします。反対に，自国通貨の増価を防ぐために政府が市場で外国通貨を購入して外貨準備を積み増す場合，自国通貨が市場に供給されることから，貨幣供給量は増加します。そのため，金融緩和政策と同様な影響が国内に生じます。このため，外国為替市場への過度な介入は国内景気に悪影響を及ぼす可能性があることに注意する必要があります。

　為替介入が国内景気に与える影響を緩和するために，為替介入による貨幣供給量への影響を相殺（そうさい）するために行う金融政策を**不胎化政策**（ふたいか）といいます。例えば，自国通貨の減価を防ぐための市場介入に伴う貨幣供給量の減少を相殺するためには，金融緩和政策を実施することが不胎化政策となります。ただし，金融緩和政策自体が自国通貨の減価要因となるため，不胎化政策の実施には慎重（しんちょう）な判断が必要です。反対に，自国通貨の増価を防ぐための為替介入に伴う不胎化政策は，金融引締め政策になります。

　このように，固定為替レートの維持を目的とした外貨準備を活用した為替介入は，持続性に関する問題と国内景気に与える副作用という欠点があります。このため，固定相場制度を持続させるためには，政府は為替市場への介入がなるべく必要とならないようなマクロ経済環境を整える政策を実施する必要があります。

　そのような政策の1つが，金融政策です。前章で説明したように，金融緩和

表8-2■固定相場制度維持のための政策

	外貨準備の増減による為替市場への介入	金融政策	固定為替レートの変更
自国通貨に減価圧力	外貨準備取り崩し →不胎化政策を行わないと貨幣供給が減少する。 （金融引締め効果）	金融引締め政策 （政策金利の引上げ）	平価切下げ
自国通貨に増価圧力	外貨準備積み増し →不胎化政策を行わないと貨幣供給が増加する。 （金融緩和効果）	金融緩和政策 （政策金利の引下げ）	平価切上げ

政策は自国通貨の減価要因となり，金融引締め政策は自国通貨の増価要因となります。そのため，**外国為替市場で自国通貨の減価圧力がかかっている場合は，金融引締め政策を採用することで減価圧力を緩和することができます**。反対に，**自国通貨に増価圧力がかかっている場合は，金融緩和政策を採用することで増価圧力を緩和することができます**。このように，金融政策を活用することで，固定為替レートを維持しやすい環境を整えることができます。

　ここまでの話を，表8-2にまとめます。為替市場に自国通貨の増価もしくは減価圧力がかかる場合，政府は外貨準備を活用した為替介入や，金融政策によって固定為替レートの維持を試みます。表より，固定為替レートを維持するための不胎化政策の伴わない為替介入や金融政策は，国内景気に影響を及ぼすことがわかります。具体的にいうと，自国通貨の減価を阻止する政策は，金融引締め効果を通じて国内景気を悪化させる可能性がある一方で，自国通貨の増価を阻止する政策は，金融緩和効果を通じて国内景気を過熱させる可能性があります。

　このように，為替レートを固定するための政策は国内景気に影響を与えるため，継続的な実施は難しいものとなります。例えば，国内景気が悪化しているにもかかわらず，自国通貨への減価圧力を防ぐために外貨準備の取り崩しや金融引締め政策を行うと，景気はさらに悪化してしまい，国民の不満が高まる可能性があります。反対に，国内が好景気である状況で自国通貨への増価圧力を防ぐために外貨準備の積み増しや金融緩和政策を行うと，景気が過熱してしま

い，政策を継続することは困難となります。

　そのため，**固定相場制度を維持するための最終手段として，固定為替レートそのものを変更する平価切下げ（もしくは切上げ）が行われることがあります**（表8-2）。そもそも，自国通貨に対する減価圧力や増価圧力が継続的にかかるのは，政府の設定した固定為替レートの水準が国内の経済状況に適していなかったからだと考えられます。そのため，自国の経済状況に合わせて固定為替レートを変更することは，固定相場制度そのものの維持のために必要な政策と考えられます。

8-3-3　固定相場制度のデメリット

　固定相場制度のデメリットの1つ目は，国内景気に応じた金融政策を採用することができなくなることです。通常，政府は景気が悪いときには金融緩和政策を，景気が良いときには金融引締め政策を採用します。しかし，固定為替レートを維持するためには，景気が悪いときでも自国通貨の減価圧力を抑制するために金融引締め政策を実施せざるを得なくなる，もしくは，景気が良くても自国の増価圧力を防ぐために金融緩和政策を実施せざるを得なくなる状況が生じることがあります。このように，固定為替レートを維持するために，国内景気の状況に適さない金融政策を採用せざるを得なくなることを**金融政策の自律性の喪失**といいます[3]。

　また，為替レートは自国の金融政策だけでなく外国の金融政策にも影響を受けます。例えば，米ドルに対する固定相場制度（ドルペッグ）を採用している場合，米国が金融引締め政策を行うと自国通貨に減価圧力がかかってしまうため，それを防ぐためには，たとえ国内の景気が良くなかったとしても米国に同調して金融引締め政策を行わざるを得なくなります。このように，国内景気に合わせた金融政策を行うことが困難になるだけでなく，固定為替レートの対象となっている通貨を保有する外国が行う金融政策への追随が求められることも，固定相場制度がもたらす金融政策の自律性の喪失と考えられます。

　固定相場制度のデメリットの2つ目として，**為替レートの自動調整機能の喪失**があります。為替レートの自動調整機能とは，前章の図7-9で説明したように，例えば経常収支の赤字が生じると自国通貨が減価することで輸出が増加，

輸入が減少し，その結果として経常収支赤字が縮小することをいいます。このような自動調整機能は，経常収支の赤字や黒字の拡大を抑える役割を持っており，為替レートへの変動圧力を緩和する効果を持っています。しかし，固定相場制度を採用している場合，為替レートは固定されているため，経常収支の赤字や黒字の拡大を抑えることが難しくなります。このため，大規模な経常収支の赤字や黒字が定着している場合，固定相場制度を維持するための政策を継続する負担がかかり続けることになります。

固定相場制度のデメリットの3つ目として，**資本逃避や投機攻撃による通貨危機発生のリスク**があります。通貨危機とは，政府が自国通貨の減価圧力を防ぐことができなくなった結果，為替レートが急激に減価（急落）することによって起こる経済危機です。

通貨危機は次のようなプロセスで発生します。自国通貨に大きな減価圧力がかかる場合，政府は外貨準備を取り崩すことによって固定為替レートを維持しようとします。しかし，外貨準備を取り崩し続けた結果，外貨準備が枯渇してしまうと，固定為替レートを維持することは不可能となります。このとき，政府は平価切下げを行うか，固定相場制度を放棄し，変動相場制度を採用することで自国通貨の減価を許容せざるを得なくなります。

このため，大規模な経常収支赤字などが原因で通貨に大きな減価圧力がかかっている国の外貨準備が減少し続け，近いうちに枯渇するだろうとの予想が広まると，その国の通貨が大幅に減価することで生じる為替差益を狙った取引が発生します。

自国通貨の大幅な減価は，外貨建て資産の収益率を大きく上昇させます（前章の（7.1）式）。このため，自国通貨の大幅な減価を予測すると，国内の投資家や金融機関は，為替差益を狙って国内の資金を外貨資産への投資に向けようとします。このような，為替レートの大幅な減価を予測して外国へ資金が流出する現象を**資本逃避**といいます。資本逃避による国内からの資金流出は，金融収支の黒字要因となるため，自国通貨への減価圧力はさらに強まり，固定為替レートの維持がますます困難になります。

自国通貨が大幅に減価するとの予想が広まると，投機家も為替差益を狙った投機取引を始めます。このときによく利用されるのが**空売り**と呼ばれる手法で

す。これは，金融機関から借りた自国通貨を売却し，外貨を購入する手法です。もし自国通貨が予想通りに減価すれば，外貨を再び自国通貨に交換することで，投機家は元々借り入れた資金を返済しても大きな利益を得ることができます。空売りによる大規模な自国通貨売りは自国通貨の大きな減価圧力となるため，これもまた資本逃避と同様に固定為替レートの維持をますます困難にします。

空売りによる投機取引は，自国通貨が実際に減価しないと，投機家に損失をもたらすため，空売りを行う投機家たちは，自国通貨の減価が実現するまで空売りを続け，政府に固定為替レートの維持を諦めさせようとします。このように，政府に固定為替レートの変更を強いるほどの大規模な投機取引を仕掛けて，巨額の利益を得ようとする投機家たちの行動を**投機攻撃**といいます。

資本逃避と投機攻撃に抵抗しきれず，政府が固定為替レートの維持を諦めざるを得なくなった場合，自国通貨の減価が続くと予想される限り資本逃避と投機攻撃が続くため，非常に大規模な平価切下げを実行するか，固定相場制度を放棄して自国通貨の下落を市場に任せて見守るかのどちらかを選択せざるを得なくなります。このとき，自国通貨は急落します。

自国通貨の急落は，輸入物価の急上昇や外貨建て債務の返済負担の急増などにより，国内経済に深刻な悪影響を及ぼします。為替レートの急落によって起こる経済危機のことを**通貨危機**といいます。

8-4 変動相場制度

本節では，先進国を中心に変動相場制度が広まった理由と，変動相場制度に伴う為替リスクを回避するための手法である先物取引の仕組みについて説明します。

8-4-1 国際金融のトリレンマと変動相場制度

変動相場制度のメリットには，為替レートの自動調整によって経常収支の黒字や赤字の拡大が抑制されることや，資本逃避や投機攻撃による通貨危機が起こりにくくなるといった固定相場制度のデメリットの解消が挙げられます。同様に，金融政策についても，**変動相場制度の下では金融政策の自律性と国際資**

本移動の自由化の両立を実現できることが，変動相場制度のメリットとして挙げられています。

　そのことを理解するために，**国際金融のトリレンマ**という概念について説明します。国際金融のトリレンマとは，**為替レートの固定化，金融政策の自律性，国際資本移動の自由化の3つを同時に実現することができない**ことをいいます。

　その理由は，次のように説明されます。投資資金は金利が高い国へと向かう傾向があります。そのため，国際資本移動が自由化されている場合，自国と外国の金利差が大きくなると，大規模な投資資金の流入や流出が発生する可能性が高まります。こうした大規模な資金の動きは，為替レートを変動させる大きな圧力となるため，政府が為替レートを固定しようとする場合，外国との金利差が大きくならないように金融政策を調整しなければならなくなります。しかし，その結果として金融政策の自律性は制約され，これが前節で説明した固定相場制度のデメリットの1つとなっています。

　これに対し，国際資本移動を制限し，自国と外国の金利差に応じた投資資金の動きを抑制すれば，為替レートを固定しながら金融政策を自律的に行うことが可能となります。ただし，国際資本移動の制限は，外国からの資金の借入による国内投資の拡大や対外投資による国内投資よりも高い収益の獲得など，国際資本移動によって得る経済的利益を制限することになります。

　このため，国際資本移動がもたらす経済的利益を十分に享受（きょうじゅ）しつつ，金融政策の自律性も確保しようとする場合，政府は為替レートの固定化を諦（あきら）めざるを得なくなります。そうすると，為替相場制度は変動相場制度を採用せざるを得ないということになります。

　戦後成立したブレトンウッズ体制では，固定相場制度の維持と各国の金融政策の自律性を実現するため，各国が国際資本移動を規制することが認められていました。しかし，国際貿易の拡大に伴い，国際資本移動を規制することは困難になっていきました[4]。同時に，国際投資による利益を追求する金融業界も政府に対して国際資本移動の規制緩和を求めるようになりました。こうして，国際資本移動の規制緩和が進み国際投資が拡大するにつれて，固定相場制度の維持はますます困難になっていきました。そのため，ニクソン・ショックをきっかけにブレトンウッズ体制が崩壊した後，多くの先進国は変動相場制度へ

と移行しました。

　第 1 章で説明したように，80年代以降，先進国では国際資本移動が自由化され，90年代に入ると途上国でも国際資本移動を自由化する国が増えたことによって，国際投資の規模は増加しました（第 1 章の図 1 - 2）。途上国はブレトンウッズ体制が崩壊した後も固定相場制度を継続していましたが，対内投資の増加に伴い，固定相場制度の維持が困難になり，通貨危機などをきっかけに変動相場制度への移行が見られるようになってきました。このように金融のグローバリゼーションの展開が，変動相場制度を採用する国が増えている背景となっています。

　図 8 - 1 は，国際金融のトリレンマを図示したものです。為替レートの固定化，金融政策の自律性，国際資本移動の自由化のうち，変動相場制度は，国際資本移動の自由化と金融政策の自律性を選択した制度，ブレトンウッズ体制は，為替レートの固定化と金融政策の自律性を選択した制度となります。

　為替レートの固定化と国際資本移動の自由化を選択する制度としては，国際金本位制が挙げられます。国際金本位制の下では，各国が金平価を設定することによって，為替レートが固定されていました。一方で，国際資本移動は完全に自由化されており，投資家は自由に国外への投資を行うことができました。しかし，各国の貨幣供給量は金の保有量（金準備）によって制限されており，政府が金融政策によって操作することはできませんでした。

　多くの EU 加盟国が採用しているユーロのような共通通貨（通貨同盟）も，加盟国間での為替レートの固定化と国際資本移動の自由化を選択していると考えられます。通貨同盟は加盟国間の厳密な固定相場制度を意味し，ユーロ採用

図 8 - 1 ■国際金融のトリレンマ

国間の経済取引においては為替リスクが存在しません。そして，EU 加盟国間では国際資本移動は完全に自由化されています。ただし，ユーロは1998年に設立された ECB（欧州中央銀行：European Central Bank）のみが発行しているため，ユーロ圏の金融政策は ECB によって決定されており，加盟国の金融政策の自律性は完全に失われています。

8-4-2　為替リスクと為替予約

　変動相場制度を採用するデメリットは，為替リスクが生じることです。為替レートの変動は，貿易や国際投資の収益を不安定にし，時には予期せぬ為替レートの変動によって損失が生じることもあります。このため，変動相場制度の下で国際取引を行う企業や金融機関は，為替リスクからの損失をいかに回避するのかを考えなければなりません。

　このような為替リスクを回避する最も一般的な方法の1つが，**為替予約**です。例えば，輸出による商品取引の契約が結ばれ，3ヵ月後に外国の業者から外貨建て代金を受け取るとします。このとき，契約時点と決済時点の3ヵ月の間に自国通貨が増価すると，決済時に受け取る自国通貨建ての収入額が契約時点に想定した額よりも少なくなるという為替差損が発生します。為替予約は，このような為替差損を防ぐために，契約時点であらかじめ3ヵ月後の決済時点における外貨の購入または売却の契約を結ぶことを指します。この3ヵ月後の自国通貨と外貨の為替レートのことを**先物レート**といいます。これに対して，現時点で直ちに通貨を交換するときの為替レートを**直物レート**といいます。通常，われわれがニュースなどで目にする為替レートは，直物レートです。為替予約を行い，将来の決済時点における為替レートを確定させることによって，為替リスクをある程度回避することが可能です。

8-5　国際資本移動と経済危機

　本節では，国内からの急速な資金流出や為替レートの急落によって引き起こされる経済危機について説明します。経済危機には，金融システムが機能不全に陥る**金融危機**，政府が巨額の債務を抱え込むことから起こる**債務危機**や，自

国通貨の為替レートが急落することによって起こる**通貨危機**などがあり，これらの危機が複合的に発生することもあります。

表 8 - 3 は，1980年代以降に起こった主な経済危機を示したものです。経済危機の多くは途上国で起こっています。本節では，これらの経済危機の中から，82年に起こった中南米累積債務危機，97年に起こったアジア通貨危機について，危機が起こった背景を説明します。

8 - 5 - 1　中南米累積債務危機

中南米累積債務危機は，1982年 8 月にメキシコ政府が対外債務に対して債務不履行（デフォルト）を宣言したことをきっかけに，アルゼンチン，ブラジル，チリなど多くの中南米諸国で起こった経済危機です[5]。

債務危機の背景にあったのは，中南米諸国の政府が抱える巨額の債務の存在です。当時の中南米諸国は政府主導の開発戦略を実施しており，政府がインフラ整備などの公的投資に積極的に取り組み，国有企業など巨大な公的部門が存在していました。それに対して，政府の徴税能力が低く税収が伸び悩んだ結果，政府の財政赤字は大きく膨らんでいきました。

表 8 - 3 ■世界で起こった主な経済危機

時期	国・地域
1982-89	中南米累積債務危機（メキシコ，アルゼンチン，ブラジルなど）
1992-93	欧州通貨危機（英国，イタリア）
1994-95	メキシコ通貨危機
1997-98	アジア通貨危機（タイ，フィリピン，韓国，インドネシア，マレーシア）
1998	ロシア通貨危機
1998-99	ブラジル通貨危機
2000-01	トルコ通貨危機
2001-02	アルゼンチン債務危機
2008	リーマン・ショック（米国・欧州における住宅バブル崩壊）
2009-10	欧州ソブリン（国家債務）危機 （ギリシャ，ポルトガル，アイルランド，スペイン，イタリア）

中南米諸国は国内貯蓄も低水準であったため，財政赤字の資金調達は，中央銀行による国債の買い取りや，外国からの借入に頼る必要がありました。このような中南米諸国に資金を提供したのは，米国を中心とした先進国の民間金融機関でした。1970年代の石油ショックにより，産油国から巨額の資金（オイルマネー）が金融市場に流入したため，その資金の運用先を求めていた金融機関は，石油ショックの影響で不況に苦しむ先進国ではなく，当時経済成長が著しかった中南米諸国への貸付を増やしていきました。

　しかし，80年代に入ると状況は変わります。1981年に発足した米国のレーガン政権は，オイルショックの影響で高騰した物価を抑制するために政策金利を歴史的高水準へと引き上げ，一方で輸入物価を抑制するために米ドルの増価を容認する高金利・ドル高政策を導入しました（**レーガノミクス**）。これを受けて，これまで中南米諸国へ資金を供給していた先進国の金融機関は，資金の運用先を米国に移していきました。そのため，中南米諸国は新規資金の借入が困難になっていきました。さらに，中南米諸国は，ドル建てかつ変動金利で外国の金融機関から資金を借り入れていたため，米国の金利上昇とドル高の進行によって，対外債務の返済負担が重くのしかかるようになりました。

　対外債務を返済するためには外貨が必要ですが，中南米諸国では中央銀行が国債を買い取ることで財政赤字を埋め合わせる政策が行われており，その影響で急激なインフレーションが起こっていました。高いインフレ率による物価上昇の影響で中南米諸国の輸出競争力は弱くなっていました。また，1980年代に入ると資源価格も低下したため，一次産品の輸出収入も減少し，輸出による外貨獲得は困難なものとなっていきました。その結果，対外債務の金利支払や返済に対処するために，新たな対外借入を増やさざるを得ない状況となり，対外債務の資金繰りはますます困難になっていきました。政府は外貨準備を取り崩すことによって外貨を供給しましたが，外貨準備の減少が進むと，将来の平価切下げを予想した資本逃避が起こり始め，外貨準備の減少はますます加速しました。

　その結果，外貨準備が枯渇に迫り対外債務の元利支払が困難になったと判断したメキシコ政府は，1982年に債務不履行を宣言せざるを得なくなりました。この危機は，政府が積み重ねた対外債務の返済が困難になったことによって起

こった経済危機であるため，累積債務危機と呼ばれます。

　メキシコが債務不履行を宣言したことをきっかけに，ブラジルやアルゼンチンなど他の中南米諸国もメキシコと同様に対外債務の利払いが困難な状況に陥っていることが明らかになりました。その結果，これらの中南米諸国も債務危機に巻き込まれることになりました。

　債務危機に陥った中南米諸国は，IMF（国際通貨基金）に救済を求めました。IMF は，資金繰りの支援や先進国の金融機関に対して債務繰り延べの要請を行う条件として，中南米諸国に対して社会保障の削減や国有企業の民営化による財政赤字の削減，高騰したインフレ率を抑制するための金融引締め政策，そして経常収支改善のための大幅な平価切下げなどの実施を求めました。このように，経済危機に陥った国に対して条件付きで支援することをコンディショナリー（条件付き支援）といいます。コンディショナリーに基づく緊縮的なマクロ経済政策の実施によって，中南米諸国の景気は長期にわたって低迷しました。

　図8-2は，累積債務危機前後におけるメキシコの国際収支とメキシコ・ペソ建ての対米ドル為替レートの動向を示したものです。債務危機が発生する以前には，経常収支と金融収支の赤字が共に拡大していました。ただし，経常収支の内訳を見ると，当時の赤字の半分以上は第一次所得収支の赤字が占めており，対外債務の金利支払を賄うために，外国からの借入をさらに増やしていた状況であったことがわかります。

　しかし，1982年には金融収支の赤字が急速に減少し，その翌年には金融収支は黒字に転じました。このことから，債務危機の前後で外国からの資金流入が減少し，国内からの資金流出が発生したことがわかります。また，1981年と1982年に誤差脱漏として多額の赤字が計上されていますが，これは統計上では捉えられていない形で大量の資金が国外に流出していたことを意味しており，平価切下げの予想から生じた大規模な資本逃避が含まれていた可能性があります。債務危機が起こった1982年には外貨準備増減の項目が大幅な赤字となっており，対外債務への支払のために政府が外貨準備を取り崩して市場に外貨を供給していたことがわかります。

　累積債務危機発生後，IMF のコンディショナリティに従ってメキシコ・ペソは大幅に切り下げられました。債務危機発生前は1ドル約0.2ペソの固定相

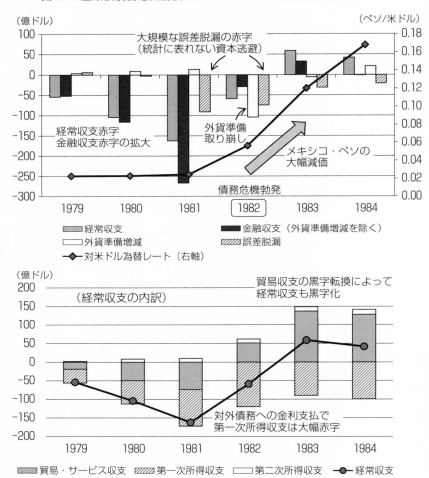

図 8-2 ■累積債務危機前後におけるメキシコの国際収支と為替レート

（出所） IMF "Balance of Payments and International Investment Position Statistics" および "International Financial Statistics" より筆者作成

場制度が採用されていましたが，債務危機発生後の 2 年間でペソは危機発生前と比べて約600％も切り下げられました。この平価切下げによって輸出競争力が向上し，さらに財政赤字削減と金融引締め政策によって内需が縮小したため，貿易収支が大幅な黒字となり，その結果，経常収支は黒字に転じました。

8-5-2　アジア通貨危機

　アジア通貨危機は，1997年にタイ政府が固定相場制度（ドルペッグ）から変動相場制度へと移行したことによってタイ・バーツが急落したことをきっかけに，タイと同様なドルペッグ制度を採用していた韓国，フィリピン，インドネシア，マレーシアの通貨が次々と急落したことによって起こった経済危機です。

　1980年代，タイを含む東アジアの国々は工業化に成功し，東アジアの奇跡とも称される高成長を実現していました。中南米諸国と異なり，当時の東アジア諸国の財政状況は健全でインフレ率も低く，他の途上国に比べてマクロ経済環境も極めて良好でした。さらに，1ドル25バーツとするドルペッグ制を採用していたため，為替リスクも存在しないと考えられていました。その結果，海外から多くの投資資金が流入しました。

　特に，タイは1993年にオフショア市場を設立し，資本市場を外国に開放したため，外国から大量の投資資金が流入することになりました[6]。外国からの投資資金を得たタイ国内の地場銀行は，不動産投資などに過剰な融資を行いました。その結果，資産バブルが発生し，国内経済は過熱しました。

　図8-3は，通貨危機前後におけるタイの国際収支とバーツ建ての対米ドル為替レートの動向を示したものです。通貨危機が発生するまで，タイでは金融収支と経常収支の赤字が共に拡大していたことがわかります。外国からの投資資金の流入はタイの金融収支の赤字を拡大させる一方で，国内経済の過熱によって輸入需要も増加したため，経常収支の赤字も拡大していきました。しかし，経常収支赤字を上回る外国資金の流入（金融収支の赤字）があったため，タイの通貨には増価圧力がかかっており，政府は外貨準備を積み増すことによって固定為替レートを維持していました。外貨準備の積み増しは金融緩和効果をもたらすため（表8-2），国内経済はさらに過熱していきました。

　しかし，1995年に米国のクリントン政権が強いドル政策を打ち出したことをきっかけに状況は変わります。強いドル政策による米ドルの増価は，ドルペッグ制を採用するタイ・バーツにとって米ドル以外の通貨に対する為替レートが増価することを意味しました。このため，タイの工業製品の輸出競争力が低下し始めました。そして，輸出の減少によって経済成長が鈍化したことを受けて，

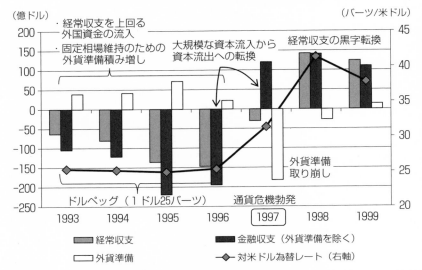

図8-3■アジア通貨危機前後におけるタイの国際収支と為替レート

（出所）　IMF "Balance of Payments and International Investment Position Statistics" および "International Financial Statistics" より筆者作成

資産価格も下落し始めました。それに伴い，これまで流入していた外国資金はタイから引き揚げ始め，金融収支の赤字は縮小へと転じました。金融収支の赤字が縮小すると，今度はタイ・バーツに減価圧力がかかってきたために，タイ政府は外貨準備を取り崩すことによって固定為替レートを維持しようとしました。

　しかし，外貨準備が減少した時期を狙って，欧米のヘッジファンドが，タイ・バーツの固定相場制度が持続できなくなると予想し，投機攻撃を仕掛け始めました[7]。タイ政府は外貨準備を取り崩して抵抗したものの，外貨準備の急減によって抵抗も続かず，97年7月に固定相場制度を放棄し変動相場制度へと移行しました。その結果，タイ・バーツは急落し，大量の資金がタイ国内から流出しました。

　タイ・バーツの急落に伴い，米ドル建ての対外債務を大量に抱えていた国内の多くの銀行は，自国通貨建ての負債が急増し，経営危機に陥りました。その結果，通貨危機は金融危機へと発展し，タイの実質経済成長率は，通貨危機前

の 5 年間の平均成長率 8 ％から，97年には約－2.8％，翌年の98年には約－7.6％まで急激に低下しました。その後，タイ・バーツの大幅な減価により輸出競争力が回復したことと，景気の悪化による内需の減少により経常収支が黒字化し，バーツの減価は収束しました。その後，輸出の増加によりタイの経済は再び成長軌道へと戻りました（図 8 - 3 ）。

　タイ・バーツの急落により，タイと同様にドルペッグ制を採用していた他の東アジア諸国の為替レートの安定性にも，疑問の目が向けられるようになりました。その結果，ヘッジファンドの投機攻撃により，マレーシア，フィリピン，インドネシア，韓国へと通貨危機は広がっていきました。特に，インドネシアの通貨ルピアはわずか半年で価値が 5 分の 1 にまで暴落しました。為替の急落に伴う国内物価の急上昇は，民衆の暴動へとつながり，当時のスハルト独裁政権の崩壊にまで至りました。韓国でも，資金繰りの悪化が原因で一部の財閥が倒産に追いやられました。

　1990年代後半から2000年代初頭にかけて，アジア通貨危機と同様に，国内から投資資金が急激に流出することをきっかけとした通貨危機が多くの途上国で発生しました（1994年メキシコ，1998年ロシアとブラジル，2000年トルコ，2001年アルゼンチン）。これらの国々は通貨危機をきっかけに固定相場制度から変動相場制度へと移行しました。

8 - 5 - 3　米国の金融政策と途上国の通貨危機

　中南米累積債務危機とアジア通貨危機は，どちらも途上国から資金が急速に流出することによって発生しました。第 2 章の国際収支発展段階説で説明したように，発展段階初期の途上国の多くは経常収支と金融収支が共に赤字となる傾向にあります。その上で，貿易・国際投資の活発化や，マクロ経済の安定を目的に途上国の多くが固定為替相場制度を採用していました。しかし，固定相場制度の下で外国からの資金流入が拡大すると，経済の過熱を抑えることが困難となりました。過熱した経済は最終的には景気後退に転じます。その過程で資本逃避や投機攻撃が発生し，為替レートの急落と経済危機が起こったのです。

　注目すべきことは，累積債務危機と通貨危機共に，米国の金融政策の転換がそのきっかけとなったことです。中南米累積債務危機の場合は，レーガノミク

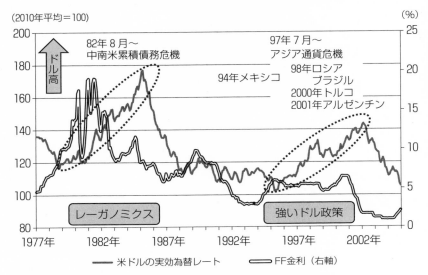

図 8 - 4 ■米ドルの為替レートの推移と途上国の経済危機

(注) 実効為替レートは名目実効為替レートの Monthly Data: Broad Indices を用いている。
(出所) BIS（国際決済銀行）'Statistics' より筆者作成

スによる高金利・ドル高政策が，アジア通貨危機の場合は，クリントン政権に
よる強いドル政策への転換が，両地域の景気の悪化へとつながりました。図
8 - 4 より，米ドルが長期的に増価している期間に途上国で経済危機が発生し
ていることがわかります。このように，米国の金融政策の動向は，途上国の経
済に大きな影響を与えています。

8 - 6　2000年代以降の国際資本移動の動向

　本節では，2000年代以降の国際資本移動の動向が世界経済に及ぼした影響に
ついて説明します。

8 - 6 - 1　グローバル・インバランスと国際資本移動

　2000年代の世界経済は，それ以前とは大いに異なる様相を示していました。

この時期の注目すべき点は，途上国が歴史的高水準の経済成長を実現したこと
です。図 8 - 5 は，世界の経済成長率を先進国と途上国とに分けて示したもの
です。2000 年代に入るまでは，先進国と途上国の経済成長率に大きな違いはあ
りませんでしたが，2000 年以降は，途上国の経済成長率は大きく上昇し，先進
国に大きく差をつけるようになりました。特に，中国は 90 年代後半から急速に
工業化を進め，世界の工場としての地位を確立し，年率 10％以上の高い経済成
長率を実現しました。

　一方，2000 年代に入ると，経常収支黒字国の黒字と赤字国の赤字が共に拡大
していきました。このような状況は**グローバル・インバランス（世界的不均
衡）**として知られています。経常収支黒字が拡大したのは，日本やドイツと
いった工業製品の輸出競争力が高い先進国，中国や NIEs，ASEAN 5 といっ
た工業化に成功したアジアの新興途上国，そして原油を輸出する中東や北アフ
リカの地域です[8]。一方，経常収支赤字が拡大したのは，米国，英国およびド

図 8 - 5 ■世界経済の実質 GDP 成長率の推移

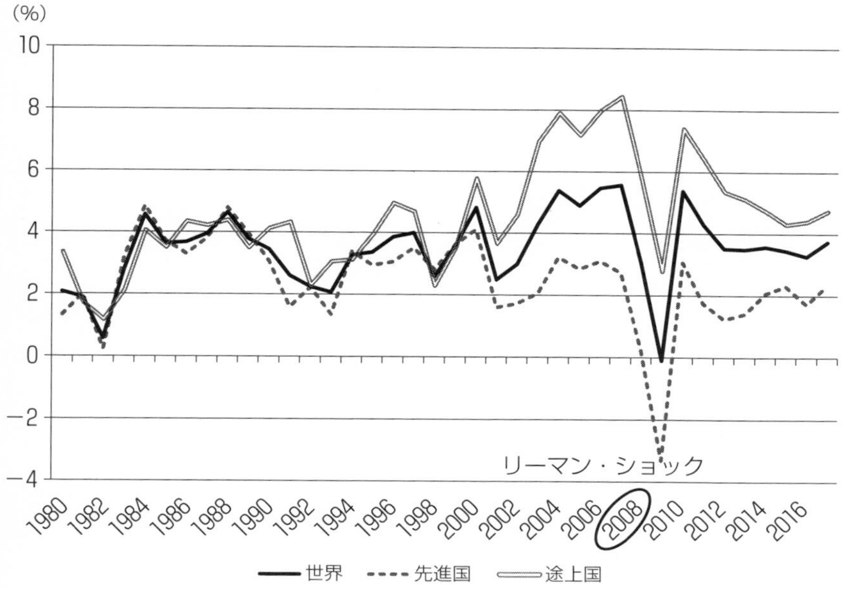

（出所）　IMF "World Economic Outlook Database" より筆者作成

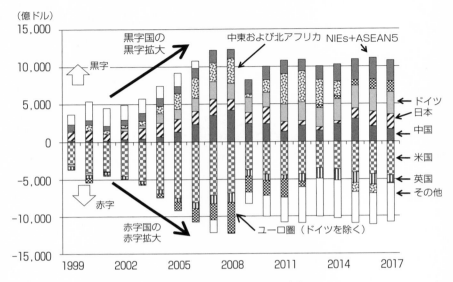

図 8 - 6 ■グローバル・インバランス

（注）　NIEs＋ASEAN 5 は，韓国，台湾，シンガポール，香港，タイ，マレーシア，フィリ
　　　ピン，インドネシア，ベトナムの合計。
（出所）　IMF "World Economic Outlook Database" より筆者作成

イツを除いたユーロ圏の国々です（図 8 - 6 ）。

　グローバル・インバランスが発生した背景には，次のようなことがありまし
た。まず，2000年代に入ると欧米諸国では住宅バブルが発生し，住宅関連への
投資が増加したことによって内需が拡大していきました。米国では，2000年の
IT バブル崩壊に応じて FRB が大胆な利下げを行ったことが，欧州では1999年
の共通通貨ユーロの導入をきっかけに金融市場における投資環境が改善したこ
とが住宅バブルを後押ししました。

　欧米諸国の内需拡大は工業製品の需要を増加させたため，工業製品輸出国の
輸出は増加しました。また，欧米諸国の内需拡大と工業国の工業生産の拡大は，
原油や鉄鉱石などの天然資源への需要も増加させ，その結果，資源価格は急上
昇しました（第 4 章の図 4 -10）。これにより，資源輸出国の輸出も増加しまし
た。輸出の増加による経常収支黒字の拡大に対して，中国をはじめとする東ア

ジアの工業輸出国と中東諸国は外貨準備を積み増すことによって自国通貨の増価を防ぎました。中東諸国はドルペッグ制を維持しようとし、東アジア諸国は自国通貨の増価による輸出競争力の低下を防ごうとしたのです。外貨準備の積み増しの多くは米国債の購入によって行われたため、これらの国々の経常収支黒字は外貨準備の積み増し（米国債の購入）を通じて米国へと還流されていきました。

　以上のことをまとめたものが図 8 - 7 です。グローバリゼーションによって、国境を越えたモノ・カネの動きが活発化する中、各国が相互依存を深めていったことがわかります。

　2000年代以降の新興途上国（経済成長率の高い途上国）の国際収支の推移を示したものが図 8 - 8 です。グローバル・インバランスが拡大した2000年代初頭に経常収支の黒字が大幅に拡大していることがわかります。一方、外貨準備を除く金融収支は赤字になっていることから、外国から投資資金が純流入していることがわかります。これらの途上国には高い経済成長が見込めることから高収益を求めた外国資金が流入しているのです。経常収支黒字と外国資金の流入は共に途上国の通貨を増価させる要因となりますが、それを防いでいるのが大規模な外貨準備の積み増しによる外貨準備増減の黒字です。この時期、新興途上国全体の外貨準備の保有額は大きく増加しました。

8 - 6 - 2　中国の人民元切上げ問題

　2000年代以降の世界経済で最も力強い経済成長を実現したのが中国です。中国は、低賃金の労働力を武器に欧米諸国への輸出を増加させることで高度経済成長を実現しました。しかし、米国の製造業生産者は、安価な中国製品との競争に苦しむようになり、中国からの輸入の増加に不満を抱くようになりました。そのため、米国政府は、中国が巨額の経常収支黒字を計上しているにもかかわらず米ドルに対する為替レートを固定していることについて、「中国は輸出を増加させるために為替レートを不当に安く誘導している」と主張し、中国に対して**人民元の切上げ**を要求するようになりました。

　図 8 - 9 は、中国の国際収支と人民元建ての対米ドル為替レートの推移を示したものです。中国は90年代後半から 1 米ドル8.28元のドルペッグ制を採用し

図8-7■グローバル・インバランスの構造

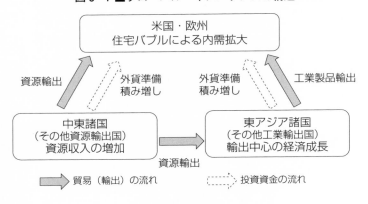

図8-8■新興途上国の国際収支と外貨準備残高の推移

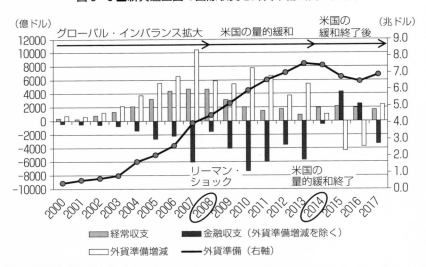

（注） 新興途上国は欧州（ブルガリア，チェコ，ハンガリー，ポーランド，ルーマニア，ロ
シア，トルコ，ウクライナ），アジア（中国，インド，インドネシア，韓国，マレーシア，
フィリピン，タイ，ベトナム），中南米（アルゼンチン，ブラジル，チリ，コロンビア，
エクアドル，メキシコ，ペルー），中東・アフリカ（エジプト，モロッコ，ナイジェリア，
サウジアラビア，南アフリカ）の28ヵ国。ただし，外貨準備にはベトナムが含まれてい
ない。

（出所） IMF "Balance of Payments and International Investment Position Statistics" より
筆者作成

ており，アジア通貨危機の際に他のアジア諸国がドルペッグ制を放棄して変動相場制度へと移行する中，固定相場制度を維持することに成功しました。そして2000年代に入っても，経常収支黒字が増加する中でドルペッグ制を維持するために，他のアジア諸国と同様に外貨準備を積み増していきました，しかし，そのことが対中貿易赤字が拡大する米国からの批判の対象となりました。

　2005年になると，米国議会で中国が人民元の為替制度を改革しない場合，中国からの輸入品に対して制裁関税を課すという法案が提出され，中国に対する政治的圧力は一段と強まっていきました。その結果，中国は同年7月に人民元の対米ドル為替レートを約2％切り上げると同時にドルペッグ制を放棄し，主要通貨から構成される通貨バスケットに対して一定の範囲内での為替レートの変動を認めるという為替制度の変更を行いました。これは，米国の制裁関税への動きに対応したというだけでなく，外貨準備の積み増しに伴って中国国内の景気が過熱していたという国内事情も背景にありました。人民元は固定相場制度から中間的制度へと移行しましたが，外貨準備の積み増しによって人民元の

図 8 - 9 ■中国の国際収支と人民元の為替レートの推移

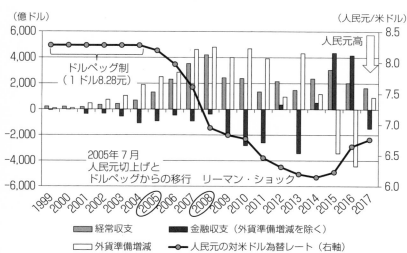

（出所）　IMF "Balance of Payments and International Investment Position Statistics" および "International Financial Statistics" より筆者作成

増価の幅は抑制されており，中国の経常収支黒字の拡大と外貨準備の積み増しは，リーマン・ショックが発生する2008年まで続きました。

8-6-3　先進国の金融緩和と途上国を巡る国際資本移動の動向

　グローバル・インバランスの原動力の１つであった欧米諸国の住宅バブルは2006年頃から住宅価格の上昇が下落に転じ，崩壊へと向かいました。2007年には，欧米の金融機関が住宅価格の低下によって巨額の損失を計上し始め，欧米の金融市場は金融危機の様相を呈してきました。そして，2008年９月に米国の大手投資銀行であるリーマン・ブラザーズが経営破たんしたことをきっかけに欧米諸国の金融市場は大混乱へと陥り，世界中の株式市場で株価が急落しました（**リーマン・ショック**）。

　リーマン・ショックによる国内景気の落ち込みを立て直すため，米国のFRBは政策金利をゼロまで引き下げ，さらに直接市場に貨幣を供給する**量的緩和政策**を行いました。量的緩和政策によって市場に供給された大量の資金の一部は，高収益の投資先を求めて途上国へと流入しました。途上国は欧米諸国の景気悪化によって輸出が減少したために経常収支の黒字が縮小しましたが，一方で，先進国からの資金の流入によって外貨準備増減を除く金融収支の赤字がリーマン・ショック以前よりも大幅に増加しました。その結果，途上国は引き続き外貨準備を積み増して自国通貨の増価を防がなければいけませんでした（図8-8）。

　そのような状況も，米国経済が回復に転じ，2014年にFRBが量的緩和政策を終了させると転換期を迎えました。米国の金融緩和の終了は，それまで新興途上国へと向かっていた資金が先進国へと戻るきっかけとなり，2015年から2016年には，新興途上国では資金の純流出（外貨準備増減を除く金融収支の黒字）が発生しました（図8-8）。中国も例外ではなく，2015年に急激な資金流出が発生し，人民元が大きく減価する事態が生じました（**人民元ショック**）。このため，中南米累積債務危機やアジア通貨危機のような経済危機が途上国で再び起こるのではないかと懸念されました。しかし，それまで蓄積していた外貨準備を取り崩すことによって，多くの途上国は資金流出による自国通貨の急激な減価を防ぐことができました。2017年には再び資金の純流入へと転じ，途

上国は米国の金融政策の転換による経済危機の発生を防ぐことができました。

8-6-4　共通通貨ユーロと欧州ソブリン危機

　欧州も，米国と同様に住宅バブル崩壊による景気後退に直面していましたが，それをさらに悪化させたのが**欧州ソブリン（国家債務）危機**です。これは，2009年にギリシャで誕生した新政権が，前政権が会計の不正操作により過去数年間の財政赤字額と政府債務残高を過少報告していたことを明らかにしたことをきっかけに起こりました。この事件により，ギリシャ政府に対する市場の信頼は失われ，金融機関はギリシャ国債を次々と売却しました。その結果，ギリシャ政府は資金繰りに窮し，債務危機へと陥りました。ギリシャの債務危機は，同様に巨額の財政赤字を計上していたイタリア，ポルトガル，スペイン，アイルランド（ギリシャを含めたこれら5ヵ国は，それぞれの国名の頭文字をとりPIIGSと総称されています）に対する財政不安へとつながり，これらの国から資金が流出して国家財政の破たんへとつながるのではないかとの懸念が広まりました。

　財政不安に陥ったPIIGS諸国に対し，EUとIMFは金融支援を行うと同時に，財政赤字の削減と経済の構造改革を実行させることで事態の収拾を図ろうとしました。財政赤字の削減を実行せざるを得なくなったPIIGS諸国では，景気がさらに悪化し，失業率も上昇していきました。

　ギリシャの債務危機の発生原因と，その解決が困難なものとなった理由については，共通通貨ユーロの存在が大きな影響を与えています。共通通貨を採用する通貨同盟は，加盟国間での厳密な固定相場制の採用を意味しています。このため，加盟国間の貿易や投資について為替リスクがなくなるというメリットがある一方で，加盟国間の貿易収支の不均衡（黒字と赤字の存在）を調整する為替レートの自動調整機能が働かなくなるというデメリットがあります。さらに，ユーロの発行はECBのみが行うため，加盟国は独自の金融政策を行うことができないというデメリットもあります（図8-1）。

　ユーロに加盟したことで，ギリシャは外国からの資金調達が容易になりました。その理由の1つに，ギリシャが独自の通貨ドラクマを使っていた時期とは異なり，欧州の金融機関は為替リスクを気にすることなくギリシャに投資をす

ることが可能になったことがあります。そのため，ギリシャ政府は他の欧州諸国から資金を調達することで財政支出を増やすことができました。外国資金の流入と財政赤字の拡大によって，ギリシャの景気は過熱しました。景気の過熱による国内物価の上昇は，ギリシャの国内産業の輸出競争力を低下させ，経常収支赤字は拡大しました。しかし，為替レートの自動調整機能が働かないため，ギリシャの国内産業は外国からの安価な製品との競争に苦しみ続け，経常収支の赤字は拡大を続けました。通常，国内景気の過熱に対処するためには金融引締め政策が採用されますが，ユーロを使用しているギリシャにはそのような金融政策を行うこともできませんでした。

　ユーロ導入により過熱した景気は，債務危機の発生によって急速に冷え込みました。共通通貨ユーロを使用していたために，ギリシャは債務危機が起こっても為替レートが急落することはなく，通貨危機を免れることはできました。しかし，通貨危機に陥った東アジアの国々は，為替レートの大幅な減価によって輸出が回復したことで景気の悪化を食い止めることができましたが，ギリシャの場合は，そのような輸出拡大による景気回復を期待することはできませんでした。さらに，ギリシャは景気が悪化した国が通常行う金融緩和政策を独自に行うこともできなかったために，経済危機から脱却することが難しく，景気低迷は長期化しました。

　図8-10は，ユーロ導入後のギリシャの国際収支とGDP（国内総生産）の推移を示しています。ユーロ導入後のギリシャは，外国からの資金流入（金融収支の赤字）の拡大と共に，GDPも増加していきました。そして金融収支の赤字拡大と共に経常収支の赤字も拡大していきました。しかし，2009年に債務危機が発生すると，外国からの資金流入が減少し始め，2013年には金融収支は黒字に転換しました。外国からの資金流入の減少と緊縮財政の実施によってギリシャのGDPは減少を続け，ユーロ導入前にほぼ近い水準にまで減少してしまいました。金融収支の黒字転換に伴い，経常収支もほぼ均衡に近づきましたが，これは輸出が増加したからではなく，不景気によって輸入需要が大きく減退した結果です。

図 8 -10■ギリシャの国際収支と GDP の推移

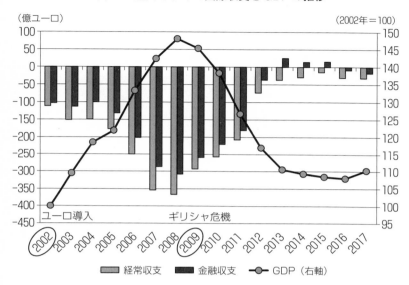

（注）　GDP は名目値。
（出所）　Eurostat "Database" より筆者作成

（注）
1　EU 加盟国の中では，スウェーデン，デンマーク，ポーランド，ルーマニア，チェコ，ハンガリー，ブルガリアが，ユーロを採用せず独自の通貨を使用しています。
2　中部アフリカ CFA フランや西部アフリカ CFA フランはユーロペッグを，東カリブドルは米ドルとの為替レートを固定するカレンシー・ボード制度を採用しています。
3　自律性とは「自ら律すること」，すなわち政府が自らの判断でマクロ経済政策をコントロールする（律する）ことを意味します。
4　国際資本移動が規制されていても，貿易の決済の際に輸入額を過大に計上することで事実上外国に投資資金を支払うことや，コンサルティング料の名目で代金を受け取ることで外国から投資資金を受け取ることなどの手法を用いて規制を回避した事実上の国際投資が行われていました。
5　債務不履行とは，債務に対する元利支払（金利の支払と元本返済）を停止することをいいます。
6　オフショア市場とは，国境を越えて行われる資本取引に関して，国内市場と切り離すことによって，規制や課税に縛られない自由な取引が認められた国際金融

市場です。通常，オフショア市場では非居住者間の取引が行われますが，タイのオフショア市場では海外の投資家がタイの金融機関に投資することも認められたために，このオフショア市場を通じてタイの金融機関は海外から資金を調達することが可能となったのでした。

7　ヘッジファンドとは，富裕層や大口投資家から資金を集め，投機的な売買によって高収益を追求する投資組合のことを指します。1990年代には，固定為替レートの維持が困難と予想された国に対して投機攻撃を仕掛け，それによって高い収益を上げました。

8　NIEs は新興工業経済（Newly Industrializing Economies）の略で，1970年代に工業化に成功し高度成長を遂げた香港，台湾，韓国，シンガポールのアジア 4 ヵ国のことを指します。ASEAN 5 は東南アジア諸国連合（Association of South-East Asian Nations）に加盟している主要 5 ヵ国のことを指し，本書ではタイ，マレーシア，フィリピン，インドネシア，ベトナムのことを指しています。

■練習問題■

1．次の文について，正しいものには○，誤っているものには×と答えなさい。

①　固定相場制度を採用している国と変動相場制度を採用している国の主な違いは，政府が為替市場への介入を行っているかどうかである。

②　固定相場制度を採用している国で，経常収支赤字の規模を上回る外国資本の純流入が発生する場合，政府は外貨準備を積み増さなければならない。

③　固定相場制度を採用している国で，経常収支が黒字となる一方で外国資本の純流入が発生する場合，政府は国内の景気動向に関係なく金融緩和政策を採用せざるを得なくなる。

④　ドルペッグ制を採用している国は，米国が金融緩和政策を実施すると，国内の景気動向に関係なく政府は金融引締め政策を実施せざるを得なくなる。

⑤　国際金融のトリレンマとは，国際資本移動の自由化，為替レートの固定化と財政政策の自律性が同時に実現することはないことである。

⑥　通貨危機は，輸入物価の急上昇や外貨建ての対外債務の返済負担の急減といった弊害をもたらす。

⑦　債務危機や通貨危機を経験する途上国は，危機が発生する前に経常収支赤字が拡大し，危機が発生した後には経常収支が黒字に転じる傾向にあった。

⑧　通貨同盟は，加盟国間の経済取引について為替リスクがなくなるというメリットがある一方で，加盟国が独自の金融政策を実施することができないというデメリットがある。

2．次の文の空欄に当てはまる語句を答えなさい。

固定相場制度とは，政府があらかじめ設定した水準に為替レートを固定する制度である。外国からの資本の純流入を上回る大きな経常収支の（　①　）が発生し，自国通貨に減価圧力がかかる場合，政府は（　②　）を（　③　）ことによって為替レートを維持する必要がある。反対に，経常収支の（　①　）を上回る資本の純流入や，資本が純流入しているにもかかわらず経常収支が

（　④　）となるような国では，自国通貨に増価圧力がかかるため，政府は
（　②　）を（　⑤　）ことによって為替レートを維持する必要がある。

　このように，短期的には（　②　）の増減によって固定為替レートを維持することが可能だが，長期的にこのような政策を継続することは不可能である。特に，（　②　）の取り崩しが続いて枯渇の懸念が生じると，近い将来この国が（　⑥　）を行う，あるいは変動相場制へ移行することが予想されるようになり，空売りを用いた（　⑦　）や，国内資金の国外流出という（　⑧　）が起こる可能性がある。このような状況になることを防ぐため，固定相場制度を採用する国は，金融政策を行う際に為替レートが固定しやすくなるように配慮する必要がある。具体的には，自国通貨に減価圧力がかかる場合には金融（　⑨　）政策を，増価圧力がかかる場合には金融（　⑩　）政策を行う必要がある。

　固定為替相場制度を採用するメリットには，為替レートの固定化によって（　⑪　）がなくなるために貿易や国際投資が活発化すること，そして（　⑫　）水準や（　⑬　）建ての対外債務の返済負担が安定することが挙げられる。反対に，固定相場制度を採用するデメリットとしては，（　⑦　）や（　⑧　）によって固定相場制度が維持することが不可能となり（　⑭　）が発生する可能性があることや，金融政策の（　⑮　）が喪失すること，そして為替レートの（　⑯　）機能がなくなることがある。

　一方，多くの先進国では変動相場制度が採用されているが，その理由としては，為替レートの固定化と金融政策の（　⑮　）と（　⑰　）は同時に成立しないという（　⑱　）を考慮した結果，為替レートの変動によって（　⑪　）が発生することよりも，金融政策の（　⑮　）と（　⑰　）を選択しているためだと考えられる。

■練習問題解答■

第 2 章

1．①× （訪日観光客が増加すると，来日外国人から受け取るお金が増えるためサービス収支の黒字要因となります。） ②○ （外国子会社の利益増加は，子会社から本社への利益の送金の増加につながります。） ③× （日本で働く外国人労働者の増加は，日本から外国への労働者送金の増加につながります。） ④○ ⑤○ ⑥○ ⑦× ⑧× ⑨○ ⑩× （民間投資の増加は民間純貯蓄の減少を通じて経常収支の黒字減少につながります。） ⑪○ ⑫○ ⑬○ ⑭× （債務国で貿易・サービス収支が黒字となることもあります。債権国についても同様です。） ⑮× ⑯×

2．(1) 経常収支＝民間純貯蓄＋財政収支の式を使って解きます。

①５億円の赤字　②＋２億円　③10億円の赤字

(2) 経常収支＝対外純資産の増加を考慮すると，20億＋５億－10億＝15億円の対外純資産の増加となります。

3．①未成熟債務　②貿易・サービス　③金融　④成熟債務　⑤第一次所得　⑥経常　⑦債務返済　⑧対外純負債　⑨対外純資産　⑩未成熟債権　⑪国際競争力　⑫成熟債権　⑬債権取崩

第 3 章

1．①× ②○ ③○ ④× ⑤○ ⑥× ⑦○ ⑧○

2．① p^2　② q^3　③ AGE　④ EGT　⑤ AGT　⑥ p^1　⑦ $q^4 - q^2$　⑧ ACB　⑨ BCGE　⑩減少　⑪ BDT　⑫ BDGE　⑬増加　⑭ CDG　⑮ p^3　⑯ $q^5 - q^1$　⑰ ARJ　⑱ EGRJ　⑲増加　⑳ JKT　㉑ EGKJ　㉒減少　㉓ GRK

3．① AJFK　② $q^3 - q^2$　③ ADB　④ BCK　⑤ CDHG　⑥ ADHGCK　⑦ $q^4 - q^2$　⑧ AJE　⑨ BCK　⑩ BCGE　⑪ AJGCK　⑫生産補助金　⑬ DJH　⑭消費

第 4 章

1．①× ②○ ③× （(4.7)式より輸入量が100単位で交易条件が２である場合，輸出量は50単位となります。） ④× ⑤× （生産可能曲線の両端の値は労働賦存量を各財の労働投入係数で割ったものなので，縦軸の値は4000単位ではなく

1000単位，横軸の値は1万単位ではなく400単位となります。） ⑥○ ⑦○ ⑧
×

2．(1) ①200（(4.8) 式を使います。） ②2500 ③1250 ④農産品 ⑤5000 ⑥工
業製品 ⑦2000 ⑧2／3 ⑨悪化

(2)

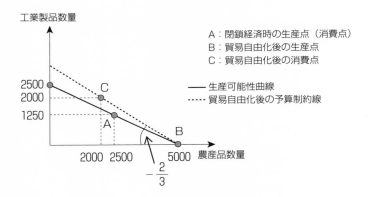

A：閉鎖経済時の生産点（消費点）
B：貿易自由化後の生産点
C：貿易自由化後の消費点

―― 生産可能性曲線
‥‥‥ 貿易自由化後の予算制約線

第5章

1．①× ②×（表5−2のケースのB国のように，絶対優位を持つ財がなくても何
かの財に比較優位を持つことはあります。） ③×（A国は縦長の生産可能性曲
線であることから，農産品よりも工業製品の方が労働生産性は高く，B国は横長
の生産可能性曲線であることから農産品の方が労働生産性は高くなります。こ
のため，A国は工業製品，B国は農産品に完全特化することで国際分業の利益
が発生します。） ④○ ⑤○ ⑥×（A国はB国に対して農産品は2倍生産性
が高く，工業製品は4／3倍生産性が高いため，A国の賃金率はB国に対して
4／3〜2倍高くなります。） ⑦○ ⑧× ⑨×（第1財の資本装備率は3／5，
第2財の資本装備率は2となるため，第2財が資本集約財になります。） ⑩○
⑪× ⑫×

2．①生産技術 ②労働投入係数 ③高く ④Y ⑤X ⑥絶対 ⑦外国 ⑧2
⑨3 ⑩Y ⑪比較 ⑫2 ⑬3 ⑭高く

3．①資本 ②労働 ③労働集約 ④資本集約 ⑤2 ⑥1 ⑦下落 ⑧上昇

第6章

1. ①○　②×　③×（単純労働者の受入れも労働人口の増加を通じて経済成長を促進します。）　④○　⑤×　⑥○　⑦×

2. ① ALOM　② BCOP　③ A　④ B　⑤ ON　⑥ ILOM　⑦ EGOM　⑧ ALI　⑨ AFE　⑩ AFGOM　⑪ CDPO　⑫ GHPO　⑬ BCD　⑭ BFH　⑮ BFGOP　⑯ CFL

3. ①生産性（TFP）　②税収　③公共支出　④単純　⑤熟練　⑥第二次所得　⑦頭脳流出

第7章

1. ①×　②○　③○　④×　⑤×　⑥○　⑦×　⑧×　⑨○　⑩○　⑪×　⑫○　⑬×　⑭×　⑮○

2. ①減価　②増価　③自国通貨の減価率（or 外国通貨の増価率）　④減価　⑤差益　⑥投機　⑦増価　⑧減価

3. ①増価　②減価　③減価　④増価　⑤購買力平価　⑥減価　⑦外貨準備　⑧減価　⑨増価　⑩増価

第8章

1. ①×（変動相場制度を採用している国も過度な為替レートの変動を抑制するために為替市場に介入することはあります。）　②○　③○　④×　⑤×　⑥×　⑦○　⑧○

2. ①赤字　②外貨準備　③取り崩す　④黒字　⑤積み増す　⑥平価切下げ　⑦投機攻撃　⑧資本逃避　⑨引締め　⑩緩和　⑪為替リスク　⑫物価　⑬外貨　⑭通貨危機　⑮自律性　⑯自動調整　⑰国際資本移動の自由化　⑱国際金融のトリレンマ

索　引

■著者紹介■

大川 良文（おおかわ　よしふみ）

京都産業大学経済学部教授。博士（経済学）
1971年生まれ
1995年　神戸大学経済学部卒業
2000年　神戸大学経済学研究科国際経済専攻博士課程修了
同　年　滋賀大学経済学部助手
滋賀大学経済学部准教授等を経て
2015年より現職。

●専攻
国際経済学

●主要著書・論文
ダニ・ロドリック『エコノミクス・ルール—憂鬱な科学の功罪—』（白水社　柴山桂太氏との共訳　2018年）
ダニ・ロドリック『グローバリゼーション・パラドクス—世界経済の未来を決める3つの道—』（白水社　柴山桂太氏との共訳　2013年）
「所得再分配政策としての所得税と輸入関税の比較：アトキンソン型社会的厚生関数を用いて」（京都産業大学経済学レビュー　第8巻　2021年）
「外国企業のR&D活動誘致政策の経済分析」（地域学研究　第39巻　2010年）
“Innovation, Imitation, and Intellectual Property Rights with International Capital Movement”（Review of International Economics Vol. 18, 2010年）

入門
国際経済学〈第2版〉

2019年10月20日　第1版第1刷発行
2023年1月20日　第1版第4刷発行
2024年3月30日　第2版第1刷発行

著　者　大　川　良　文
発行者　山　本　　　継
発行所　㈱中央経済社
発売元　㈱中央経済グループ
　　　　パブリッシング

〒101-0051　東京都千代田区神田神保町1-35
電話　03（3293）3371（編集代表）
　　　03（3293）3381（営業代表）
https://www.chuokeizai.co.jp

© 2024
Printed in Japan

印　刷／文唱堂印刷㈱
製　本／㈲井上製本所

＊頁の「欠落」や「順序違い」などがありましたらお取り替えいたしますので発売元までご送付ください。（送料小社負担）
ISBN978-4-502-49481-9 C3033

本書とともにお薦めします

新版 経済学辞典

辻　正次・竹内　信仁・柳原　光芳〔編著〕　　四六判・544頁

本辞典の特色

- 経済学を学ぶうえで，また，現実の経済事象を理解するうえで必要とされる基本用語約 1,600 語について，平易で簡明な解説を加えています。

- 用語に対する解説に加えて，その用語と他の用語との関連についても示しています。それにより，体系的に用語の理解を深めることができます。

- 巻末の索引・欧語索引だけでなく，巻頭にも体系目次を掲載しています。そのため，用語の検索を分野・トピックスからも行うことができます。

中央経済社